KB159869

시민을 발명해야 한다

카이로스총서30

시민을 발명해야 한다
The Will to Empower

지은이 바바라 크룩섕크
옮긴이 심성보

펴낸이 조정환
책임운영 신은주
편집부 김정연
홍보 김하은
프리뷰 김영철 · 박연옥

펴낸곳 도서출판 갈무리 등록일 1994. 3. 3. 등록번호 제17-0161호
초판 1쇄 2014년 4월 24일
초판 2쇄 2018년 11월 15일
종이 화인페이퍼 출력 경운출력 인쇄 예원프린팅
라미네이팅 금성산업 제본 은정제책

주소 서울 마포구 서교동 375-13호 성지빌딩 101호
전화 02-325-1485 팩스 02-325-1407
website http://galmuri.co.kr e-mail galmuri94@gmail.com

ISBN 978-89-6195-080-0 04300 / 978-89-86114-63-8(세트)
도서분류 1. 사회과학 2. 정치학 3. 사회학 4. 철학 5. 사회운동 6. 문화학

값 20,000원

이 도서의 국립중앙도서관 출판시도서목록(CIP)은 서지정보유통지원시스템 홈페이지(http://seoji.
nl.go.kr)와 국가자료공동목록시스템(http://www.nl.go.kr/kolisnet)에서 이용하실 수 있습니다. (CIP제
어번호 : CIP2014009655)

The Will to Empower
민주주의와 통치성

시민을
발명해야 한다

바바라 크룩생크 지음
Barbara Cruikshank

심성보 옮김

일러두기

1. 이 책은 Barbara Cruikshank, *The Will to Empower: Democratic Citizens and Other Subjects*, Cornell University Press : New York, 1999를 완역한 것이다.
2. 인명은 혼동을 야기할 수 있다고 생각되는 경우를 제외하고는 본문에서 원어를 병기하지 않았으며 인명 찾아보기에서 병기했다.
3. 단행본, 전집, 정기간행물, 보고서에는 겹낫표(『』)를, 논문, 논설, 기고문 등에는 홑낫표(「」)를 사용하였다.
4. 단체(위원회), 학회, 협회, 연구소, 공연물, 곡명, 법률, 조약 및 협약에는 가랑이표(〈 〉)를 사용하였다.
5. 지은이 주석과 옮긴이 주석은 같은 일련번호를 가지며 옮긴이의 주석에는 [옮긴이]라고 표시하였다.

이 책이 처음 나왔을 때만 해도, 통치와 권력이 정치적 주체성과 참여를 억압하지만 또한 생산한다는 사실이 매우 중요해 보였고 나는 그것을 보여주고 싶었다. 하지만 오늘날 이러한 주장은 "구성주의자"나 포스트구조주의자 사이에서 쉽게 찾아볼 수 있다. 그들은 단지 선언적 결론이 아니라 연구의 토대로서 유사한 시각을 채택하고 있다. 미셸 푸코의 통치성 개념도 비슷한 운명을 겪었다. 1990년대 초반, 특히 니콜라스 로즈가 소개할 때만 해도, 통치성은 생소한 개념이었지만, 지금은 영어권 학계에서 널리 활용되고 있다. 그러니까 많은 학자들이 통치성 개념을 사용해 권력관계와 지식의 생산력을 탐구하고 있다. 말하자면, 지난 20년간 정치적 활동과 이론은 그 관점을 극적으로 변화시켰고, 이 책은 그 변화의 산물이자 징후였다. 그런데 1990년대 말 이언 해킹이 지적했듯이, 사회 구성적 관점은 "놀랍도록 해방적이지만, 분석에서는 해방이 방기되고 있다."[1]

---

1. Ian Hacking, *The Social Construction of What?* (Cambridge, MA : Harvard University Press, 1999) p. 2.

이론의 유행과는 별개로, 지난 세월 동안 해방은 급진적인 정치적 사유와 저항의 지평에서 축출되었다. 오늘날에 와서, 급진적이고 민주적인 이론의 정치적 지평에서 무엇이 필요한지 모호한 상태이고 또한 논란에 휩싸여 있다.

이 책의 초점은 미국과 영국의 복지와 주체성에 있지만, 그것 말고도 많은 곳에서 임파워[2] 의지는 등장한다. 예를 들어, 식민주의, 선교의 역사, 발전체제, 국제원조, 비정부조직, 전지구적인 비국가 행위자 등에서 우리는 임파워 의지를 얼마든지 확인할 수 있다. 다른 학자들도 임파워 의지에

---

2. [옮긴이] 임파워(empower)는 사전적인 의미에서 '권력'(power)으로 '들어 간다'(em-/en-), '머문다', '참여한다', '획득한다'는 뜻이다. 간단히 말해, 임파워는 피권력자가 자율권이나 재량권을 획득한다는 뜻이며, 이러한 용법에서 임파워는 기본적으로 권력과 대립하는 자율, 혹은 자유를 전제하고 있다. 다른 한편 보다 넓은 층위에서, 임파워는 역능, 역량, 권력의 부여, 동원, 강화, 활용, 분산, 분권 등을 뜻하는데, 이 용어가 사용되는 이론적 입장과 분야, 강조점에 따라서 다양한 용어로 번역되고 있다. 특히 정치적 실천과 이론의 맥락에서, 임파워먼트(empowerment)는 '정치세력화'와 '정치적 동원'을 가리키고 일반적 측면의 '세력화'를 뜻하며, 보다 넓은 의미로는 '활력화'와 '역량강화'를 의미한다. 여기서 굳이 따지자면 '활력화'가 가장 넓고 근본적인 의미라면, '세력화'와 '정치세력화'는 그것의 외적인 사회적 발현형태와 그 결과라고 할 수 있다. 또한 어떤 논자들은 활력화의 장소가 정치적 영역을 벗어난다는 뜻에서 '사회역량강화'로 옮기며, 주체 내면의 동력을 강조하기 위해서 '힘 북돋우기'로 번역한다. 그러나 이 책에서 저자는 위와 같은 다층적 의미를 포괄적으로 사용하고 있다. 따라서 부득이하게 번역어도 한 가지 의미로 한정하기보다는 다양한 의미를 지칭하기 위해, 동사형은 임파워라고 번역했고 명사형은 임파워먼트(empowerment)라고 옮겼다. 다만 문맥이 혼동스러울 경우, 독자들은 가장 넓은 의미의 '활력화'라고 이해하면 무리가 없을 것이다.

대한 비판에 동참해 주었다. 특히 타니아 머레이 리의 『개발의 의지』, 애나 칭의 『마찰』, 티모시 미첼의 『전문가의 지배』는 언급해둘 필요가 있다.[3] 이들을 비롯한 다른 작업들이 증명하듯이, 신자유주의와 전지구화를 촉진하는 힘과 기술은 획일적이지 않으며, 탈정치적으로 보이지만 사실상 정치적이다. 또한 아이와 옹, 아크힐 굽타, 아르준 아파두라이 등이 지적하듯이, 본서에서 고심하고 있는 민주주의 시민성은 더 이상 정치적 주체성을 독점하지 못한다.

그럼에도 불구하고 이 책의 많은 부분은 여전히 타당하다. 무엇보다 임파워 의지는 그것의 선한 의도를 핑계로 권력의 작용을 여전히 은폐하고 있다. 오늘날에도 임파워 의지를 실행하려는 새로운 관념과 기술이 번창하고 있다. 예를 들어, 우리는 아마티아 센의 "역량" 관점, 마이크로 파이낸싱micro financing [4], 사회적 자본, 비정부기구의 폭증 속

---

3. Tania Murray Li, *The Will to Improve : Governmentality, Development, and the Practice of Politics* (Durham, NC : Duke University Press, 2007); Anna Tsing, *Friction : An Ethnography of Global Connection* (Princeton, N.J. : Princeton University Press, 2004); Timothy Mitchell, *Rule of Experts : Egypt, Techno-politics, and Modernity* (Berkeley, CA : University of California Press, 2002).
4. [옮긴이] 마이크로파이낸스(microfinace) 혹은 미소금융(micro credit)은 제도권 금융회사와 거래할 수 없는 저소득자와 저신용자를 대상으로 지원하는 소액대출제도이며, 창업과 운영자금 등을 무담보, 무보증으로 제공한다. 원래는 방글라데시 치타공 대학의 경제학 교수였던, 무하메드

에서 임파워 의지를 발견할 수 있다. 이를 통해, 임파워먼트는 찰스 테일러가 부르는 우리의 "정치적 상상력"을 장악하고 있다. 누구나 인정하듯이 이 짤막한 글로는 그러한 시도를 쉽게 극복할 수 없다. 그렇지만 복지학, 교육학, 인류학, 여성학 등에서 본서가 교재로 등장할 때마다, 나는 약간이나마 보람을 느낀다. 후속 작업에서는 개혁과 혁명이 우리의 정치적 상상력에 미친 영향을 검토할 생각이다. 오늘날 극심한 내핍과 긴장 아래 세계 곳곳에서 다양한 저항들이 분출하고 있다. 나는 저항들의 중첩에 기여한 관념의 역사를 검토함으로써, 우리의 정치적 상상력을 임파워 의지에서 해방시키는 긴요한 자원을 발견하고 싶다.

아무리 해방적인 개념이라도 정치투쟁과 권력을 촉발하지 못한다면, 그것은 해방을 보장하지 못한다. 알렉시스드 토크빌이 주장하듯이, 권력과 독립이 없는 도시에는 시민이 아니라 노예subject만 존재한다. 이러한 통찰은 자유가원인보다는 효과라는 사실을 다시금 상기시킨다. 나는 토

유누스가 지역 빈민들에게 자신의 돈을 빌려주면서 시작되었으며, 초기의 활동은 1976년 방글라데시 정부의 후원 아래 그라민 은행(Grameen Bank)으로 결실을 맺었다. 미소금융은 빈민의 구제와 자활에 효과를 보이면서, 전세계적으로 확산되었고 한국에서도 일부 시행되고 있다. 하지만 미소금융은 단순한 경제 사업이 아니라, 한국의 새마을 운동처럼 생활개선과 습관형성을 위한 총체적인 운동이라고 할 수 있다.

크빌을 좇아 이렇게 주장하고 싶다. 정치 이론은 원인보다는 효과를 고민해야 한다. 그렇게 할 때 정치적 자유는 비로소 보장될 것이다.

바바라 크룩생크

차례

시민을 발명해야 한다

::감사의 글

나는 이 책을 피터 슈워츠에게 바친다. 그의 격려를 믿었기에 나는 정치학자가 될 수 있었다.

이 책은 수많은 사람들의 고마운 노고가 없었다면 세상에 나오지 못했을 것이다. 나는 가장 먼저 주디스 핼버스탬을 언급하고 싶다. 그녀는 내 생각을 반신반의하면서도 재정적인 지원을 아끼지 않았다. 그 덕분에 조사 작업에 착수할 수 있었지만 무엇보다 고마운 사실은 그것이 아니다. 그녀는 세상을 제대로 사는 법을 가르쳐 주었다. 다음으로 칼라 베이츠는 우정과 동지애, 견문에 있어서 많은 것을 베풀어 주었다. 그녀는 무한한 존경과 감사를 받아 마땅하다. 또한 자넷 루크하르트와 마르타 슐츠에게 이 모든 영광을 돌린다. 그들이 없었다면 이 책은 빛을 보지 못했을 것이다. 그리고 연구 조교 베쓰 존스에게 감사를 전하고 싶다. 막바지 작업에서 그녀는 환상적인 솜씨로 나를 구해 주었다. 제니 로버트슨 역시 마감 단계에서 노고를 아끼지 않았다. 리사 헨더슨과 제니스 어바인은 균형 잡힌 시각에서 원고를 검토해주었고, 린다 람은 탈고한 다음에 과분한 기대를 표해주었다.

토마스 덤은 전체 원고를 읽어보고 건설적인 충고를 아끼지 않았으며, 학술적인 측면에서 커다란 도움을 주었다. 이 밖에도 많은 사람들이 각 장을 논평해주었고, 또한 내 작업을 격려해주었다. 다이앤 부룩, 네타 크로포드, 루이스 하우, 수 하얏트, 셰인 펠란, 제니 로버트슨, 니콜라스 로즈, 샌퍼드 슈람, 재키 우랄, 마리아나 발베르데에게 감사하고 싶다. 마찬가지로, 〈현재의 역사 연구 네트워크〉에 참여하고 있는 모든 사람에게 고마움을 전한다.

매리 디츠 교수의 지도 덕분에, 나는 진지하게 사유하는 방법을 깨달았고 주의주장과 지적 엄밀성의 균형을 배울 수 있었다. 아울러, 사라 에반스, 에드윈 포겔만, 로렌스 제이콥스, 파울라 래비노비츠는 비판과 격려를 아끼지 않았다. 나는 그들의 노고에 깊은 감사를 전한다. 한 마디 덧붙이면, 미네소타 대학원은 왈라스 기금을 통해 초기 연구를 지원해주었다.

나를 비롯한 많은 여성들이 미니애폴리스의 사회복지 권단체, 〈여성, 노동과 복지〉에서 정치적 훈련을 받았다. 나는 베티 크리스테슨, 켈리 피츠, 바바라 존스, 체리 혼칼라, 칼라 베이츠에게 고마움을 전한다. 이들이 있었기에 나는 살아있는 정치적 지식을 얻게 되었고, 치열한 내부투쟁을 경험할 수 있었다. 또한 그들 덕분에 나 자신의 임파워 의지를 의심할 수 있었다.

마지막으로, 앨리슨 숀크와일러는 감사를 받을 자격이 충분하다. 그녀는 너그러운 편집자이자 참을성 있는 독자였다.

이 책에 실린 글은 앞서 발표한 세 편의 논문을 출판사의 허락을 받아 수정한 것이다. 「내부 혁명 : 자아의 통치와 자부심」은 1993년 『경제와 사회』에 실렸던 글이다.[1] 「임파워 의지 : 시민성의 테크놀로지와 빈곤과의 전쟁」은 1993년 『사회주의자 평론』에서 확인할 수 있다.[2] 「복지의 여왕 : 숫자를 통한 관리」는 샌퍼드 스람과 필립 나이저가 편집한 『국가라는 신화 : 공공정책의 신화적 성격을 읽는다』에 수록되었다.[3]

---

1. Barbara Cruikshank, "Revolution Within : Self-Government and Self-Esteem," *Economy and Society* 22, no. 3 (1993) : 327-344

2. Barbara Cruikshank, "The Will to Empower : Technologies of Citizenship and the War on Poverty," *Socialist Review* 23, no. 4 (1994) : 29-55.

3. Barbara Cruikshank, "Welfare Queens : Policing by the Numbers," Sanford Schram and Phillip Neisser (ed.), *Tales of the State :* Welfare Queens : Policing by the Number (Lanham, MD : Rowman & Littlefield, 1997), 113-124.

사소한 것

고전시대에는 새로운 현상이 등장한다. 그것은 인간을 통제하고 이용하기 위해 사소한 것을 세심하게 관찰하면서, 하찮은 것에 정치적 의미를 부여하는 것이다. 이를 통해, 고전시대는 인간에 관한 온갖 테크닉 ― 방법, 지식, 설명, 계획, 자료 ― 을 만들어낸다. 그러니까 의심할 바 없이 근대 휴머니즘에서 인간은 저런 하찮은 것에서 탄생했던 것이다.

― 미셸 푸코 ―

민중의 정신은 사실상 이중으로 움직인다. 그것은 동일한 사건을 처음에는 원인으로 삼았다가 나중에는 원인의 결과로 받아들인다.

― 프리드리히 니체 ―

내 생각에 사람들이 안전 상태를 지속하려면 그들은 타인과 상관없이 자유를 누려야 한다. 이러한 자유는 거대한 사안이 아니라 틀림없이 사소한 것들이다.

― 알렉시스 드 토크빌 ―

개혁주의 담론과 민주주의 담론에서, 시민권citizenship 1 과 자기통치self-government 2는 빈곤, 정치적 무관심, 무기력 powerlessness, 범죄 같은 수많은 문제의 해결책으로 끊임없이 제시되었다. 하지만 이러한 입장은 시민의 형성 방식을 정치적으로 인식하는 대신에 오인하게 만든다. 또한 그런 입장은 민주주의가 해결책으로 제시될 때마다 등장하는 임파워 의지를 무시하고 있다. 내가 볼 때 민주주의적 시민성은 정치적 문제에 대한 해결책이 아니라 통치전략에 불과하다.

시민성 테크놀로지를 통해, 개별 주체는 비로소 시민으로 탄생한다. 시민성 테크놀로지는 개인을 정치적으로 능동적이게 만들고 스스로를 자율적으로 통치할 수 있게 만드는 다양한 전술, 즉 담론과 프로그램을 말한다. 게다가 이러한 테크놀로지는 무궁무진하다. 대표적으로 동네 만

---

1. [옮긴이] 일반적으로 시티즌십(citizenship)은 '시민권'으로 번역되지만, 이 책에서는 '시민다움'이나 '시민성', '시민의 자격' 등을 강조하고 있다. 시티즌십은 '권리'의 규정과 획득을 뜻하기도 하지만, 그것을 획득하기 위한 과정이나 정체성, 주체성의 상태를 뜻한다. 여기서는 주로 '시민성'을 번역어로 택했지만 문맥에 따라 '시민다움'이나 '시민'으로 옮겼다.

2. [옮긴이] 기본적으로 self-government는 민중이나 시민이 스스로를 다스리는 것, 즉 자치(自治)를 뜻하지만, '자아의 통치'를 뜻하기도 한다. 번역본에서는 자치와 자기통치, 자발적 통치, 자아통치 등 맥락에 따라 다르게 옮겼지만 독자들은 중의적 의미를 염두에 두기 바란다.

들기[neighborhood organizing] 캠페인, 임파워먼트 프로그램, 안전한 섹스 교육, 매 맞는 여성을 위한 쉼터가 해당한다. 또한 자조, 자급, 자존을 배양하는 사회복지 프로그램은 물론이고 민주적인 급진적 사회운동도 예외는 아니다.

내가 볼 때, 아무리 좋은 의도를 가졌더라도 시민성 테크놀로지는 시민을 만들어내고 규제하는 방법이다. 그러한 테크놀로지는 [스스로에게] 무관심하고, 무기력하며, 위험에 처한 사람들, 문자 그대로 문제의 시정을 요구받는 주체들을 통치하기 위한 전략이다. 나는 급진적이고 참여적인 민주주의 기획에 깊이 공감하고 있지만, 그것이 권력, 불평등, 정치적 참여 같은 문제를 해결한다고 보지는 않는다. 다른 통치 방식과 마찬가지로, 민주주의 역시 정치적 행동을 가능하게 하는 동시에 제약하는 것이다. 민주적인 통치 방식이라고 해서 다른 방식보다 반드시 안전하고, 자유롭고, 이상적이진 않다. 민주적인 자치[自治] 역시 일종의 권력 행사에 불과하다. 다만 그것은 스스로에게 권력을 행사할 뿐이다. 다른 통치방식과 마찬가지로, 자치 또한 절대적 자유와 독재적 지배라는 양극단 사이에서 동요할 수 있다. 그리고 능숙하든 미숙하든 간에, 사람들은 자신의 삶을 통치하는 만큼, 다른 사람의 삶도 그렇게 할 수 있다.

마키아벨리적인 관점에서 볼 때, 분명히 정치적 문제의

해결책은 특정한 통치방식이나 이론, 이성과 진리 등에서 발견될 수 없다. 오히려 우리는 반대로 말해야 한다. 통치 방식과 이론, 인간의 이성, 진리야말로 좋든 나쁘든 간에 다분히 정치적인 현상이다. 포스트구조주의 정치이론에서 무언가 은밀한 토대가 있다면, 그것은 권력과 정치적 갈등이 의회를 넘어서 내밀한 일상에까지 퍼져 있다는 것이다. 또한 권력과 갈등은 위험한 만큼이나 생산적이라는 사실이다. 미셸 푸코가 언급하듯이, "모든 것은 위험하다." 민주주의 역시 예외는 아니다.[3]

나는 민주주의 이론에서 익숙한 문제틀problematic — 권력의 불평등, 참여, 저항, 지식, 시민권 문제 등 — 을 포스트구조주의와 여성주의의 렌즈로 탐구할 예정이다. 나는 정치적 우발성이라는 관점에서 이러한 문제틀을 사유하기 위해 두 가지 개념을 동원할 것이다. 첫 번째 개념은 권력관계의 편재성이고, 두 번째는 권력관계가 제약하는 동시에 가능하게 만드는 주체성이다. 이러한 측면에서 우리는 민

---

3. Michel Foucault, "On the Genealogy of Ethics : An Overview of Work in Progress," in *The Foucault Reader*, ed. Paul Rabinow (New York : Pantheon, 1984), 343. 인용문 전체는 다음과 같다. "모든 것이 나쁘다는 게 아니라 위험하다는 겁니다. 이게 나의 요점입니다. 위험한 건 나쁜 것과 전혀 다릅니다. 모든 것이 위험하기 때문에, 우리가 언제나 할 게 있다는 겁니다. 따라서 나의 입장이 무관심을 초래하거나 극단적이고 비관적인 행동주의로 흐르진 않습니다."

주주의 이론을 구성적 담론으로 간주해야 한다. 그것은 무언가를 민주적으로 생각하고, 말하고, 행동하고, 존재하게 만드는 담론이다.

나는 민주주의의 위험을 과장하거나 간과할 생각도 없지만 민주주의 담론에 숨겨진 모종의 폐해를 폭로할 생각도 없다. 거듭 말하지만, 민주주의 담론은 무언가를 가능하게 하는 동시에 제약할 뿐이다. 자기와 타자를 임파워하려는 의지는 선도 아니고 악도 아니다. 그러한 의지는 [윤리적 가치판단 이전에] 정치적인 것이다. 즉, 임파워 의지는 지배와 자유의 가능성을 동시에 품고 있다. 2장에서는 임파워 의지의 기원을 추적하기 위해 19세기를 검토할 것이다. 그 당시 자선활동의 지배적 원리는 기독교적 박애Christian charity에서 사회사업social work으로 변모하게 된다. 2장과 3장에서 설명하겠지만, 임파워 의지는 원칙적으로 박애적 의지를 뿌리 뽑는 특정한 형태의 통치관계에서 출현한다. 대신에 새로운 통치 과업은 자조self-help의 의지를 추구하고 자아의 역능을 강화하려고 한다. 분명히 밝혀두자면, 내 의도는 임파워 의지를 무조건 비난하는 게 아니라 다음과 같은 주장을 입증하는 것이다. 즉 통치방식은 그것이 아무리 민주적이라도 자발적인 동시에 강제적인 권력관계를 수반한다.

아래에서 이어지는 논의는 두 가지 질문을 중심으로 펼쳐진다. 첫 번째 질문은 이렇게 요약할 수 있다. 민주적인 참여는 어떤 문제의 해결책으로 제시되는가? 민주적 참여와 자율적 통치는 특정한 결핍에 대한 해결책으로 언제나 등장한다. 예를 들어, 능력power과 자부심이 부족하다거나, 일관된 이해관심self-interest이 없다거나, 정치의식이 결여되었다는 식이다. 오늘날 사회복지 프로그램과 자선활동은 물론이고 일부 정치조직까지 참여 민주주의 담론을 유포하고 있다. 중요한 것은 이러한 담론이 상정하고 있는 특정한 주체에 있다. 여기서 주체는 자신이 당하는 착취와 불평등에 저항하지 않고, 자신의 이해관심에 따라 행동하지 못하며, 완전히 공개된 정치적 장에 참여하지도 않는다. 실제로, 민주주의 이론이 애용하는 분석적, 규범적 용어 대부분은 부재하는 뭔가를 가리킨다. "무기력"powerlessness, "비참여"non-participation, "비결정"non-decision, "반사실조건"[4]을 생각해 보라.

---

4. [옮긴이] 반사실조건(counterfactuals), 혹은 반사실조건문은 결과의 필요 조건으로 원인을 전제하는 조건문이다. 예를 들어, 'a는 b의 원인이다'는 'a가 발생하지 않으면, b 발생하지 않는다'로 바꿔 쓸 수 있다. 그때 반사실조건문은 조건문(a가 발생하지 않으면)의 자리에 실제로 일어나지 않는 일, 즉 사실과 반대되는 경우를 상정한다. 그러니까 결과 b가 일어나지 않은 까닭은 원인 a가 없기 때문이라고 전제하는 것이다.

다음으로, 두 번째 질문은 이렇게 정리할 수 있다. 시민들은 어떤 방법으로 민주적 참여와 자율적 통치에 어울리는 능력, 역량power, 의식, 주체성을 장착하는가? 달리 말해, 임파워 의지는 어떤 식으로 작동하는가? 사람들은 어떻게 임파워되는가? 그들은 무관심하고 무기력한 주체가 아니라, 어떻게 능동적이고 참여적인 시민이 되는가? 예속성은 어떻게 해서 주체성으로 변형되는가? 시민들은 어떤 방법으로 자신을 민주적이게 만드는가?

위와 같은 질문에 대해, 나는 두 가지 핵심적인 주장을 제출할 것이다. 우선 첫째, 시민은 민주주의 통치방식과 사회과학 지식을 통해 (재)생산된다. 여기서 시민이란 자기 자신을 통제하고, 자신의 이해관심에 따라 행동하고, 타인과 연대할 수 있는 사람을 말한다. 반복해서 말하지만, 시민은 타고나지 않고 만들어진다. 그리고 사회과학 지식은 특정한 결핍이 존재하는 사람들을 겨냥하여, 그들을 통치하고 주형하고 지도하는 테크닉, 프로그램, 전략으로 가공되고 운영된다. 나는 이렇게 활용되는 사회과학 지식의 정치적 함의를 추적할 것이다. 사회과학 사례는 이 책 곳곳에서 등장하는데, 그것은 사회과학 지식이 자유주의 통치술을 실제로 구현했기 때문이다.

분명히 말하지만, 시민의 사회적 육성은 정부the government가 주도하지 않는다. 내 주장에서 핵심은 국가와 통치[5] 를 구분하는 것이다. "국가"는 자유헌정체제 내부에서 형성된 각종 제도와 실천을 포괄하며, 여기에는 자유민주적 대의제와 선거, 입법, 행정, 사법 등이 해당한다. 반면에, "통치"는 미셸 푸코가 "품행의 지도", 혹은 "통치성"으로 묘사한 것이다. 이것은 다른 사람의 행위를 (강제하고, 통제하고, 지배하기보다는) 인도하고 조형하려는 권력 관계와 행위 방식을 말한다. 이러한 넓은 의미에서, 통치는 자기 자신이나 다른 사람의 행동을 변화시키고 조형하려는, 모든 프로그램, 담론, 전략을 포괄하는 것이다. 그러므로 통치는 자유주의 국가가 실행하는 프로그램과 관련되지만 그것에 한정되지 않는다. 나아가 통치는 내면적이고 자발적인 지배 관계, 즉 우리가 자신을 다잡는 방식을 포괄한다.

자유민주주의 통치는 개인의 자율과 권리가 아니라, 시민의 사회적 구성에 달려 있다. 그러나 시민성을 고정된 정답으로 간주하면, 우리는 이러한 구성적 조건을 명확히 인식할 수 없다. 여기서 반대로 질문을 던져보자. 본질적으로

---

5. [옮긴이] 이 책에서 거버넌스(governance)는 협력통치, 즉 협치가 아니라, 푸코적 의미에서 통치(행위)를 뜻한다. 덧붙이면 사실 협치는 전형적인 (신)자유주의적 통치술의 일종이라고 할 수 있다. 통치에 대한 개념 정의는 본문에서 설명하고 있으므로 생략한다.

시민은 합리적이고 자기이해를 추구하며 자아를 실현하는가? 실제로 자유민주주의 사상에서 규범적 노선은 이러한 질문을 놓고 둘로 갈라진다. 그러나 어느 쪽이든 간에 공통적으로, 시민의 자유는 자유주의 통치의 한계로 간주된다. 그런데, 만에 하나 개인이 온전한 시민으로서 자신의 이해관심에 따라 행동하지 못하면 어떻게 되는가? 그리고 개인이 자신의 발전에 관심이 없다면 어떻게 할 텐가? 바로 이러한 결핍이 나타날 때, 자유주의 국가는 개입에 들어간다. 국가는 개인의 권리, 이해, 자유라는 경계를 넘어 그 범위를 확장하는 것이다.

내가 볼 때, 시민의 결핍을 교정하려는 참여적이고 민주적인 기획 ― 시민성 테크놀로지 ― 은 자유민주주의 사회에 있어서 근본적인 것이다. 시민성 테크놀로지를 운용하는 정치적 합리성은 사람들의 자발적인 자율과 자급, 정치적 참여를 촉진함으로써 그들을 통치한다. 초기 자선활동가들이 내세운 고전적인 표현대로, 시민성 테크닉의 목표는 "사람들이 스스로를 돕도록 돕는" 것이다. 이러한 통치 방식은 특정한 제도, 조직화된 폭력, 국가의 권력에 의존하지 않고 시민의 자발적 복종에 의지한다. 그렇지만, 내 생각에 시민의 자율, 이해, 의지는 자발적인 동원만큼이나 조형되는 것이다. 그러니까, 시민성 테크놀로지는 시민의 자율과 독립을 말살하는 대신에, 자기 자신을 다잡는 시민의 능력에 의존함으로써 개입하는 통치술이다. 요컨대 시민성 테크놀로지는 자발적인 동시에 강제적인 것이다. 사람들은 특정한 목적을 지닌 특정한 시민으로서, 자신의 행위 역량을 내면화해야 한다. 그렇게 할 때, 시민의 행동은 규제될 수 있는 것이다. 정리하자면, 민주주의 시민은 자유주의 통치의 도구이자 산물인 것이다.

3, 4, 5장에서는 비교적 최근에 등장한 시민성 테크놀로지 가운데 세 가지를 자세히 검토할 것이다. 첫 번째는 존슨 행정부가 시행한 지역사회활동계획Community Action Program, CAP이다. 두 번째는 자부심 운동을 말하고, 세 번째는 카터 정권에서 개편된 복지회계의 기법이다. 새롭게 등장한 회계는 복지의 여왕welfare queen이라는 새로운 시민을 탄생시켰다. 그리고 서론과 2장에서는 쓰레기통 개선과 19세기 자조운동을 살펴볼 예정이다. 이것은 자유주의 국가가 실패한 지점에서 사회개혁운동이 어떻게 성공하는지 보여줄 것이다. 간단히 말해 국가가 강제력을 동원하거나 자신의 한계를 넘어서야 하는 곳에서, 사회개혁운동은 자원봉사volunteerism와 부드러운 강제를 동원하고 있다. 나아가 개별 사회개혁운동은 그 범위와 영향이 사라져도, 그 속에서 개발된 시민성 테크닉은 소멸되지 않는다. 시민을

형성하는 기법은 새로운 프로그램에 맞게 개조되어 새롭게 이어진다.

두 번째 핵심적인 주장은 다음과 같이 요약될 수 있다. 즉, 정치적인 것은 시민이 형성되는 일상적인 미시적 층위에서 끊임없이 변형되고 재구축된다. 앞으로 곳곳에서 주장하겠지만, 권력이 편재하는 만큼 우리는 "정치적인 것", "사회적인 것", "공적인 것", "사적인 것"을 분리된 영역으로 취급할 수 없다. 정치적인 것과 다른 영역을 뚜렷하게 분리해 버리면, 우리는 권력관계의 많은 부분을 놓치게 된다.[6] 이 책에서 주요 목표는 정치적인 것 자체를 재규정하는 것이 아니라, 정치적인 것의 사회적 변형이 어떻게 정치적 행위의 새로운 가능성을 촉발하는지 이해하는 것이다.

매우 매력적인 관점이지만, 우리는 정치적인 것을 권력

---

6. 여기서 논의되는 내용은 정치적인 것에 관한 최근의 몇몇 연구에 빚지고 있다. Judith Butler, "Contingent Foundations : Feminism and the Question of 'Postmodernism,'" in *Feminists Theorize the Political*, ed. Judith Butler and Joan Scott (New York : Routledge, 1992), 3-21; William Connolly, *Political Theory and Modernity* (Madison : University of Wisconsin Press, 1988), 그리고 *The Ethos of Pluralization* (Minneapolis : University of Minnesota Press, 1995) 중에서 특히 "Democracy and Territoriality"; Ernesto Laclau and Chantal Mouffe, *Hegemony and Socialist Strategy : Towards a Radical Democratic Politics* (London : Verso, 1985); 그리고 Nikolas Rose and Peter Miller, "Political Power beyond the State : Problematics of Government," *British Journal of Sociology* 43 (June 1992) : 173-205.

관계가 분명히 표출되거나 권력투쟁이 벌어지는 장소로 한정할 수 없다. 그래서 나는 첫째, 정치의 안팎이 따로 존재한다는 견해에 반대할 것이다. 둘째, 1장과 5장에서 살펴보겠지만, 갈등이 있어야만 정치적이라는 주장은 임파워 의지를 은폐하려는 전략적 행동에 불과하다. 예를 들어, 5장에서 낸시 프레이저가 지적하듯이, 명백한 정치적 저항이 없어도 권력관계와 불평등은 "탈정치화"되지 않는다. 복지 수급자의 정치적 배제는 일반적으로 복지와 관료의 지배 때문에 "탈정치화"된다고 간주되지만, 그러한 견해는 저항의 부재를 정치의 부재로 오인하는 것이다.

당연히 우리는 복지 수급자의 정치적 배제를 주장할 수 있지만, 그럼에도 불구하고 뭔가 부족해 보인다. 이와 관련해 주디스 버틀러가 언급하듯이, 그러한 주장은 "핵심을 놓치고 있다. 요컨대, 주체는 미리 규제되고 생산되어야 하는 산물이다. 주체 자체는 다분히 정치적이다. 사실상 주체야말로, 정치 그 자체에 선행한다고 주장할 수 있는 어쩌면 가장 정치적인 심급이다."[7] 시민들은 단순히 정치에 참여하는 사람이 아니라, 정치권력의 수단이자 효과이다. 민주주의에 있어서 그 척도는 시민들이 공포나 무관심을 물

---

7. Butler, "Contingent Foundations," 13.

리치고 얼마나 정치에 참여하느냐 하는 것이 아니다. 그러한 시각은 오히려 권력을 오인하게 만든다. 권력은 무엇을 배제하는 게 아니라 생산하기 때문이다. 요컨대 민주주의 이론에서 핵심적인 질문은 정치와 권력이 어떻게 시민을 형성하는가, 바로 그것에 있다. 그리고 이에 답하려면, 우리는 정치적인 것 자체의 우발성을 고려해야 한다.

예를 들어, 자부심 운동을 다루는 4장은 자아가 어떻게 정치적 행위의 영역으로 구성되는지 검토한다. 간단히 말해 자부심 운동은 자아 통치의 새로운 정치적 가능성을 촉발하며, 자아에 대한 개입은 자부심 운동의 주창자들이 생각하듯이, 사회 전체를 변형할 수 있는 정치적 행위가 된다. 그렇다면 우리는 자부심 운동이 자아를 "정치화"한다고 주장할 수 있는가? 사실 이러한 유혹을 떨치기 어렵지만, 자부심의 "정치화", 즉 정치적 영역이 자부심을 포괄해 봤자 그것은 한계가 분명하다. 그러한 시도는 정치의 영역을 과거와 같은 상태로 유지한 채, 그곳에 뭔가를 보태는 것에 불과하다.

물론 사회개혁 운동은 정치적 영역에 새로운 이슈를 도입한다. 그러나 사회운동은 그 이상의 심층적인 뭔가를 수행한다. 사회운동은 정치적인 것 자체를 변형시킨다. 간단히 말해, 사회운동은 정치의 행위 영역을 변형시킨다. 에르

네스토 라클라우와 샹탈 무페 역시 유사한 주장을 펼치고 있는데, 그들에 따르면 1960년대 이후 신사회운동은 사회적인 것을 전례 없이 정치화한다. 따라서 "정치적인 것이 고유한 영역을 가지고 있다는 관념은 붕괴된다. 또한 고유한 정치적 영역이라는 실체 자체가 파열된다. 우리가 목도하고 있는 정치화는 과거에는 상상할 수 없을 정도로 발본적인 것이다. 그 덕분에 공적인 것과 사적인 것의 구별이 해체되고 있기 때문이다."[8] 19세기 개혁운동에 관한 이들의 통찰을 좇아, 나는 신사회운동이 얼마만큼 "새로운"지 검토할 생각이다.

분명히 밝혀두자면 이 책은 두 지점에서 출발한다. 하나는 민주주의 이론이고, 나머지 하나는 사회적인 것이다. 후자는 19세기를 통틀어 발전한 관념이며, 그것은 "전체로서 사회"와 "사회적 통치"를 가리킨다. 사회적인 것은 (1) (통계학, 설문조사, 센서스조사[9], 정치경제학 등) 과학적 지식의 대상으로 탄생했으며, (2) (사회사업social work, 사회봉사

---

8. Laclau and Mouffe, *Hegemony,* 181.

9. [옮긴이] 센서스(census)는 대규모 일제 통계조사를 의미하며 보통은 5년이나 10년마다 주기적으로 시행한다. 일반적으로 인구 센서스를 의미하나 농업 센서스, 공업 센서스 등도 사용된다. 어원은 고대 로마의 센서스, 즉 시민의 권리, 의무를 확정하기 위해 5년마다 행해졌던 인구 및 재산의 일제 등록이다. 센서스 조사는 특정 집단의 양적 특성과 함께 질적 특성도 수집하며, 전수조사를 기본으로 하기 때문에 표본조사와 구분된다.

social service, 사회복지, [사회적] 경제처럼) 박탈당한 자들의 삶에 간접적으로 개입하는 테크닉으로 등장했다. 마지막으로, 사회적인 것은 (3) 개혁운동의 대상으로 출현했다. 2장에서는 사회적인 것의 역사적 발생을 간략히 검토할 것이다. 그러나 내 목적에 비춰, 사회적인 것의 역사는 그다지 중요하지 않다. 오히려 중요한 것은 사회적인 것이 열어젖힌 고유한 개혁 방식과 통치 방식에 있다.

거듭해서 말하지만 "사회적인 것"은 시민과 국가 사이에 걸쳐있는 영역이 아니다. 사회적인 것은 ("시민사회" 같이) 자발적인 결사의 영역도 아니고, ("사회통제" 같이) 순응과 지배의 영역도 아니다. 정확히 말해, 사회적인 것은 개인적인 것과 정치적인 것의 경계, 경제와 국가의 경계, 자발과 강제의 경계를 교란하고 재구축하는 것이다.

예를 들어, 이른바 "사회적 문제"는 19세기만 해도 주먹구구식으로 처리되었고 일관된 영역이 아니었다. 그럼에도 "사회적 문제는" 개입의 추상영역을 확립했고 이것이 중요했다. 질 들뢰즈가 언급한 대로, "혼종적인hybrid 영역"으로서 사회적인 것은 제도가 아니라 테크닉을 통해 일관성을 확보한다.[10] 무엇보다도 사회적인 통치 테크닉은 개인과 전

10. Gilles Deleuze, "The Rise of the Social," trans. Robert Hurley, foreword to Jacques Donzelot, *The Policing of Families* (New York : Pan-

체 사회를 단일한 목표 아래 통괄할 수 있었다. 홉슨[11]이 『사회문제』(1901)에서 묘사하듯이, 사회적 통치가 겨냥한 새로운 목표는 "사회 속의 인간"을 통치하는 데 있었다.[12]

　이처럼 19세기에 사회적인 것이 출현하면서 새로운 정치적 가능성이 열렸다. 그러나 현상을 제대로 이해하려면,

---

theon, 1979), x. 자끄 동즐로의 저서와 더불어, 나는 다양한 사회적 테크닉의 출현을 고찰한 저자들에 의존했다. 특히, 독자들은 그래험 버첼, 콜린 고든, 피터 밀러가 편집한 『푸코 효과: 통치성 연구』[The Foucault Effect: Studies in Governmentality (Chicago: University of Chicago Press, 1991)]를 참조하라. 또한 조나단 크레리, 이언 해킹, 매리 푸비, 드니스 라일리, 존 테그의 연구를 참고하기 바란다. 이 가운데 일부는 이 책의 다른 곳에서 인용되고 있다.

11. [옮긴이] 존 에킨슨 홉슨(John Atkinson Hobson, 1858~1940): 영국의 경제학자, 작가로서 제국주의 비판으로 잘 알려져 있다. 홉슨은 1890년 전후로 런던에 살면서 공황의 참상을 목격했지만 당시의 고전경제학은 경기순환을 제대로 설명하지 못했다. 이 당시 그는 사회민주주의, 기독교 사회주의, 헨리 조지 등에게 영향을 받았으며, 그의 동료들은 페이비언협회의 지도급 인사들이었다. 그러나 홉슨이 보기에는 어느 누구도 당시의 공황을 설명하지 못했고, 이것이 사업가였던 알버트 머머리와 함께 과소소비론을 고안하게 만들었다. 과소소비론은 고전파 경제학의 균형론을 통렬하게 비판했기 때문에 홉슨은 경제학계에서 추방되었으며, 이후 저술활동과 언론계에서 활약하면서 자본주의뿐만 아니라 빈곤과 실업 등 사회문제를 다루었다. 그는 대표작 『제국주의』(Imperialism, 1902)에서 초기의 과소소비론을 확장해 제국주의 팽창이 해외 판로와 투자 확보를 위한 것이라는 주장을 펼쳤으며, 이 책은 레닌과 트로츠키, 한나 아렌트 등에게 깊은 영향을 미쳤다. 홉슨에 따르면 소득의 불평등은 과잉저축과 과소소비로 인한 실업으로 이어지고, 이에 대해 잉여의 감축이 요구된다. 그래서 조세와 국유화 등을 통한 소득재분배가 필요하다는 것이다.

12. J. A. Hobson, The Social Problem (1901; Bristol, Eng.: Thoemmes Press, 1996), vi.

우리는 '사회적인 것'의 용법에 주목할 필요가 있다. 그것은 한편으로는 "전체 사회"를 지칭하지만, 다른 한편으로는 빈민을 사회 전체와 구별하려고 사용되었다. 메리 푸비가 주장하듯이, 그러한 중의적 용법 덕분에 "사회전문가들은 특유의 포즈를 취할 수 있었다. 이들은 인구 가운데 일부를 골칫거리로 다루면서도, (이론적으로는) 전체 사회의 모든 부분을 통합한다는 공동선*을 추구했다."[13] 홉슨을 인용하면, "사회문제는 부유함이 아니면 궁핍함을 통해서 규정되었다."[14] 계급 갈등은 물론이고, 아무튼 조화와 진보를 방해하는 모든 것이 계산되고, 규명되고, 개입되어야 했다. 여기서 전체 사회의 복리와 진보는 일부 구성원의 빈곤 해결에 달려 있었다. 모든 해결책은 반드시 "개인과 사회 전체를 똑같이 겨냥했다. 그것은 사회주의와 개인주의 양쪽의 요구를 과학적으로 조화시키려 했다."[15]

　권력의 범위를 양쪽으로 동시에 확장하기 위해서, 정치적인 것은 사회적 층위에서 재구축되어야 했다. 바로 이 층위에서, 개인의 자유는 사회적 진보와 조화를 이룰 수

---

13. Mary Poovey, *Making a Social Body : British Cultural Formation, 1830~1864* (Chicago : University of Chicago Press, 1995), 8.

14. Hobson, *Social Problem*, 6.

15. 같은 책, vi.

있었다. 마침내 사회적인 것은 개혁, 운동, 과학의 대상과 목표가 되었으며, 그 결과 정치적인 것은 주권 권력과 국가와의 공간적 연관성을 상실하고 [사회적인 것과 관련을 맺었다]. 결정적으로, 홉슨의 말처럼 "해결책의 프레임"이 변했다. 새로운 거푸집은 온갖 종류의 사회개혁론자들에게 필요한 원칙을 제공해주었다. 사회문제에 대한 해법으로, 홉슨은 "사회적 품행을 겨냥한 기술"을 제시했다.

만족스런 대안은 어떤 문제에 관한 이론적 해결책에 있지 않다. 해결책은 사회적 행위의 영역에서 발견되어야 하며, 그것은 단순한 당위적 주장이 아니라 실제로 실천되어야 한다. 과학과 실천은 점점 더 겹쳐질 것이다. 사회적 행위에 관한 이론은 행위를 낱낱이 분석하는 만큼이나, 틀림없이 행위를 겨냥한 기술이다. [16]

사회적 품행에 대한 이론과 기술 덕분에, 개혁론자들은 새로운 통치 합리성으로 무장할 수 있었다. 그리고 이들은 새로운 통치와 국가를 신중하게 구별했다. 홉슨에 따르면, 사회적 행위를 겨냥한 기술은 양대 세력을 고려해야

---

16. 같은 책, 4.

했는데, "한쪽은 산업노동자와 사회주의 세력이다. 이들은 정치와 산업에 대한 국가의 전면적이고 다양한 개입을 요구한다. 반면에 다른 세력은 순전히 개인의 자유와 사업을 확장하려고 한다."[17] 사회적 품행에 관한 기술이 개인을 구성하고 규제하는 수준에서 전개됨으로써, 이제 권력은 개인의 습관, 욕망, 관심, 일상이라는 사소하고 평범한 영역에 도달할 수 있었다. 요컨대 "사회적 협력"을 증진함으로써, 사회적 품행에 관한 기술은 국가의 개입을 최소화하는 동시에 사적인 자유의 영역을 확장할 수 있었다.

사회적인 것이 개인의 품행을 통치하는 원리로 등장하면서, 권력은 개인의 자유를 구성하고 규제하는 것과 접합되었다. 심지어는 아주 사소한 일상조차 사회적 개입의 대상이 되었다. 홉슨은 "사회적 문제"를 통합적인 총체라고 주장했지만, 실천적 측면에서는 다르게 인식하고 있었다. "현장 개혁가들은 사회적 문제의 의미를 음주, 섹스, 사교, 인구, 화폐 따위로 좁히곤 했다."[18] 홉슨은 여기에 노동, 계급갈등, 교육, 소비를 추가했다. 반면에 총체로서 사회적 문제는 진보의 법칙을 통해 확인되었다. "'진보의 역사는 쓰레기의 점진적 감소를 기록하고 있다.' 이러한 관점에서, 사

---

17. 같은 책, vi.
18. 같은 책, 1.

회적 문제는 인간쓰레기를 처리하는 방법 속에서 통합적인 원리를 발견할 것이다."[19]

쓰레기란 표현은, 어쩌면 흡슨이 의도한 바를 훌쩍 넘어 문자 그대로, 시민이 어떻게 형성되고 규제되는지 보여준다. 또한 쓰레기는 사회적 행위를 겨냥한 기술이 어떻게 정치적인 것을 재구축하는지, 그것을 여실히 드러낸다. 그래서 이 문제를 자세히 살펴보자.

남북전쟁 당시, 조지 워링 대령은 뉴욕시 거리청소위원장에 올랐다. 이후 1890년대 그는 쓰레기 처리에 대한 공중의 책임감을 고취할 목적으로, 〈청소년거리청소연맹〉(이하 〈청소연맹〉)을 결성했다. 이 조직은 노동계급 자녀들로 구성된 자발적 결사체였지만, 애초부터 청소년을 비공인 청소 경찰로 활용한다는 의심이 따라다녔다. 그럼에도 불구하고 〈청소연맹〉은 대단한 성공을 거두었고, 20세기로 접어들자 단기간에 여러 도시로 확산되었다. 워링에 따르면, "통치는 냅다 쫓아오는 경찰관이 아니라, 일상의 모든 곳에 미치는 영향력을 뜻한다." 아이들은 "이러한 관점에서 훈육되고 있다."[20] 달리 말해, 통치는 단순히 국가 기관과 공

<hr />

19. 같은 책, 7, D. G. Ritchie에서 인용.
20. 워링 대령의 언급은 마틴 멜로시의 『도시의 쓰레기: 폐기물, 개혁, 환경, 1880~1980』[Garbage in the Cities : Refuse, Reform, and the Environ-

무원의 활동이 아니다. 워링에게 통치는 권력을 행사하는 방식으로서, 사람들을 [개별적인] 개인이자 [집합적인] "공중"people으로 한꺼번에 통제하는 것이다.

워링 대령이 주장하듯이, 〈청소연맹〉의 목표는 시민의 자부심을 창출하는 데 있었다. 어쩌면 "연맹은 도시에 아무런 이득을 주지 않고 오히려 해로울 수 있다. 그러나 적어도 수많은 [노동계급] 아이들이 중립화될 것이다. 이들이 알아서 청결해지면, 거리는 깨끗해지는 셈이다."[21] 달리 말해, 워링 대령은 (취약한 도시의 행정력 때문에 위생 규칙을 부과할 수 없다는) 집단적인 사회적 문제를 개별적인 자원봉사와 결합함으로써 해결하고자 했다. 〈청소연맹〉은 사람들이 통치의 목표를 스스로 수행하도록 장려했는데, 〈엔지니어링 뉴스〉Engineering News가 보도한 대로, 위생 개혁이 성공하기 위해서 "모든 시민은 감독관이 되어야 했다."[22]

〈청소연맹〉은 이른바 시민성 테크놀로지를 활용했다. 이 조직은 사람들이 자신을 통치하게 만듦으로써, 최근에

ment, 1880~1980 (Chicago : Dorsey Press, 1981)], 74쪽에서 인용했다(강조는 인용자).

21. 같은 책.

22. 같은 책, 29.

이주한 가난한 사람들을 훌륭한 시민으로 고양하고자 했으며, 이를 통해 도시의 행정력이 미치는 범위를 확장하고 극대화하려고 했다. 〈청소연맹〉은 자발적 결사체였지만, 강제적 기술을 활용해 청소년을 통치에 종속시키는 동시에 자기 통치의 주체로 만들었다. "이와 관련된 직업 [위생공학자 ─ 저자]는 의사도 아니고 공학자도 아니고 교육자도 아니지만 이 모두와 관련된다. 위생공학은 고대의 폭군과 유사한 전제 권력을 부과한다. 하지만 전제 권력을 효과적으로 수행하려면, 정보와 협력을 통한 순수한 민주주의가 필요하다."[23] 이러한 사회적 통치는 분명히 **정부의 외부**에 위치한 자발적 단체와 특별 위원회에서 출현했지만, 그럼에도 불구하고 고도로 정치적이었다.

워링 대령과 홉슨 등의 진보주의자들이 볼 때, "새로운 사회적 직업"은 삶life과 그것의 상태 및 건강을 대상으로 삼았고, 삶에 대한 시민적 ─ 정치적 ─ 개입을 추구했다(독자들은 〈청소연맹〉에서 푸코의 "생명권력"bio-power 개념을 발견할 수 있을 것이다. 1장과 2장에서는 이 개념을 구체적으로 검토할 예정이다). 워링 대령은 쓰레기에서 상품 가치뿐만 아니라 정치적인 가치를 발견했다. "찰스 디킨스의 '행

---

23. 출처는 다음과 같다. "The Sanitary Engineer ─ A New Social Profession," *Charity and the Commons* (Survey) : 16 (1906).

복한 청소부'Golden Dustman와 파리의 넝마주이 덕분에, 우리는 인간 삶의 일상적인 폐기물에도 유용한 가치가 있음을 알게 되었다. 그리고 뉴욕 부두의 이탈리아 노동자 덕분에, 우리는 그러한 가치를 재활용하려면 세심한 노력이 필요함을 깨닫는다. 그들은 쓸모없는 엄청난 쓰레기 더미에서 변변찮은 물품을 골라내고 수선한다. 그 결과 쓰레기는 팔 수 있는 상품으로 변신한다."[24] 워링은 재활용이 이윤을 만들어 낸다는 교훈을 넝마주이와 이주민에게서 배웠지만, 오히려 그러한 상품의 가치를 [경제적이 아니라] 뉴욕의 도시 통치를 위해 정치적으로 활용하려고 했다. 도시를 효율적으로 통치하려면, 시 정부는 물론이고 시민들이 "사소한 것", "하찮은 물품", "쓸모없는 쓰레기"에 관심을 쏟아야 했다. 그러니까 쓰레기는 미시적 일상을 통해 정치적 자본으로 변형되었다. 워링이 창안한 것은 사람들이 스스로를 단속하게 만드는 전형적인 자유주의적, 민주주의적 테크놀로지였다. 이로써 공적인 도시청소위원회가 해내지 못한 일이 가능해졌다. 도시는 보다 깨끗해졌고, 시민들은 보다 능동적으로 변했으며, 그들은 시민 의식으로 무장하게 되었다. 이 모두는 시 당국이 직접적으로 개입하지 않고 이

---

24. Melosi, *Garbage*, 72.

루어졌다. 오늘날도 사정은 그리 다르지 않다. 여전히 쓰레기는 통치와 연결되어 있지만, 그 같은 고리는 언제나 간접적이고 미시적이다.

대략 1989년, 내가 살고 있는 동네에서 쓰레기통은 자물쇠가 생겼다. 지역의 사소한 조치에 불과했지만, 나는 이를 통해 권력이 어떻게 작동하는지, 그리고 정치적인 것이 어떻게 구축되는지 이해하게 되었다. 아래에서 풀어내는 이야기는 막연히 개인적 기억에 바탕을 두고 있지만, 쓰레기 개혁에 관한 일부 연구를 참조해서 재구성한 것이다. 아무튼 이야기를 계속 이어가 보자.

나는 미니애폴리스 근교에 살고 있었는데, 어느 날 버스 정류장으로 가다가 새로운 사실을 발견했다. 대형 쓰레기통[25]이 자물쇠로 잠긴 것이다. 쓰레기통을 잠그면 다양한 효과가 발생하지만, 내가 볼 때 결정적인 효과는 따로 있었다. 즉 쓰레기통을 뒤져 살아가는 사람들, 대표적으로

---

25. [옮긴이] 덤프스터(Dumpster)는 금속재질의 대형쓰레기통을 말하며 원래는 덤프스터 브라더(Dumpster Brother)사(社)가 1936년부터 사용한 상표명이었다. 보통 덤프스터의 크기는 2~4미터 정도로, 그 목적은 쓰레기 처리뿐만 아니라 재활용을 용이하게 하는 데 있었다. 덤프스터의 도입으로, 쓰레기 수거차량은 일정한 주기마다 쓰레기를 통째로 수거 처리할 수 있었다. 덧붙이면, 덤프스터 다이빙(Dumpster diving)은 대형쓰레기통을 뒤져서 쓸 만한 물품과 음식을 찾아서 생활하는 것을 말하며, 노숙인 등의 생활에서 아주 중요한 역할을 한다.

노숙인과 넝마주이recycler가 이제는 자율적으로 생존하기 어려워졌다. 이들은 빈곤 산업의 품에서 벗어나려고 몸부림쳤지만, 생필품을 훔치는 것 말고는 더 이상 뾰족한 수가 없었다. 그것도 아니면 이런저런 쉼터와 사회복지 프로그램을 전전하면서, 그들은 개별적인 관리를 수용할 수밖에 없었다. 내가 보기에는 자유의 여지가 크게 축소되고 있었다. 자물쇠는 "원조"와 사법제도를 핑계로 등장했지만 그것은 생계 수단 자체를 차단해 버렸다.

나는 쓰레기통 폐쇄의 배후로 짐작되는 당국과 관료를 추적하기 시작했고, 또한 그 근거와 이권을 파헤치기 시작했다. 나는 당국을 추궁해서 난처하게 만든 다음, 폐쇄 결정을 번복시킬 작정이었다. 그러니까 어떤 의미에서는 원인을 따져 올라갔던 셈이다. 그러나 사실은, 전부는 아니지만 원인보다 결과가 훨씬 중요했다. 미리 고백하자면, 나는 그러한 사실을 한참 후에 깨달았다.

아무튼 다시 돌아와서, 나는 맨 먼저 동네 편의점을 찾아가 점원에게 주차장의 쓰레기통을 잠근 까닭을 물어보았다. 그에 따르면, 누군가 쓰레기통을 뒤지다가 상처를 입거나 쓰레기통에 있는 음식을 먹고 아프게 되면, 법적 책임을 가게가 물어야 한다는 것이다. 나는 법적 책임이 그 가게만의 문제라고 생각하지 않았다. 대부분의 가게가 거의 동시에 쓰레기통을 잠갔기 때문이다. 분명 사람들은 쓰레기통의 내용물 때문에 다치기도 하고 아프기도 한다. 생생한 홈리스 체험기를 저술한, 라스 아이그너는 쓰레기통을 뒤지고 살아간 다음부터 심각한 문제가 생겼다고 말한다. 예를 들어, 그는 "거의 매달 이질에 걸렸다."[26] 그렇지만, 질병과 상해 때문에 실제로 고소당한 가게가 있을 것 같지 않았다. 그래서 나는 다른 점포들도 일시에 쓰레기통을 잠근 까닭을 물었지만, 점원은 어깨를 으쓱거렸다. 결국 대화는 이렇게 끝나고 말았다.

다음으로, 나는 주민협회 활동가에게 쓰레기통 폐쇄에 관해 물어봤다. 그녀의 말을 요약하면, 쓰레기통 폐쇄는 근처 주민들의 항의 때문이었다. 취객들이 주말 동안 주차장 근처 쓰레기통에 몰려든다는 것이다. 이들은 주차장을 벗어나기 일쑤였고 인근 마당에서 시끄럽게 떠들고 소란을 일으켰으며 가끔씩은 몸싸움도 벌였다. (그녀는 가게에서 술을 팔지 않아도 취객들이 쓰레기통으로 꼬여들 거라고 주장했고, 당시에는 나도 그렇게 생각했다. 하지만 나중에 추가로 알게 된 사실이 있는데, 가구와 전자제품 같은 대형 물품을 배출할 때 주민들은 시 당국에 신고한 다음 요

---

26. Lars Eighner, *Travels with Lisbeth : Three Years on the Road and in the Streets* (New York : St. Martin's, 1993), 117.

금을 지불해야 했다. 그래서 어떤 사람들은 쓰레기통 주변에 대형 물품을 몰래 버렸던 것이다. 그곳에는 소파와 의자를 비롯한 편의시설이 구비되었고, 술꾼들이 몰려들 수밖에 없었다.) 또한 그녀는 주민들이 자녀의 안전을 염려했다고 설명했다. 쓰레기통은 아이들의 보물찾기 장소로 제격이었고, 아이들은 이따금씩 그곳을 은신처로 사용했기 때문이다.

그러나 아무리 생각해도, 지역 사안에 대한 주민협회의 영향력은 그다지 높지 않았다. 일례로 주민협회는 장기간의 투쟁에도 불구하고, 도심 근처에 건설되는 쓰레기 소각장을 막아내지 못했다. 노파심에 언급해두자면, (아직까지 빙산의 일각에 불과한) 쓰레기통 사건은 내가 지어낸 것이 아니다. 내 기억에 따라 어느 정도 각색되었지만, 이 모두는 미니애폴리스 남부에 살면서 대학원을 다녔던 3년 동안, 실제로 내가 경험한 사건이었다.

아무튼 이즈음, 나는 새로운 소식을 접하게 되었다. 어떤 홈리스 남자가 시내에 있는 쓰레기통에서 자다가 죽었다는 것이다. 쓰레기차는 쓰레기통과 함께 남자를 분쇄기에 비워버렸다. 또 다른 정보도 얻었다. 쓰레기통을 뒤지고 사는 대학생들이 있었는데, 그들은 시간 순서대로 지역의 쓰레기통 지도를 작성하고 있었다. 그 덕분에 학생들은 가장 신선한 전리품을 얻을 수 있었다. 그런데 캠퍼스 주변에 위치한 가게들도 다른 곳과 사정이 다르지 않았다. 베이글 가게와 피자 가게는 쓰레기통을 잠근 다음 야간에 배출했다.[27]

이때까지는 다소 당혹스럽긴 했지만, 그래도 나는 쓰레기통 폐쇄의 실체적 원인을 발견하여 이에 맞설 수 있다고 믿었다. 나는 편의점으로 되돌아가서 그 자리에 없던 주인을 찾았다. 나는 매니저와 얘기를 나눌 수 있었는데, 그에 따르면 사람들이 쓰레기통 안팎으로 집안 쓰레기는 물론이고 낡은 소파와 세탁기까지 버렸다. 쓰레기 처리 비용은 중량에 따라 가게에서 나가기 때문에, 쓰레기통 폐쇄는 비용 절감 효과를 가져올 수 있었다. 또한 매니저가 보기에 불법 투기에 따른 벌금은 존재했지만 사실상 집행되지 않았고, 그래서 주민협회와 함께 식료품점협회가 앞장섰다는 것이다.[28] 그들은 다소 조직적인 방식으로 해당 법규를 스스로 집행하려고 했다.[29]

---

27. 아이그너에 따르면, 그가 쓰레기 더미를 뒤지고 있는 모습을 피자 가게 종업원이 보고 나서, 쓰레기통을 밤새 내놓지 않았다고 한다(같은 책, 115).

28. *Chicago Sun Times*, June 2, 1997. 기사에 의하면, 〈포괄적인 약물남용 차단 및 규제법안〉에 따라 마약단속국(DEA)은 금지약물의 적법한 처리를 규정하고 기소하고 있다.

29. "Rural Residents Get Dumpsters Back," *Lewiston Morning Tribune*,

매니저의 설명은 비용적인 측면에서 얼마간 타당했지만, 여기에는 쓰레기 개혁의 넓은 맥락이 영향을 미쳤다. 1980년대 들어 환경 문제가 대두하고 민영화가 진행되면서, 많은 주州에서 쓰레기 처리 비용이 증가했다. 쓰레기 매립지는 폐쇄되었고 폐잔디와 대형 물품은 매립이 제한되었다. 이에 발맞춰 시 당국은 보다 철저하게 쓰레기를 관리하고자 했다. 주택용 쓰레기는 위탁 처리되었고 자동차오일, 타이어, 냉장고 등은 수수료가 부과되었다. 무단 투기, 민영화, 건강과 안전, 환경 문제, 법적 책임 같은 이슈들은 1980년대 쓰레기통 폐쇄를 정당화하는 근거였다. 그렇지만 여전히 의심은 가시지 않았다. 과연 누구의 책임 아래 폐쇄라는 해결책이 등장하고 집행되었던 것일까?

여러 가지 이유 때문에, 매니저의 설명을 사건의 전말로 보기에는 무리가 따랐다. 첫째, 지역의 상점들은 조직되어 있지 않았다. 게다가 편의점과 식품점은 물론이고 비영리단체, 병원, 학교 역시 쓰레기통을 폐쇄했다. 둘째, 매니저가 제시한 이유는 전적으로 사적인 영리에 근거하고 있

(Idaho) March 10, 1993. 〈오하이오 식료품점 협회〉의 회장 톰 잭슨의 말을 인용하면서, 이 신문은 쓰레기통을 뒤지고 사는 위험을 보고하고 있다. 만일 그러한 행위가 계속된다면, "식품산업은 그렇게 사는 사람들을 쓰레기통에서 쫓아내는 방법을 모색해야 할 겁니다"("Food Industry, Others Raise Safety Concerns," *Columbus Dispatch*, February 27, 1994).

었지만, 그것을 촉진한 맥락은 그의 작품이 아니었다. 셋째, 쓰레기 처리가 민영화되고 환경 규제가 강화되었지만 그것으로 끝나지 않았다. 사람들은 그것에 만족하지 않고 쓰레기통의 폐쇄에 관심을 기울였다. 대체로 그들이 제시한 근거는 1980년대를 관통한 광범위한 변화와 관련되었다. 예를 들어, 당시에는 노숙인 숫자가 증가하고 있었고 재활용 책임을 개인에게 부과하는 추세였는데, 나와 얘기했던 대부분의 사람들은 폐쇄를 옹호하면서 [개인의] 책임감을 강조했다. 드디어 나는 의구심이 들기 시작했다. 특정한 행위 뒤에는 무언가 유일한 작인이 존재하는 것일까? 과연 단일한 원인이 존재한다고 주장할 수 있는가? 남은 이야기를 계속 풀어보자.

나는 조사를 이어나갔다. 이번에는 쓰레기통을 소유하고 처리하는 회사의 직원들을 찾아갔다. 이들은 쓰레기통 폐쇄를 누가 도입했는지, 그리고 그것은 어떤 법률에 근거하는지 대답하지 못했으며 (답변하려고 하지 않았다). 다음으로, 나는 청소회사의 보험사와 시 당국에 전화를 걸었지만 핑계만 난무했지 정확한 답변을 듣지 못했다. 공무원과 회사 관계자는 전화를 피하기 급급했고, 심지어 나는 제대로 된 항의조차 할 수 없었다. 탐문 작업이 이 지경에 이르자, 나는 도저히 참을 수가 없었다. 그렇다고 스스로 대규모 집단을 대표하여 배상을 청구하거나, 개인적으로 변호사를 고용할 수도 없었다. 게다가 저널리스트 흉내는 딱 질색이었다. 직접 사람들을 만나는 전략이 보다 효과적으로 보였다.

그래서 근처에 있는 식료품 체인점에 들어가서, 나는 매니저에게 쓰레기통 폐쇄에 관해 물었다. 그는 먹을 만한 음식이 있는지 기웃거린다고 짐작하면서, 신선도가 떨어진 식품을 폐기하는 대신에 지역의 푸드뱅크와 무료 급식소로 보낸다고 대답했다(나중에 들었지만, 학교 급식 프로그램도 동일한 식품을 받았다).[30] 그 가게는 쓰레기통과 재활용

---

30. [1967년 미국에서 최초로 시작된 푸드뱅크인] 〈제2의 수확〉(Second Harvest)은 "국가적 규모로 조직된" 비영리조직이다. 이 조직의 목적은 주요 기업들에서 식품을 기부받아 각종 푸드뱅크와 무료 급식소로 배분하는 것이다. 자세한 내용은 다음 글을 참조하기 바란다. Theresa Funiciello, *The Tyranny of Kindness: Dismantling the Welfare Systems to End Poverty in America* (New York: Atlantic Montly Press, 1993), 123-61. 푸니첼로의 주장에 따르면, 〈제2의 수확〉은 매년 예산 1천 4백만 달러에 달하는 기부 물품을 분배하고 있는데, 이 가운데 대부분은 쓰레기에 해당한다. 쓸모없는 기부품이 약 60%에 달하는 것으로 추정되고 있지만, 기업들은 기부를 통해 대중적 이미지를 개선하는 한편 쓰레기 처리 비용을 푸드뱅크로 떠넘겨서 비용을 절감하고 있으며 기부된 만큼의 추정가액을 세금으로 탕감받고 있다. 푸니첼로의 추산에 따르면, 〈제2의 수확〉이 처리하고 있는 4억 4백만 달러에 달하는 기부가 사람들에게 현금이나 현물로 곧바로 지급된다면, 납세자들의 세금부담 없이도 미국의 기아는 사라질 수 있다. 사실상 현 상황은 납세자들이 〈제2의 수확〉과 민간 기업에 보조금을 주고 있는 꼴이다. 요컨대, [보수진영의] 찰스 머레이와 [진보진영의] 푸니첼로는 복지 시스템이 빈민을 "만들어내기" 때문에

시설을 펜스 뒤쪽에 마련했는데, 매니저에 따르면 그것의 목적은 사람들을 쫓아내는 게 아니었다. 쓰레기통을 감추면 주차장과 동네 주변이 깨끗해진다는 것이다.

나는 푸드뱅크와 무료 급식소에 종사하거나 그 주변에서 일하는 사람들에게, 쓰레기통 폐쇄에 대한 탐문을 시도했다. 이들은 누구나 무상으로 음식을 구할 수 있다면 쓰레기통을 뒤질 필요가 없다고 주장했다. 사람들은 넉넉하지 않더라도 최소한의 음식을 구할 수 있었다. 오하이오에 위치한 〈열린 쉼터〉의 사무국장, 캔트 바이텔은 음식 때문이라면 쓰레기통을 뒤질 이유가 없다고 설명했다. 『콜럼버스 디스패치』에 따르면, "시민들은 푸드뱅크와 무료 급식소에 넉넉히 기부하고 있습니다. '이 도시에는 사실상 굶주린 사람이 없는 거죠.'" 그런데 "현실적인 문제는 사회복지에서 일어납니다. 복지 기관은 이 시스템을 통해 가용한 자원을 활용하지 않거든요. 그 때문에 사람들이 건강상 많은 위험에 처하게 됩니다."[31] 이러한 주장은 허투루 넘길 문제가 아니지만, 여기서는 간략히 넘어가고 다음 1장에서 자세히 다룰 것이다.

복지를 해체해야 한다고 주장하고 있다. 하지만 두 사람의 근거는 매우 다른데, 나는 이를 1장에서 보여주려고 한다.

31. *Columbus Dispatch*, February, 27, 1994.

나와 대화했던 원조 업계 사람들은 누구도 쓰레기통 폐쇄를 신경 쓰지 않았다. 대체로 그들은 이 사안을 자유의 문제가 아니라 공중보건의 문제로 보려고 했다. 푸드뱅크 관리자 가운데 한 명은 기업형 식품점의 행태와 쓰레기통 폐쇄를 떠올리며 역겨움을 표시했다. 그녀가 보기에 쓰레기 더미를 뒤져서 재활용해 봤자 별로 남는 것도 없었다. 그런데도 사람들은 무료 급식소와 자선 기관을 가급적이면 피하려 했는데, 그녀는 사람들의 그런 반응을 도저히 이해하지 못했다. 그녀의 말처럼, 그런 행동은 자선기관의 실천 때문이 아니라 "그들이 뭔가를 두려워하고, 정신분열증적이고, 편집증적이고, 뭔가에 중독되어 있기" 때문이다. 그녀는 실질적인 범인으로 로널드 레이건을 지목했다. 레이건의 주도 아래, 정신 질환을 가진 많은 사람들이 자활이라는 명분으로 기관에서 쫓겨났고 사실상 방기되었기 때문이다.

나는 당시에 복지권welfare right 활동가로서, 반反빈곤 운동을 전개하던 다른 그룹들과 연대 활동을 하고 있었지만, 대부분의 사회복지 종사자와 "원조" 전문가를 신뢰하지 않았다. 내가 관여했던 〈빈곤 탈출과 자립〉UP & Out of Poverty Now은 길거리 사람들과 홈리스 경험자로 구성되었는데, 나는 이들을 비롯한 노숙인을 대상으로 쓰레기통 문제를 물어보았다. 노숙인들은 압도적으로 쓰레기통 폐쇄란 "그들"이나 "체계"가 사람을 통제하는 방식이라고 답했다. 좀 더 구체적으로 캐물었을 때, 대다수는 "자본가", "레이건", "부자", "시 당국"을 나열했다. 여기서 짐작할 수 있듯이, 나를 포함한 활동가들은 다음과 같은 일정한 믿음을 견지하고 있었다. 권력자들은 사태를 저질러 놓고, 권력의 위세 아래 책임을 모면한다고 말이다. 그러니까 우리는 권력이 이중으로 작동한다고 생각했다. 한편으로 권력은 "실질적"이고 "진정한" 원인이지만, 다른 한편으로 권력은 효과로 작용했다. 즉 권력은 스스로를 은폐하고 책임을 빠져나갔다. 동어반복적으로 보이지만, 권력은 원인이자 효과였던 것이다.

나는 같은 사람들에게 쓰레기통 문제를 항의할 생각이 없냐고 물었다. 그런데 이들은 쓰레기통 폐쇄는 사소한 사안에 불과하며 홈리스와 빈민에 대한 "진정한" 이슈가 아니라고 답했다. 여기서 또다시 동어반복이 등장했다. 저항의 "진정한" 대상[혹은 원인]은 권력자였다. 하지만 그들의 권력이 [일종의 효과로서] 그들을 보호하기 때문에, 저항의 대상은 권력자 자신이나 그들의 특정한 활동이 아니라 권력의 효과였다. 말하자면, 권력의 담지자와 효과 모두 권력에서 발생했던 것이다. (1장, 3장, 5장에서는 동어반복적인 권력 개념과 저항의 문제를 자세히 검토할 것이다.)

이처럼 쓰레기통에 관한 정보는 일견 사소해 보였고 그마저도 엇갈리기 일쑤였다. 그래서 나는 내심 당혹감을 느끼고 있었다. 그러던 차에 시 당국은 각종 "인센티브"를 도입해 가정의 재활용을 촉진했다. 각 가정은 쓰레기 종량제를 준수해야 했지만, 재활용 배출은 무료였고 도로변에서 수거되었다. 이제 당혹감은 사라지고 아예 말문이 막혔다. 쓰레기 처리를 둘러싼 모든 사태가 미궁으로 빠졌다. 도대체 개혁 조치와 새로운 계획은 어째서 끝없이 이어지는가? 유행과 사건, 이익과 목표는 어째서 꼬리에 꼬리를 무는가? 나처럼 [권력과] 자유를 고려하는 것이 유별난 것인가? 각종 개혁을 담당하거나 책임진 사람이 정말로 없단 말인가? 일련의 개혁 조치는 공론公論에 부쳐지지 않았고 통상적인 토론을 생략했다. 그렇다면 개혁에 대한 책임은 누구에게 있단 말인가?

마침내 나는 수집했던 자료를 있는 그대로 수용하자고 결심했다. 앞서 살펴본 대로 쓰레기통 폐쇄는 다양한 근거가 동원되었다. 하지만 이들 상당수는 서로 모순적으로 보였고, 행위의 주체를 발견하려는 목적과도 거리가 멀었다. 그래서 처음에는 애써 무시했지만, 이제는 자료를 있는 그대로 인정하고 다시 분류해 보았다. 그랬더니 신기하게도, 이해관계가 상충했던 것들이 전혀 충돌하지 않았다. 모든 관련자 — 시 당국, 보험회사, 쓰레기 위탁업체, 주민조직 활동가, 가게 주인 — 는 쓰레기통 폐쇄가 각자의 (상이한) 이해관심에 봉사한다고 생각했다. 이것이 가능한 경우는 두 가지뿐이었다. 첫째, 실제로 충족된 이해관계는 일부에 불과했지만 많은 사람들이 완전히 착각에 빠진 것이다. 둘째, 내가 오류에 빠졌을 가능성이다. 즉, 쓰레기통 폐쇄 같은 권력 행사는 특수한 이해관계에 봉사하지 않는다. 사람들이 표명한 이해관계는 공통점이 없었고 그저 특수하고 국부적이었다. 그런데도 집합적 행동이 가능했던 것이다. 어떤 보이지 않는 손이라도 작동했단 말인가? 아니면 쓰레기 탐색자[diver]를 제외하고, 모두의 관심이 우연히 일치했던 것일까?

간단히 정리하면, 나는 근본적인 인과관계를 찾을 수 없었다. 여기서 마이클 무어의 다큐멘터리 〈로저와 나〉를 떠올려보자. 로저 스미스를 추적하는 것과 달리, 내 조사 대상은 명확하지 않았지만 결국에는 유사한 불만에 도달했다.[32] 다만 로저는 〈오즈의 마법사〉에 나오는 겁쟁이처

32. Michael Moore, *Roger and Me* (Burbank, Calif. : Warner Home Video, 1990. [영화 〈로저와 나〉는 마이클 무어 감독의 1989년 다큐멘터리를 말한다. 이 영화의 배경은 미국 자동차 산업의 메카 디트로이트 인근의 소도시 플린트다. 주민들 대부분은 제너럴 모터스(GM)와 관련을 맺고 있는데, GM의 최고경영자 로저 스미스(Roger Smith)는 플린트 시의 공장

럼 문을 잠그고 어딘가에 숨어서 떨고 있었지만, 내 조사 대상은 몰래 숨어있지도 않았고 다음과 같은 수많은 변수에 영향을 받았다. 그것은 폐기물을 둘러싼 지역의 전통문화, 무수한 새로운 계획과 프로그램, 지방과 전국의 유행 따위와 분리되지 않았다. 게다가 법률과 조례, 계약 당사자 어느 것도 쓰레기통 폐쇄가 유발한 효과를 통제하지 못했다. 더 고약하게도, 권력 행사를 저지시킬 전략이 보이지 않았다. 나는 권력자에 대항하기는커녕 그들을 발견하지도 못했다.

내가 볼 때, 민주주의 이론은 얼굴 — 실체 — 없는 권력에 직면할 때마다 얼굴, 즉 이름을 부여하여 권력을 가시화하고 그것에 책임을 지우고자 했다.[33] 2차 세계대전이 끝

을 일방적으로 폐쇄해 버린다. 플린트 시 주민들이 거의 모두 실업자가 된 상황에서, 그곳 출신의 감독은 로저 스미스를 인터뷰하고자 백방으로 돌아다닌다. 그러나 감독의 끈질긴 노력에도 불구하고 로저 스미스를 만나기란 쉽지 않다. 실제로, 로저는 어딘가에 숨어 있는 것이 아니었다. 이 과정에서, 다큐멘터리는 플린트 시를 관광도시로 만들어 회생시키려는 시 당국의 노력을 조명하고, 집에서 쫓겨나고 도시를 떠나는 주민들의 상황을 묘사한다. ─ 옮긴이]

33. [옮긴이] 여기서 얼굴(face)과 가면의 비유는 실체와 외양, 원인과 효과, 진리와 거짓, 보이는 것과 보이지 않는 것 등의 관계를 말한다. 이는 민주주의 이론에서 잘 알려진 '권력의 세 얼굴, 즉 3차원' 논쟁으로 이어진다. 이 논쟁은 아래에서 간략히 설명할 예정이다. 아무튼 저자의 말은 좌우파를 막론하고 전통적으로 민주주의 이론은 얼굴과 가면을 분리하고 얼굴, 즉 권력의 원인과 실체에 초점을 맞춘다는 뜻이다. 그런데 저자가 쓰

난 이후, 좌파 민주주의 이론가들은 권력의 숨겨진 얼굴을 폭로하려고 노력했다. 특히, 이들은 권력자들이 자신의 이해관심을 은밀하게 추구하는 현상에 주목했으며, 그러한 숨겨진 권력과 이해관계를 폭로할 목적으로 여러 가지 개념을 고안했다. 첫 번째 개념군은 부재하는invisible 행동으로서 "비결정"34, "비참여"nonparticipation, 정치적 무관심 등이었다. 두 번째는 숨겨진invisible 진실로서 (겉으로 드러난 명백한 이익과 상반되는) "객관적 이익" 따위를 말한다. 좌파들이 보기에 권력자들은 자신을 은폐함으로써 피지배자와의 불가피한 갈등을 회피했다. 우파 쪽에서는, "민주주의적 엘리트주의"나 "민주주의적 다원주의"처럼, 완전히 모순적인 표현을 갖다 붙인 민주주의 학파가 출현했다. 예를 들어, 로버트 달 같은 정치학자는 공개적인 갈등이 없다면 그곳에는 권력이 작동하지 않는다고 주장했다. 그가 보기에, 공개적 갈등이 없다면 권력의 행사뿐만 아니라 배제와 억압도 존재하지 않았다. 여기서 비가시적인 것은 권력

레기통 사례를 들어 계속 언급하듯이, 저자는 권력의 원인과 효과가 동어반복적으로 재생산되고 있으며 결과적으로 권력의 얼굴과 가면은 동전의 이면에 불과하다고 주장하는 것이다.

34. [옮긴이] 비결정(nondecison)은 흔히 '무의사결정'으로 알려진 것으로, 간단히 말해 현존하는 세력관계와 이해관계를 변화시킬 수 있는 사안, 즉 지배 엘리트집단이 자신의 이익에 도전하는 현재적, 잠재적 도전을 의제의 장에서 밀어내는 권력 활동이다.

의 행사나 권력자의 이해관심이 아니라, 불평등한 당사자가 자신의 불평등에 말없이 동의하는 사태, 보다 일반적으로 통치 체제에 대한 암묵적 동의였다.

그런데 어느 진영이든, 민주주의 이론의 동력은 부재하는 것, 즉 숨겨진 무엇이었다. "권력의 세 얼굴 논쟁"[35]에서

---

35. [옮긴이] 여기서 "권력의 세 얼굴 논쟁"을 정리하고 넘어가자. 사실 권력의 세 얼굴 논쟁은 스티븐 룩스가 주장한 "3차원적 권력론"을 권력의 실체 논쟁으로 바꾸어 표현한 것이다. 첫째, "1차원적 권력"은 로버트 달이나 넬슨 폴스비 등이 대표하는 다원주의를 배경으로 한다. 로버트 달에 따르면 권력이란 "A가 별다른 일이 없었다면 B가 하려 들지 않았을 일을 B가 하도록 만드는 것", 혹은 "A로 하여금 별다른 일이 없었다면 하지 않았을 무엇인가를 하도록 만드는 A의 성공적인 시도"이다. 폴스비는 이것을 간단히 "누가 실제로 공동체의 의사 결정에서 주도권을 쥐고 있는가"라고 바꾸어 말한다. 그러니까, 이들에게 권력은 이해관계자 사이에서 누군가가 다른 누군가에게 실질적으로 행사한 영향력을 말하고, 이들은 누가 실제로 공동체의 의사 결정에서 주도권을 쥐고 있는가, 다시 말해 누가 권력을 소유하고 있는가를 통해 권력을 이해한다. 그리고 이들은 권력을 밝히기 위해서 구체적이고 관찰 가능한 행동을 연구하자고 제안하며, 결국 정치 참여를 구체적인 결정에 대한 연구, 즉 '의사결정' 과정에 대한 탐구로 환원시킨다. 그러니까, 다원주의 권력관에서는 의사 결정 과정에서 나타나는 공공연한 갈등, 혹은 표출된 의제와 쟁점이 있는 곳에 바로 권력이 존재하는 것이며, 갈등이 없으면 권력의 행사를 확인할 수 없게 된다. 뒤집어서, 이것은 명시적으로 표출된 정치적 갈등이 없으면 권력은 존재하지 않으며, 그곳에는 적어도 대중의 암묵적 동의가 존재한다는 것이다. 정리하자면, 다원주의는 이슈들의 의사결정과정에서 명백히 표출된 행위나 갈등에 초점에 맞춘다. 다만 여기에 필요한 전제는 정치과정이 완전히 공개적이고 투명하기 때문에 누구나 진입할 수 있다는 것이다. 둘째, "2차원적 권력"은 신(新)엘리트주의라고 불리며 피터 바흐래쉬와 머튼 바래츠가 다원주의를 비판하면서 등장했다. 이들은 1차원적 권력을 인정하면서, 권력의 개념을 수정한다. 여기서 권력은 'A에 의해 B에게 가

해지는 모든 형태의 성공적 통제', 즉 'A가 B의 순응을 확보하는 모든 행위'라는 보다 일반적인 방식으로 변형된다. 그러니까, A와 B 사이에 합의가 일어나지 않았다 하더라도 B가 순응하고 있다면 그것 또한 권력이다. A가 강압에 의해 B가 순종하였건, B 자신이 느끼기에 A의 요구가 합당하였기에 순응하였건, A로 하여금 B가 순응하게 만드는 모든 행위는 권력이다. 요컨대, 한 개인이나 집단이 의식적으로든 혹은 무의식적으로든 정책 갈등이 공중에게 널리 알려지지 않도록 장벽을 세우거나 더욱 공고화시키는 정도만큼 그 개인 또는 집단은 권력을 소유한다. 이들이 1차원적 시각과 구분되는 것은 바로 이 점에 있다. 1차원적 시각이 의사 결정 행위에만 초점을 두고 권력을 설명하고 있는 반면 2차원적 시각에서는 '비결정(nondecison) 행위'에까지 개념을 확장시킨다. 비결정, 혹은 무의사결정은 다른 말로 의제설정 권력이라고도 하는데, 비결정행위란 의사결정의 폭을 제한하여 의도적으로 한정된 쟁점들에 대해서만 의사결정을 하도록 유도하는 것이다. 이러한 비결정행위를 통하여, 엘리트집단은 갈등을 의제설정 단계에서 선별하는 식으로 권력을 획득하고 선호하는 의사결정이 이루어지도록 유도한다. 정리하자면, 2차원적 권력에서는 밖으로 표출되기도 전에 봉쇄되어 버리는 요구들이 중요하며, 의사결정 행위와 함께 비의사결정이 논의의 초점이 된다. 그러므로 겉으로 드러난 이슈뿐만 아니라 잠재적인 쟁점, 혹은 공공연하든 은밀하든 간에 관찰 가능한 갈등이 탐구되며, 주관적인 이해관계와 욕구는 정책에 대한 선호뿐만 아니라 불만의 형태로 표출된다.

세 번째, "3차원적 권력"은 다원주의와 엘리트주의 양자를 비판하면서 룩스가 강조한 "급진주의 관점"이다. 3차원적 권력은 권력의 사회적 구성을 강조하며, 일종의 사회통제론을 주장한다. 룩스는 1차원적 권력과 2차원적 권력 사이의 차이점을 인정하면서도, 후자가 전자의 부분적인 비판에 불과하고 그것 역시 다원주의 분석과 다르지 않다고 역설한다. 바흐래쉬와 바래츠의 분석은 겉으로 드러나 있느냐 은폐되어 있느냐를 불문하고 실제적이고 관찰 가능한 갈등, 행위, 이슈를 강조하고 있다는 것이다. 그들에게도, 근본적으로 권력 행사는 권력을 실제적이고 관찰 가능한 갈등과 관련되며, 권력은 오직 실제적 갈등이 벌어질 경우에만 나타나므로 실질적 갈등이 권력에 필수적인 것이라고 가정된다. 또한 이 가정은 정치 참여자의 이성적인 판단을 강조함으로써, 집단들과 제도들이 정치 과정에서 잠재적 쟁점을 배제시키는 현상을 오도한다. 예를 들어, 현재 상태에 아무런 불만이 관찰되지 않으면, 비결정은 존재할 수 없고 오히려 현재 상태에 대한 진정한 합의가 존재한다는 것이다. 이처럼, 1차원적 시각과 2차원적 시각은 모두 갈등 상황 속에서만 권력이 행사된다고 전제하지만, 무엇보다 효과적이고 교활한 권력 행사는 애초부터 갈등을 억제하는 것이다. 3차원적 권력은 바로 이러한 논점을 강조하면서, '인간들의 욕구 그 자체가 그들의 이익을 관철시키지 못하게 작동하는 사회 시스템이 낳은 산물'이라고 주장한다. 도식적으로 표현하면, A는 B가 원하지 않는 일을 하게 만듦으로써 그에게 권력을 행사할 수도 있으나 A는 또한 B가 가진 욕구 자체에 영향을 미치거나 그것을 틀지우고, 결정 지움으로써 그에게 권력을 행사하기도 한다. 권력 행사는 공공연히 드러나지 않더라도 사람들의 인식, 지각, 사고, 선호를 사회화과정이나 대중매체를 통해 형성하고 통제할 수 있다. 그러니까, 가장 교활한 형태의 권력은 기존 질서에 대한 (명시적, 암묵적) 불만이나 대안이 아니라, 사람들이 그 속에서 자신의 역할을 자연스럽게 여기고 신성하게 간주하고 오히려 자신에게 이익이라고 여기도록 만드는 것이다. 물론 3차원적 권력은 겉으로 식별하기 어렵지만, 권력을 행사하는 사람들의 이해관심은 그들이 배제하는 사람들의 실질적이고 진정한 '객관적 이해관계'와 모순적이기 때문에 그러한 모순은 잠재적 갈등을 통해서 감지할 수 있다. 요컨대, 권력에 대한 3차원적 시각은 1차원적 권력과 2차원적 권력의 행태주의가 지나치게 개인주의로 흐르는 것을 철저하게 비판하며, 사회 세력과 제도적 조치의 작동을 통해서건 개인들의 의사결정을 통해서건, 잠재적 쟁점들이 정치로부터 탈락하는 여러 가지 방식을 고려한다.

마지막으로 한 가지 덧붙이면, 이 책에서 크룩섕크는 룩스의 급진적 관점 역시 문제가 있다고 보면서, 권력의 3차원 논쟁 모두로부터 거리를 두고 있다. 자세한 내용은 아래에서 계속 언급하고 있지만, 간단히 정리하면 저자는 포스트구조주의적 권력관을 통해서 권력의 3차원 (혹은 좌우파) 모두가 권력을 실체화하고 있다고 주장한다. 권력(과 예속)은 표층의 비가시적 행동(비참여, 비결정, 정치적 무관심 등)이나 심층의 숨겨진 진실(객관적 이익, 암묵적 동의, 잠재적 저항) 속에 있지 않고, 오히려 전략적인 효과·작용에 가까운 것이다. 특히, 권력의 3차원은 공통적으로 권력자와 피권력자(예속주체)를 명확히 구분하고, 후자를 시민으로 동원한다는 점에서 한계를 노정하고 있다. 저자가 볼 때, 시민은 권력에서 자유로운 존재로 가정되지만 그것 역시 권력에 종속된 신민으로 형성되는 것각 진영은 비가시적인 것이 그곳에 **실제로** 존재한다고 주장했다. 그것은 바로 객관적 이익, 잠재적 저항, 암묵적 동의였다. 겉으로는 보이지 않고 명확히 인식할 수 없지만, 정치적 무관심과 무력함이라는 가면 뒤에는 분명한 얼굴이 존재했던 것이다. 좌우를 막론하고 권력과의 직접적인 대면은 민주주의 자유의 가능성이자 바로미터였다. 쓰레기 탐색의 원인을 조사하기 전까지, 나 역시 그렇게 생각하고 있었다.

나는 거시적인 수준의 정치에 개입하고, 주권적인 의사 결정자와 대결하려고 시도했다. 그러나 이러한 목표는 미시적인 정치에 발목을 잡혔다. 그런데 이를 깨닫자마자, 사소하고 당혹스런 무수한 사건, 이권, 행동이 있는 그대로 말하기 시작했다. 곧이어 새로운 질문들이 떠올랐다. 그토록 다양하고 모순적인 이해관계가 어떻게 상충하지 않고 충족될 수 있는가? 권력 행사가 익명적이라면, 그러한 권력을 여전히 민주적이라 부를 수 있는가? 사소한 문제에 불과한 쓰레기통 폐쇄를 둘러싸고, 어째서 그토록 다양한 사람들이 각자의 책임과 이권을 강조했을까? 나 역시 왜 그

이다. 이러한 측면에서, 저자가 이론적으로 크게 의지하는 푸코의 권력론은 권력의 세 얼굴 논쟁을 정리한 룩스의 3차원적 시각, 즉 일종의 사회 통제론을 넘어선다고 할 수 있다.

랬는가? 한편, 전체 시스템에 대한 거시적 변화이든 구조적 효과가 없는 사소한 개혁이든, 그것이 명시적인 인과관계가 없다면 그리고 명령계통이 불명확하다면, 그러한 개혁은 어떤 측면에서 민주적인 것인가? 그리고 [개혁의] 실체적 원인이 없다면, 개혁에 대한 저항은 어떤 의미에서 가능한 것일까?

〈여성유권자연맹〉League of Women Voters은 1993년 『쓰레기 지침』을 펴냈는데, 묘하게도 이 팸플릿이 내 질문에 답하는 것처럼 보였다.[36] 능동적 참여와 시민 교육을 명분으로, 지침서는 나와 같은 시민들에게 쓰레기 개혁에 참여하는 방법을 교육하고 있었다. 이에 따르면 쓰레기 개혁은 (사실상 모든 사람들에게) 이권이 걸려 있었다. 그렇지만, 지침서의 관심사는 환경 문제, 쓰레기 처리법, 위험한 폐기물, 비용 등과 같은 일부 주제로 국한되었다. 『쓰레기 지침』은 앞에서 던진 질문들이나 자유에 관한 문제를 고심하지 않았고 그저 워링 대령의 신념을 반복하고 있었다. 요컨대 시민 각자가 쓰레기 처리를 책임질 때, 그들은 주권적, 정치적으로 가치가 있었다. 지침서의 주장대로, 평범한 시민이 능동적으로 변하려면 적절한 정보는 필수적이다. 그래서 쓰

---

36. League of Women Voters, *The Garbage Primer* (New York : Lyons & Burford, 1993).

레기 처리의 기술적 측면, 처리 방법의 선택, 의사결정에 대한 참여 방법이 제공되었다. 물론 소크라테스적 신념 — 무지하기 때문에 시민이 행동하지 않는다 — 에는 일정한 전제가 존재한다. 나와 대화했던 모든 사람들이 사태를 똑같이 인식한다고 말이다. 그러나 그들은 각기 진정한 문제를 지목했지만, 그것은 전혀 일관되지 않았다.

주민협회 활동가를 납득할 만한 예외로 친다면, 내가 만났던 사람들은 공적인 정치적 의사결정에 전혀 관심이 없었다. 그럼에도 그들은 쓰레기통 폐쇄에 정치적 책임을 지고 있었다. 실제로, 내가 원인을 찾아 헤맨 영역은 전통적 의미에서는 "정치적인 것"이 아니었고, 이해관계 역시 조직화된 이익집단과 딱히 연관되지 않았다. 그런데도 모든 관련자가 이해관계를 가진 듯이 보였다. 드디어 나는 쓰레기통 폐쇄와 관련된 모든 사람을 의심하기 시작했다. 모의작당을 하진 않았지만, 이들이야말로 권력과 정치가 접합되는 곳이 아닐까? 나로서는 짐작조차 못 했던 종류의 권력과 정치 말이다.

이 책의 원동력은 밝은 눈으로 봐도 잘 보이지 않는 미시적인 것, 사소한 것이었다. 내게 필요한 공부는 민주주의와 시민권에 관한 또 다른 이론이나 대안적인 비전이 아니라, 민주주의의 고유한 통치방식이었다. 그러한 통치방식은 사람들을 사소한 것에 책임지게 함으로써 작동했다.

　이러한 원동력이 강화된 또 다른 계기는 일종의 자기반성이었다. 즉 많은 활동가처럼 나 역시 복지의 딜레마에 빠져 있었다. 부양아동가족부조[37]는 제도적인 측면에서 허점이 수두룩했고 수급자에게 비열한 모욕을 안겼으며 그마저도 재정은 바닥 수준이었다. 수급자 입장에서도 지원금을 합쳐봐야 쥐꼬리만 했으며 그것만으로는 풍족하기는커

---

37. [옮긴이] 부양아동가족부조(Aid to Families with Dependent Children, AFDC)는 부모의 적절한 보호를 받을 수 없는 아동을 위해 미국의 연방, 주, 지방 정부가 제공하는 아동양육 프로그램이다. 보호자 본인이나 친척들에게 아동의 보호를 지원하기 위해 재정적 부조, 재활, 기타 서비스를 제공하고 보호자의 자조를 촉진하는 것으로 설계되어 있다. 재정은 연방정부가 절반을 제공하고 나머지는 지자체가 부담하며, 주로 현금이나 의료보호, 식품 구입권 등으로 지급된다. AFDC는 1935년 이후 미국 공공부조의 중심제도였으며 1960~70년대 수급자 수가 급격하게 증가하여 1950년대는 200만 명 수준에서 1960년대 300만, 1970년대 약 1천만 명에 달했고 실질적인 자활 비율도 높지 않았다. 그러자 이 제도 자체는 사회적 불신과 비판에 직면했고, 복지국가 해체를 위한 부정적 증거로 공격받았다. 특히 AFDC의 수급자들은 주로 빈곤한 미혼모, 흑인 등 유색인종, 기타 마이너리티 가족이었고, 따라서 AFDC에 대한 공격은 이들 수급자층에 대한 부당한 '생산적' 효과를 발생시켰다. 이 점에 대해서는 이 책에서 자세히 다루고 있다. 클린턴 행정부는 복지제도에 대한 의존을 줄이고, 노동을 통한 자활을 촉진하기 위해 AFDC를 폐기하고 빈곤가구에 대한 한시적 부조제도(Temporary Assistance for Needy Families, TANF)를 도입했다. 이것의 근거가 복지와 노동을 연계시킨, 〈개인책임 및 노동기회 조정법〉(Personal Responsibility and Work Opportunity Reconsiliation ACT, PRWORA)이다. 새로운 제도하에서는 프로그램은 자유롭게 설계할 수 있지만, 수급자의 자동적 수급권은 인정되지 않았다.

녕 버티기도 힘들었다. 복지권 활동가로서 나는 AFDC를 찬성할 수 없었고 수년간 맹렬하게 비난했다. 복지 시스템은 미혼모를 억제하기 위한 권력 체계처럼 보였다. 그렇지만 우리는 복지를 간단히 거부할 수도 없었다. 아동과 여성의 입장에서 사실상 복지는 유일한 안정적인 소득원이자 의료혜택이었다.

[과거에는 우파가 복지를 옹호하고 좌파가 비판했지만] 1980년대를 거치면서 옹호자와 반대자는 진영을 바꾸어 버렸다. 하지만 복지에 관해 취할 수 있는 입장 — 옹호와 반대 — 은 변하지 않았다.[38] 이러한 상황에서 우리는 어느 쪽도 선택할 수 없는 정치적 딜레마에 빠졌다. 우리는 복지에 찬성할 수도 없었고 반대할 수도 없었다. 어느 쪽도 선택하지 못함으로써 결국에는 패배하고 있었다. 나는 이 책에서 다른 사람들을 동일한 딜레마로 안내할 생각이다. 이를 통해 우리는 복지와 사회사업에 관해 새롭게 사고할 수 있을 것이다. 우리는 복지와 그 실천이 자유, 권력, 정의, 정치와 어떻게 결합되는지, 그리고 미시적이고 우연한 것들이 거대

---

38. 알버트 허쉬만은 이러한 집중 포화를 '반동적 레토릭'이라고 부른다. Albert O. Hirschmann, *The Rhetoric of Reaction : Perversity, Futility, Jeopardy* (Cambridge, Mass. : Belknap Press of Harvard Univerity Press, 1991).

한 사물의 체계와 어떻게 연결되는지 이해하게 될 것이다.

오늘날 복지 실천은 분석적 엄밀성 없이 운영되고 있다. 이것은 몇 가지 사례를 살펴보면 금방 알 수 있다. 첫째, 어떤 엄마가 자녀를 적절히 보호하거나 훈육할 수 없다고 하자. 이에 대해 청소년법원이 자부심 훈련을 명령한다면, 그러한 조치는 정치적인가? 법률적인가? 행정적인가? (좀 더 복잡한 사태는 가정폭력에 반대하는 여성주의 단체가 훈련을 위탁받는 것이다.) 둘째, 위스콘신 주^州가 운영하는 "교육연계수당"은 자녀가 무단결석할 경우 가족복지수당을 삭감한다. 이런 처벌이나 판결의 성격은 무엇인가? 사회적? 시민적? 가족적? 셋째, 비영리단체가 약물에 중독된 임신부를 감금한다면, 그런 조치는 법원의 사법권을 침해한 것인가? 아니면 새로운 정치적 관할권이 등장한 것인가?

이들 문제를 어떤 원인을 찾아 해결한다는 것은 그곳에 존재하지도 않는 주권 권력을 끝없이 추구한다는 뜻이다. 쓰레기통 폐쇄 문제도 그렇고, 빈민 여성을 지나친 "원조"에서 보호하는 것도 유사하다. 그렇지만 우리는 동일한 문제를 정치적인 것의 배치가 변함으로써 발생하는 효과로 접근할 수도 있다. 원인과 씨름하는 대신에, 우리는 정치적 영역 자체를 다시 묘사해야 할 것이다.

쓰레기통 문제를 정치화하면서, 처음에 나는 관련자를

모조리 찾아 정치적 책임을 물으려고 했다. 말하자면 나는 이 문제를 정치적인 공론에 붙이고 싶었다. 그러나 이것은 정치적인 것의 구조를 그대로 남겨두고, 그곳에 이슈를 추가하려는 시도였다. 비록 사소한 모든 것이 정치적이지만, 그 모두가 정치적인 것에 들어가지는 않는다. 윌리엄 코놀리가 지적하듯이, 말과 사물에 대한 논쟁은 본질적인 것이 아니라 우발적인 것이다.[39] 사소한 모든 것이 정치적이지만, 그렇다고 모든 곳에 정치가 존재하지는 않는다. 마찬가지로 모든 곳에 권력이 존재하지만, 그렇다고 모든 곳에 정치가 존재하지는 않는다. 민주주의 이론은 정치적인 것이라는 [본질적] 수수께끼를 해결하는 대신에, 우발성을 정치적인 것에 접합할 필요가 있다. 정치적인 것은 정치적 질서와 공간을 재구축하려는 [우발적] 시도를 억제하거나 결정하지 못한다.

이 책이 다루는 주제는 광범위한 편이다. 예를 들어, 이 책은 주체성과 예속성, 민주주의와 독재, 사회적 개입과 자유주의 국가, 사회적인 것과 정치적인 것, 복지와 시민권 사이에 존재하는 경계를 다룬다. 하지만 주제가 다양해 보여도, 나는 민주적이고 사회적인 개혁의 계보에서 출현한 자

---

39. William Connolly, *The Terms of Political Discourse* (Princeton, N.J.: Princeton University Press, 1983).

아 통치의 구체적 실천에 집중할 것이다. 그리고 저러한 경계를 분석할 때, 가급적이면 철학적 질문은 삼갈 작정이다. 여기서 관심사는 경계의 본질이나 의미론적 차이가 아니라, 경계의 세부 내용을 검토하는 것이다. 그리고 나는 민주주의에 관한 당위적인 규정을 피하려고 하는데, 그러니까 나는 경계가 어때야 한다는 식으로 주장하지 않을 것이다. 대신에 나는 민주주의가 어떻게 작동했는지, 민주주의가 어떻게 사유되고 실천되었는지 그것에 초점을 맞출 것이다.

요컨대 내 목표는 민주주의를 다른 식으로 상상하는 게 아니다. 다만 나는 민주주의가 선善이라는 관념, 최선의 통치양식이라는 통념을 해체할 것이다. 이것은 민주주의에 관한 우리의 상식에 도전하는 작업이며, 다른 통치양식보다 민주주의가 자유롭다는 확신을 버리는 것이다. 민주주의 관계 또한 권력 관계의 일종이며, 그 자체로 끊임없이 재창출되는 것이다. 따라서 민주주의 이론은 자신의 대상을 주어진 것으로 전제할 수 없다. 오히려 민주주의 이론은 대상의 구성을 끊임없이 자문해야 한다.

1장

민주주의적 주체

당신이 당국에서 권력과 독립을 쟁취했다고 합시다.
그렇다고 시민이 되는 건 아닙니다.
그저 유순한 노예(subject)[1]일 뿐이지요.

— 알렉시스 드 토크빌 —

잘 알려진 대로, 토크빌은 1830년대 시민과 (예속)주체를 구분했다. 적어도 이때부터 다소 논란은 있지만, 이러한 구분은 민주주의적 시민성의 활력과 자질을 다른 형태의 정치적 행동과 구별하는 핵심 잣대였다.[2] 타인의 권력이나 권위에 종속되는 것은 민주적인 시민성에 반하는 사태이다. 토크빌에 따르면, 스스로 통치하는 시민은 정치에 참여할 수 있는 능력과 권력을 가지며, 자신의 집합적 이해, 욕망, 목표에 따라 행동한다. (예속)주체가 외적 강제에 따라 처신한다면, 시민은 자신을 위해 권력을 행사한다. 시민은 자기 자신의 주인인 것이다.

---

1. [옮긴이] 여기서 일반적으로 '주체'로 번역되는 'subject'는 역사적인 중의적 의미를 지니고 있다. 이 단어는 주체나 주인을 뜻하는 동시에, 신민이나 백성, 노예 즉 '예속주체'를 뜻하기도 한다. 원래는 후자의 의미를 띠다가 중세 이후 황제의 주권 개념과 결합하고, 근대 이후에는 주권적 주체, 혹은 독립된 개체의 의미가 강해지며, 그때 주체는 자신의 욕망의 원인, 즉 주인으로서 등장하기도 한다. 근대 민주주의 이론에서는 수동적이고 복종적인 주체를 능동적이고 독립적이고 자발적인 자유로운 시민과 분명히 구분하고 있다. 나아가, 시민성(citizenship)은 원래부터 주어지는 게 아니라 창출되는 것이며 이 지점에서 문화, 혹은 인륜성이 개재되는 것이다. 따라서 엄밀한 의미에서 민주주의적 주체는 모순적 조어법이며, 저자가 보기에 근대 민주주의는 주체를 시민으로 어떻게 형성하고 동원하는가에 달려 있다. 한국어 '주체'는 이러한 역사적이고 중의적인 의미가 드러나지 않으므로, 저자의 의도에 따라 어떤 곳에서는 불가피하게 '(예속)주체'로 옮겼다.

2. 토크빌은 권력이 미치는 범위를 개인이 아니라 지방 관청까지로 봤다. 다음을 참조하라. Thomas Dumm, "Freedom and Space," in *Michel Foucault and the Political of Freedom* (Thousand Oaks, Calif. : Sage, 1996).

일단 여기서는 1장의 제목, "민주주의적 주체"를 간략히 살펴본 다음, 민주주의 이론에서 주체성, 행위자성[agency], 시민성과 복종, 지배, 무기력을 구분하는 것이 어째서 오류인지 해명할 것이다. 일련의 민주주의 이론과 달리, 내가 볼 때 민주적인 시민은 (예속)주체와 다른 무엇이 아니며, 따라서 시민은 복지의 수급자, 관료제의 수인, 착취되는 노동자, 치료받는 환자와 다르지 않다. 결국에는 "그렇고 그런 무리", "빌붙어 살아가는 사람", "도움이 필요한 사람"이 되는 것은 능동적 시민이 되는 것과 다르지 않다. 말하자면 민주적인 시민의 형성은 권력과 지식이 교차하는 영역과 관련되며, 그러한 영역에서 시민다움의 가능성은 구성되는 동시에 제약된다고 할 수 있다.

내 생각에 시민과 주체는 대립하지 않으며 시민은 만들어지는 것이다. 결국 시민이 되더라도 이들은 권력에 종속된다. 그렇다고 해서 민주주의 이론이 붕괴하는 것은 아니다. 대신에 민주주의 이론은 일종의 구성적 담론으로 변신한다. 그것은 누군가를 시민답게 사유하고, 행동하고, 주장하고, 존재하고, 느끼게 만들 수 있는 담론이다. 우리는 민주주의 이론을 구성적 담론으로 간주함으로써, 이론 자체에 변화를 가할 수 있다. 그렇지만 민주주의 담론은 시민과 주체의 대립을 통해 계속 조직될 것이다. 여기서 내가 시도하듯이 대립을 비판하는 경우조차 예외는 아니다. 예를 들어, 나는 토크빌을 그에 반해서 독해하지 않는다. 『미국의 민주주의』*Democracy in America*는 통상적인 방식대로 해석될 것이며, 민주주의 이론의 범례적 텍스트로 검토될 것이다.

이번 장에서 나는 첫째, 현대 민주주의 이론을 움직이는 몇 가지 주제를 살펴볼 것이다. 그것은 시민성, 정치적 무관심, 무기력을 말한다. 다음 장에서는 또 다른 주제인 사회적인 것을 다룰 예정이다. 내가 볼 때, [좌파 가운데] 급진민주주의자와 [우파 가운데] 다원주의자는 [서로 달라 보여도] 시민/주체라는 이분법을 공통적으로 재생산하고 있으며, 그 결과 양자는 시민이 형성된다는 사실을 계속해서 오인하고 있다. 예를 들어, 셸든 월린 같은 민주론자들은 급진적인 목표를 내세우고 있지만, 그러한 목표는 시민/주체의 이분법 때문에 좌초하고 만다. 나는 이러한 사태가 어째서 일어나는지, 그것을 보여줄 것이다. 둘째, 나는 정치학계에서 벌어진 "권력의 세 얼굴" 논쟁을 재고할 것이다. 결론부터 말하면, 규범적인 민주주의 이론은 시민성을 형성하는 실증과학이며, 시민성의 요체는 임파워 의지에 달려 있다. 특히 이번 장과 3장에서는 권력의 작용이라는 관점에서 민주주의 이론이 시민성 테크놀로지와 연결될 것이다.

셋째, 사회과학 지식의 조작과 운용은 테레사 푸니첼로가 명명한 "인간 형성의 직업화", 혹은 푸코의 "생명권력"과 결부될 것이다. 나는 복지 개혁의 사례를 활용해서 우리가 시민이 형성된다고 말할 때 그것이 무엇을 뜻하는지 검토할 생각이다.

주체

미리 밝혀두자면, 나는 "주체"와 "주체성"의 의미를 독자보다 앞질러 고정하지 않을 것이다. 그렇게 하는 순간, 분석적 정확성은 가능하지도 않고 사실상 실패하기 마련이다. 실제로 주체는 매우 불안정하지만 그만큼이나 생산적인 것이다. 비트겐슈타인의 용어로 주체는 "개념의 당혹"conceptual puzzlement이라 할 수 있다. 나는 당혹감을 끝장낼 생각도 없고 그럴만한 역량도 부족하다.[3]

---

3. Ludwig Wittgenstein, *Philosophical Investigation*, 3d ed. (New York : Macmillan, 1968) [루트비히 비트겐슈타인, 『철학적 탐구』, 이영철 옮김, 책세상, 2006]. 정치학 연구에서 비트겐슈타인의 언어철학이 가지는 함의는 다음 설명을 참조하라. Hann Fenichel Pitkin, *Wittgenstein and Justice : On the Significance of Ludwig Wittgenstein for Social and Political Thought* (Berkeley : University of California Press, 1972).

이러한 당혹 앞에서 단어의 의미는 그 용법이나 용례와 분리될 수 없다.[4] 예를 들어, 어떤 단어는 동시에 두 가지 뜻을 내포할 수 있다. 이러한 용법은 의미를 모호하게 만들지만 그만큼이나 생산적으로 만든다. 동일한 맥락에서, 푸코는 "주체"라는 단어를 이중적인 의미로 사용했다. 이는 애매한 말로 사태를 호도하는 게 아니라, "주체를 정립하는 동시에 예속시키는" 권력 형태를 드러낸다.[5] 말하자면, 푸코가 주장하듯이 근대적인 권력 형태는 개인의 주체성(의식, 정체성, 자기인식)과 개인의 예속성(타인에 의한 통제)을 결합한다. 주체는 자기 행위의 순전한 주인이 아니라, 다른 사람의 권위에 종속된다. 여기서 푸코의 의도는 권력과 자유의 대립적 관점을 타도하는 것이다. 따라서 그러한 관점에서 푸코를 해석하면, 아마도 그의 주장은 모순과 역설에 불과할 것이다. 그러나 푸코는 주체의 용법을 개조함으로써, 그것의 가능한 의미를 변형하고 있다.

---

4. Judith Butler, *The Psychic Life of Power: Theories in Subjection* (Stanford: Stanfrod University Press, 1997). esp. 12-18. 이 책에서 버틀러는 주체와 종속에 관한 이론에 매우 비판적으로 접근하고 있는데, 주체란 단지 구성될 뿐만 아니라 항구적인 생성(becoming) 상태에 있다고 강조한다.
5. Michel Foucault, "The Subject and Power," in *Michael Foucault: Beyond Structuralism and Hermeneutics*, 2d ed., ed. Herbert L. Dreyfus and Paul Rabinow (Chicago: University of Chicago Press, 1983), 212.

비트겐슈타인에 따르면, 가능한 의미가 변화하면 행위와 사유, 존재의 가능성이 변화한다. 이러한 관점에서 "주체"와 "주체성"의 이질적 용법은 우리 자신에 대한 규정적 투쟁이 표출된 것이다. 예를 들어, 여성주의 이론은 "주체"와 "주체성"을 문제적으로 바라봤다. 여기서 핵심은 여성이 다른 삶을 살 수 있는가, 주어진 "여성"으로서 삶이 아니라 자신의 젠더를 구성하는 주인이 될 수 있는가 하는 것이다. 여성주의와 포스트구조주의 이론에서, 주체에 관한 논쟁은 일반적으로 저항의 가능성과 전략을 놓고 전개된다. 이러한 측면에서 푸코 역시 다르지 않았다. 즉 단어의 가능한 의미를 변경함으로써, 푸코는 "주체성의 새로운 양식을 부분적으로 촉진"하려고 했다. "주체"와 "여성"에 대한 규정을 고정하는 것은 새로운 주체되기의 잠재성을 차단하는 것에 불과하다.

이처럼 특정한 단어는 매우 다양한 용법으로 사용될 수 있다. 그렇지만, 불필요한 혼란을 피하기 위해서 내가 "주체"라고 부를 때, 그것이 뜻하는 바를 밝혀두겠다. 다만 아래의 목록은 고정적이지 않고 언제든지 새로운 의미가 추가될 수 있다.

첫째, 토크빌이 사용한 방식대로, (예속)주체는 "타자의 권력과 권위에 종속된 사람"이다. 여기서 타자는 대체로 군주, 다수, 법률 같은 주권권력을 가리킨다. 주체가 된다는 것은 힘없이 수동적으로 예속된다는 뜻이며, 민주적인 시민과 대립하는 것이다. 이러한 "주체"는 "권력"에 대한 사회과학적 용법, 즉 한쪽이 다른 쪽을 소유한다는 관념에서 살아있다. 이러한 측면에서 세계는 시민과 (예속)주체, 권력 있는 자와 없는 자로 분할된다. 민주주의 이론에서 "권력의 세 얼굴" 논쟁은 이와 같은 "주체"와 "권력" 개념을 전제하고 진행된다. 이 논쟁은 나중에 자세히 검토하고, 여기서는 "주체"와 "시민"의 대립적 규정에 만족하자.

둘째, 이번 장의 제목이 암시하듯이, "민주주의적 주체"subject는 민주주의 이론의 주제subject matter를 가리킨다. 후자는 민주주의 이론가들이 탐구하는 고유한 연구 대상이며, 민주주의 연구의 타당한 문제를 말한다. 그런데 "주체"를 이런 식으로 치부하면, 오해의 여지가 발생할 수 있다. 우리는 어떤 분과학문의 주제를 [고정된] "연구 대상", 혹은 지각할 수 있는 무엇으로 무심결에 간주한다. 반면에 "민주주의적 주체"는 [고정된 대상성을 빠져나가는 구성적] 현상을 함축한다. 무엇보다 "민주주의적 주체"에서, 민주주의란 그저 지배로부터 (예속)주체를 해방시키는 통치 양식이 아니다. 여기서 민주주의는 새로운 종류의 주체를 요구하는 [구성적] 통치 양식을 뜻한다.

"주체"의 세 번째 의미는 두 번째 의미와 상관적이다. 이 경우 "주체"는 "대상", 즉 객관의 반대말이다. 오늘날 용법에서 토크빌식 (예속)주체는 권력의 "대상"에 가깝다. 반대로 칸트 이후 주체는 자신을 소유하는 주권자다. 더 이상 주체는 타인의 의지나 지식의 대상이 아니라 이제는 의식과 동기의 주인이 된다. 이것이 바로 근대적 의미의 주체, 혹은 주관이다. 주체는 자신을 다스릴 수 있는 힘을 지닌 사람이며, 단순히 "권력의 대상"이 아니라 "권력의 주인"인 것이다. 이러한 측면에서 "주체"는 대체로 "개인", "인식아"認識我, "작인", "행위자"를 뜻한다.

넷째, 나는 "시민-주체"라는 표현을 사용하고 싶다. 이것은 첫 번째(예속적 주체)와 세 번째 용법(주권적 주체)을 접합한 것이지 융합한 것이 아니다. 여기서 "시민-주체"는 모순 관계나 이항 내립을 뜻하지 않는다. 그것은 민주적인 시민이 형식적으로는 자유로워 보여도 그러한 자유는 권력의 작용에 좌우된다는 뜻이다. 반대로 특히 맑스가 발전시킨 세 번째 의미에서, 주체는 또한 욕망의 원인(즉 주인)으로 제시된다. 주체가 주체인 까닭은 자기인식이 욕망을 낳기 때문이다. 누군가를 가리켜 더 이상 주체가 아니라고 말할 때, 그것은 그 사람의 의식, 따라서 욕망이 어떻게든 조작되고 제조되었다는 뜻이다. 맑스에 따르면, "주체"의 첫 번째 의미(예속적 주체)는 세 번째 의미(주권적 주체)와 대립하는 것이며, [그러한 대립은 "시민/주체"라고 표시할 수 있다].

이와 달리, 첫 번째 의미와 세 번째 의미가 대립적이지 않다는 뜻에서, 나는 "시민-주체"를 접합시켜 하이픈을 긋는다. 여기서 두 항은 어떤 존재론적 본질을 가리키지 않는다. 내가 착목하고 있는 지점은 "주체"의 이중적 의미가 서로를 구성하는 관계에 있다. 시민-주체를 이렇게 정립함으로써, 우리는 시민이 되는 방식과 시민을 사유하는 방식을 재고할 수 있다. 나아가 우리는 자신의 정치적 행동 방식과 자신의 통치 방식을 변경할 수 있다.

앞으로 보여주겠지만, 민주주의 담론을 깊게 파고들면, "시민"과 "주체"의 대립은 유지될 수 없다. 그들은 더 이상 민주주의 세계의 유일한 정치적 형상이 아니다. 시민/주체에 대한 규범적 정의는 그것이 아무리 다양하고 논쟁적으로 보여도, 결국에는 전후戰後 정치적 투쟁에서 등장한 비판적 어휘를 벗어날 수 없다. 여기에는 참여 대對 배제, 평등 대 차이, 이데올로기 대 현실, 정치 대 사회, 자유 대 지배, 권력 대 무기력, 자율 대 의존, 공적 대 사적 등이 속한다. 요컨대 각각의 대립쌍은 행위자성과 자유를 지배와 억압에서 구별하고, 주체성을 예속성에서 구분한다.

그렇지만 시민/주체라는 대립쌍은 분명히 고착되지 않는다. 시민/주체는 불안정하고 경합적이며, 특히 이브 세지윅이 묘사한 문화적 맥락에서 분리될 수 없다. "맥락이란 규범적 규정들로 엮어진 총체적인 문화적 네트워크이다. 이들 규정은 불안정한 만큼이나 다양한 우발성에 따라 상이한 비율로 변화한다."[6] 중요한 문제는 복지와 사회개혁이라는 맥락 안에서 "시민/주체"가 어떻게 배태되는가 하는 것이다.

토크빌의 설명에서 시민은 행위의 자율과 능력을 지니고 있지만 주체는 그렇지 않다. 또한 권력은 시민 자체의 내적 자질이 아니라, 단지 시민이 행사하는 대상에 불과하다. 그러나 권력의 소유와 행사에 따라 시민이 주체와 구별되므로, 권력은 양자의 구별과 무관하지 않고 사실상의 구성적 요소이다.

간단히 말해 권력은 시민이면서 동시에 (예속)주체가 되는 상태와 관련된다. 자치의 획득은 시민이 되는 동시에 주체가 되는 것, 즉 통치자이자 피통치자가 되는 것이다. 이런 맥락에서 예컨대 [예속적인] 복지수급자는 능동적 시민에 다름 아니다. 복지 수급자는 분명히 관료제적 통제의 대상이지만, 그렇다고 해서 그들이 노예 상태는 아닌 것이다.

---

6. Eve Sedgewick, *Epistemology of the Closet* (Berkeley : University of California Press, 1990), 11.

개인적이든 집합적이든, 수급권자는 부과된 규정이나 규제를 거부할 수 있는 충분한 기회를 가진다. 중요한 것은 대부분의 사회복지 프로그램이 자발적 형식을 취한다는 점이다. 물론 사회복지 프로그램이 매우 강압적인 경우도 존재한다. 하지만 그런 경우조차, 복지의 통제 전략은 수급자들이 자신의 이해관심을 알아서 추구하는 식으로 작동한다. 일반적으로 담론이 조직하는 장場은 확정된 결과들이 아니라 가능한 행위들로 구성된다. 마찬가지로 수급자는 복지 담론의 단순한 대상이 아니라, 그러한 담론에 종속되는 동시에 [주권적] 주체가 된다.

결국 시민은 권력에 종속되는 동시에 스스로의 주인이 된다. 그래서 나는 빗금 쳐진 시민/주체 대신에 가로줄로 이어진 시민-주체를 사용한다. 물론 빗금을 하이픈으로 대체하는 것이 사실상 주체를 삭제하고 그것을 시민권의 정치로 회수하지는 않는다. 알다시피 담론은 무언가를 지각하기도 전에 우리가 볼 수 있는 것을 말해 주고 무엇이 중요한지 알려준다.[7] 또한 담론은 그 구조가 밝혀진 다

---

7. 사무엘 딜레이니는 담론이 지각을 형성하는 방식을 날카롭게 설명하고 있다. 딜레이니는 담론이란 학습되고, 습관적이고, 물질적이라고 지적한다. Samuel Delany, "The Rhetoric of Sex and the Discourse of Desire," in *Heterotopia: Postmodern Utopia and the Body Politics*, ed. Tobin Siebers (Ann Arbor: University of Michigan Press, 1994), 229-72.

음에도 작동하기를 멈추지 않는다(주지하다시피 이성애는 과학과 대중 담론에서 근래에 발명된 것이다. 그러나 이러한 사실이 밝혀져도, 이성애와 동성애의 구별은 소멸하지 않는다).[8] 그럼에도 불구하고, 나는 시민-주체를 민주주의 담론에 삽입할 것이다. 이것은 시민-주체의 형성을 관한 정치적 각성을 촉진할 것이다.

시민과 주체

시민권을 시민 대[對] 주체, 즉 시민/주체의 잣대로 이해하게 되면, 아마도 대부분의 사람들은 시민의 자격을 상실할 것이다. 정치적 행동에 앞서 시민의 자격이 미리 고정되면, 역설적으로 민중[demos]은 그와 같은 자격, 즉 행위와 인식의 자유를 충족시킬 수 없다. 달리 말해 시민/주체가 결정적인 기준이 되면, 예속성과 행위자성은 상호 분리되어 버린다. 이것은 어떤 분석에 앞서 자명한 범주를 미리 전제하기 때문이다. 그때 개인은 사실상 시민과 주체라는 변별

---

8. 예를 들어 다음 글을 참조하라. Jonathan Ned Katz, *The Invention of Heterosexuality* (New York : Plume/Penguin, 1995).

적 범주로 분할된다.[9]

시민을 민주주의 담론의 주제, 혹은 주체로 삼는 방식은 민주주의 정치에서 결정적인 함의를 지닌다. 오늘날 누군가를 가리켜 복종적이고, 순종적이고, 의존적이고, 냉소적이라고 말할 때, 우리는 그 사람을 규범적인 시민성의 이념에 따라 판단하고 있는 것이다.[10] 민주주의 시민권 담론은 평범한 시민이 도달할 수 없는 높은 곳에 시민성을 위치시키고, 그 결과 시민이 될 수 있는 방식은 상당히 제약된다.[11]

시민성의 내포를 둘러싼 논쟁을 살펴보면, 시민/주체 같은 자명한 범주들이 안방을 차지하고 있다. 그런데 이들

---

9. 나의 주장은 여성주의 이론에서 섹스와 젠더의 구분과 유사한 측면이 있다. 만일 우리가 남성과 여성이 어디에서 차이가 나는지 질문할 수 있으려면, 그보다 먼저 어떻게든 남성과 여성의 존재에 관한 분석을 전제해야 한다. 수잔 케슬러와 웬디 매케너가 "구제불능의 명제"라고 불렀던, 오직 두 개의 젠더만 존재한다는 주장을 우리가 반복하지 않으려면, 그러한 젠더의 구성이라는 측면에서 분석이 진행되어야 한다. 이와 관련해서는 다음 글을 참조하라. Suzanne Kessler, Wendy McKenna, *Gender: An Eth-nomethodological Approach* (Chicago: University of Chicago Press, 1978).

10. 다음 글을 참조하라. William Connolly, *The Ethos of Pluralization* (Minneapolis: University of Minnesota Press, 1995), esp. chap. 3, "Democracy, Equality, Normality."

11. 딜레이니는 「섹스의 레토릭」이란 글에서, 이러한 담론을 "동질화하는 담론"이라 부른다.

범주를 무심결에 수용하면, 우리는 권력이 어떻게 개인을 시민으로 만들면서 동시에 주체로 만드는지 사실상 분석할 수 없다. 시민의 형성 방식을 고려하지 못할 경우, 우리는 자유민주주의를 특징짓는 시민성 담론의 구성적 성격을 온전히 파악할 수 없다.

예를 들어, 셸든 월린의 주장을 살펴보자. 그는 1982년 출간된 에세이, 「오늘날 혁명적 행동이란 무엇인가」에서 [보편적] 시민성을 강조하고 있다. 월린은 시민성의 주장에 대한 침묵을 거부하면서 이렇게 주장한다. "헌신의 정도는 다르지만 민주주의를 증명할 수 있는 수많은 목소리가 준비되어 있다……실질적인 문제는 민주적인 시민이 누구인지 고민하지 않는 것이다. 사람들은 누가 민주적인 시민인지 고심하지 않는다. 우리 각자는 [이미] 민주적인 시민이고 우리 대다수가 그러하다. 그런데도 우리는 사회에 번성하고 있는 반反민주적 경향에 침묵하고 있다."[12] 나는 월린이 "심각한 침묵"을 듣는 곳에서, 오히려 분명한 소리를 듣는다. 이 책 곳곳에서 보여주겠지만, 모든 사람은 [이념적으로 주어진 시민이 아니라 언제나] 특정한 계획, 사회적 프로그

---

12. Sheldon Wolin, "What Revolutionary Action Means Today," rpt. in *Dimensions of Radical Democracy : Pluralism, Citizenship, Community*, ed. Chantal Mouffe (London : Verso, 1992), 241.

램, 조직화 전략, 캠페인 등을 거쳐 간다. 이를 통해 정치적인 (예속)주체는 민주적 시민으로 탄생하고, 정치에 무관심한 사람은 능동적으로 변신하며, 게으른 사람은 생산적으로 변형되고, 의존적인 사람은 자립적으로 구축된다(서론에서 다루었던 워링 대령의 계획을 떠올려보라).

실제로 수많은 사람들이 다양한 전략과 프로그램을 발명하고 있다. 사회 개혁가, 여성주의자, 지역사회 활동가, 정책입안자, 국회의원, 기업인, 사회과학자 등 많은 곳에서 프로그램이 발명되고 끊임없이 개선된다. 드물기는 하지만 어떤 경우에는 발명이 공개적으로 진행된다. 예를 들어, 〈프리더만 사무소〉[13]는 한때 노예였던 사람들을 시민으로 전환하려고 했으며, "기업유치지구"enterprise zone는 자본가를 유인하여 빈민 지역의 범죄를 줄이고 경제를 자극하려고 시도했다. 또한 (3장에서 검토하는) 지역사회활동 계획은 "[자발적] 참여를 최대한" 촉진하려고 노력했다. 심지어 특정한 프로그램은 실패할 수 있어도 여기서 창출된 전략은 모양새를 바꾸어 시민을 형성하는 활동에 재투입된

---

13. [옮긴이] 프리더만 사무소(Freedmen's Bureau)는 1865년에 설립되었고, 국가 차원에서 시행된 최초의 복지기관이었다. 주된 목적은 노예에서 자유인으로 신분이 변한 사람들에게 먹을 것을 나누어주고, 일자리를 찾아주며, 교육시설과 의료시설을 개방하고, 법적 원조를 제공하는 것이었다. 참고로 이 사무소는 1872년에 문을 닫았다.

다. 그러나 이와 같은 몇 가지 사례를 제외하면, 시민 만들기 전략은 대부분이 너무나 사소해서 말 그대로 "정치적"으로 보이지 않는다. 예를 들어, (4장에서 검토하는) 자부심 운동이나, (5장에서 살펴볼) 복지 행정의 회계기법이 전형적인 사례이다.

널리 알려진 대로, 월린은 자유주의 체제에 대한 급진적인 민주주의 비판을 전개해 왔다. 그런데 [내가 언급한 미시적이지만 분명한 소리, 즉] 다양한 시민성 담론을 들으려면, 그는 이론적 전제를 일정 부분 수정해야 할 것이다. 여기서 월린의 주장을 문제시하는 것은 급진 민주주의 전통에서 그의 영향력이 특별하기 때문이다.[14] 그렇지만 또 다른 일군의 급진 민주주의자들은 월린과는 노선을 달리했다. 그들은 월린의 작업에서 내가 문제시하는 전제를 폐기하는 대신에 다원주의 관점을 수용했으며, 국가사회주의에 대

---

14. [미국의 경우] 다른 급진 민주주의 분파는 특히 루소와 영국 관념론자에 의존하고 있다. 이들은 작업장 민주주의, 계급에 기초한 참여, 자기계발 전략을 포괄하고 있으며, 이에 대해서는 다음을 참조하기 바란다. Carole Pateman, *Participation and Democratic Theory* (Cambridge : Cambridge University Press, 1970); Peter Bachrach and Aryeh Botwinick, *Power and Empowerment : A Radical Theory of Participation Democracy* (Philadelphia : Temple University Press, 1992); C.B. Macpherson, *Democratic Theory* (Oxford : Clarendon, 1973).

한 반反자유주의적 대안을 제시했다.[15] 그러나 시민성에 관한 월린의 전제는 여전히 대표성을 띠고 있다. 그것은 민주주의 담론 일반을 규정하고 있으며, 심지어는 우파까지 공유하고 있는 관념이다. 그러니까 네오콘의 신자유주의 개혁 또한 동일한 전제에서 근거를 찾고 있다. 이들도 임파워먼트존empowerment zone[경제강화구역/기업유치지구], 워크페어workfare[근로복지/생산적복지], 자원봉사주의volunteerism를 강조하고 있다.

월린에 따르면, 원칙적으로 시민은 동질적이다. 그들 사이에 구별이 등장하면 그들은 참된 의미의 민주주의 시민이 아니다. 그때 시민은 관료주의적 신민에 그치거나, 전前정치적인 이해관계나 정체성의 담지자에 불과하다. "이익집단의 정치는 시민이 아니라 개인이라는 이념을 확립한다. 시민은 본질적으로 공동체 전체의 목표를 위해 연합하지만, 개인은 이해갈등에 따라 집산할 뿐이다…… 개인은 [시민 — 저자]이 아니라 사업가, 트럭 운전사, 여성주의자, 사무

15. 이에 속하는 몇 가지 문헌을 연대순으로 나열하면 다음과 같다. Ernesto Laclau and Chantal Mouffe, *Hegemony and Socialist Strategy : Towards a Radical Democratic Politics* (London : Verso, 1985); Iris Marion Young, *Justice and the Politics of Difference* (Princeton : Princeton University Press, 1992); Chantal Mouffe, ed., *Dimensions of Radical Democracy : Pluralism, Citizenship, Community* (London : Verso, 1992); Connolly, *Ethos of Pluralization*.

직, 농부, 동성애자가 된다. 이들은 직접적인 정체성을 바탕으로 타자와는 본질적으로 구별된다."[16]

월린은 시민/주체의 대립쌍을 발판으로, 오늘날의 반反민주주의 세력과 대결하고 있다. 사회운동의 저항방식도 비판의 칼날을 피해갈 수 없다. 월린이 보기에, 우리가 [보편적인 공동사업, 즉] 정치체의 시민이 아니라 특수한 개인citizen이 된다면, 그러니까 여성주의자, 노동조합원, 치카노[17], 흑인, 복지수급자, 퀴어 등으로 찢어질 경우, 우리는 더 이상 올바른 정치적 정체성의 담지자가 아니다. 월린은 인종, 계급, 젠더 같은 인간학적 차이를 전前정치적인 것으로 간주한다. 반대로 1960년대 이후 사회운동은 원칙적으로 저러한 범주를 정치화함으로써 조직되었다. 사회운동의 입장에서 볼 때 인간학적 차이는 자연적이 아니라 구성적이고 그렇기 때문에 성치석 수난을 통해 얼마든지 변형될 수 있었다.

---

16. Wolin, "Revolutionary Action," 244.

17. [옮긴이] 치카노(Chicano)는 멕시코계의 미국 시민을 가리키며, 남성은 치카노(Chicano), 여성은 치카나(Chicana)로 부른다. 역사적으로 이 표현은 멕시코인들을 비하하는 말로 사용되었다. 그러다가 이 말이 널리 사용되기 시작한 것은 1960년대 말에서 1970년대 초, 멕시코계 미국인의 권리를 주창한 치카노 운동을 통해서다. 이 운동에 참여한 활동가들은 동료들을 결집하기 위해 치카노라는 말을 의도적으로 사용했는데, 이를 통해 이 표현은 비하의 느낌을 걷어내고 인종적, 민족적 자긍심과 정체성, 주체성을 표현하는 말로 전환되었다.

성적, 가족적, 교육적, 인종적, 경제적 관계가 내포한 권력을 신사회운동은 정치화했지만, 월린은 이와 같은 정치적 노선을 반대했다. 그가 보기에 1960~70년대 정치적으로 저항한 사람들은 사실상 "탈정치화된" 노예처럼 행동했다.[18] 월린은 신사회운동의 참여자들을 가리켜 "그루피"[19]라고 낮춰 불렀다. "그루피와 달리 시민들은 사회 공통의 관점을 견지해야 하며, 배타적이 아니라 통합적이고 포괄적으로 사유할 필요가 있다. 반대로 그루피는 무반성적으로 자기 이익을 탐하는 상태, 좁은 의미의 [이익] '정치'를 극복하지 못한다."[20] 종국에는 '정치'에 매몰되기 때문에, 그루피는 시민답게 연대할 수 없었다. 그들은 "정치적인 것"에 관여하는 집합적 노력을 외면한다. 냉정하게 얘기하면, 월린이 바라보는 올바른 시민은 자신을 시민으로 자각하지 않고 [행동하지 않는] 사람들이다. 또한 역설적으로 그들은 정치적인 것의 경계에 도전하지 않는 사람들이다.[21] 요컨대 민주적인

---

18. 1960년대 급진 민주주의 비전의 중심적 역할은 다음 글을 참조하라. Meta Mendel-Reyes, *Reclaiming Democracy : The Sixties in Politics and Memory* (New York : Routledge, 1995).

19. [옮긴이] 그루피(groupie)란 통상적으로 가수를 졸졸 따라다니는 '멍청하고' '일탈적인' 소녀 팬, 즉 무지렁한 광적인 팬덤을 가리킨다.

20. Wolin, "Revolutionary Action," 245.

21. 월린에 따르면, 냉소주의는 "진정으로 정치적"(같은 책, 252)이지 않다. 그것은 전(前) 정치적인 반란을 가리키는 뚜렷한 징후에 불과하다.

시민권의 범위와 기준은 시민들의 정치적 행동보다 앞서 결정되어 있고 [그래서 그루피는 시민이 아닌 것이다].22

대중들은 시민성의 자격을 스스로 결정하려고 하지만, 열성적인 민주주의 이론가들은 그것을 맹렬히 비난하는 셈이다. 그들은 왜 그렇게 하는가? 월린의 답변은 다음과 같이 단순하다. 민주주의적 시민성, 즉 공공적 기준에 반할 때, 정치적 행위는 "탈정치화"된다. 월린의 관점에서 예를 들어 레이건 시절에 번성한 풀뿌리 운동은 "정치적으로 불완전했다. 우리 사회에는 보다 보편적인 실질적 문제들이 존재하며, 여기에 필요한 것은 국지적인 편협함이 아니라 포괄적인 형태의 비전과 행동이다."23 사회운동과 풀

---

22. 주디스 버틀러가 언급하듯이, "행위자성(agency)은 사람을 도구적 행위자(actor)로 사유하는 방식과 밀접하다. 도구적 행위자는 [이미 존재하는] 외부의 정치 영역에 식년할 뿐이다. 히지만, 정치와 권력은 주체와 그것의 행위자성이 접합되고 실행되는 층위에서 이미 존재한다. 우리가 이러한 논점에 동의한다면, 결국에 행위자성은 그것의 구성을 망각할 때 비로소 상상될 수 있는 것이다." Judith Butler, "Contingent Foundation : Feminism and the Question of 'Postmodernism,' " in *Feminist Theorize the Political*, ed. Judith Butler and Joan Scott (New York : Routledge, 1992), 13.

월린에 따르면, 정치적 행위의 도구적 형태는 정치적으로 적합하지 않으며, 오히려 반(反)민주주의적일 수 있다. "민주주의적 시민권 개념이 무언가 의미를 띠려면, 시민은 정체(政體)를 진전시키거나 보호하기 위해 자신의 권리를 행사해야 한다. 왜냐하면 정체(政體)는 자신의 공통 관심사에 관여하는 시민들에 의존하기 때문이다"("Revolutionalry Action," 242).

23. Wolin, "Revolutionary Action," 252.

뿌리 정치는 진정으로 중요한 민주주의 실천, 즉 국가를 겨냥한 정치를 예비할 뿐이다. "전자의 발전에서 의미를 찾는다면, 그것은 민중이 초보적이나마 베일에 싸인 국가의 안보와 비밀에 개입한 것이다. 이런 사안 [결국 국가 — 저자]야말로 민주주의 정치를 위한 창조적 무대이며 진정으로 정치적인 것이다."[24] 따라서 우리가 시민으로 행동하든 말든 그것과 관계없이 우리는 언제나 "탈정치화"되어 있다.

1980년대 중반에 접어들어 월린은 자신의 입장을 약간씩 수정했다. 그는 풀뿌리 행동주의를 통해 "정치적인 것이 많은 사람들의 일상으로 통합될 수 있다"[25]고 주장했다. 하지만 월린은 정치적인 것에 대한 전(前)근대적 기준으로 현재를 회고적으로 판단한다. 이렇게 접근하면 민주적인 정치는 오늘날 절대로 불가능하다. "분명히 민주주의 시민 개념은 현재의 정치 현실, 즉 거대국가mega-state에는 적용될 수 없다…… 그렇지만 민주주의 시민 개념은 방기될 수 없다. 그것은 이념형으로 보존되어야 한다. 무엇이 시민인지 판단하려면, 우리는 반드시 잣대가 필요하다."[26] 그러나 이상적인

---

24. 같은 책.

25. Sheldon Wolin, *The Presence of the Past : Essays on the State and the Constitution* (Baltimore : Jons Hopkins University Press, 1989), 150.

26. 같은 책, 190-91.

기준에서 볼 때, 민주적인 시민은 현재는 물론이고 앞으로도 많이 부족하고 결국은 실현될 수 없다. 여기서 우리는 월린의 초기 주장, 즉 시민성에 관한 침묵을 다시 만난다.

월린의 용어에서, 이상理想으로서 민주주의와 "정치적인 것"은 모든 우연성을 재단하는 비판적 준거이다.27 그런데 월린이 민주주의와 정치적인 것을 동의어로 보기 때문에, 사실상 두 용어는 하나의 기준이다. "민주주의는 대안적인 정치 개념을 상징한다. 민주주의는 거대 국가와 미디어 정치를 끊임없이 비판하고 끈질기게 반대한다."28 정치와 갈등, 행위가 "진정으로 민주주의적"이지 않다면, 즉 공공적이지 않다면, 그것은 탈정치적, 반反정치적, 전前정치적인 것으로 간주된다. 이렇게 되면 정치적인 것의 경계는 민주적 행동에 따라 변형될 수 없다. [이상으로서] 정치적인 것은 [정치적 참여와 관계없이] 무엇이 민주 적이고, 정치적이지 미리 결정한다. 월린은 정치적인 것을 이념형 — 우리가 참여하지 못하는 참된 민주주의 — 으로 환원해버린다. 역설적으로 우

---

27. 이에 대해서는 다음 글을 참조하라. Carole Pateman, "Sublimation and Reification: Locke, Wolin, and the Liberal Democratic Conception of the Political," *Politics and Society* 5 (1975): 441-67. 월린은 다음 글에서 관점을 얼마간 수정하고 있다. "Hannah Arendt: Democracy and the Political," *Salmagundi* 60 (Spring-Summer 1983): 3-19.

28. Wolin, *The Presence of the Past*, 191.

리는 [정치에 참여할 필요 없이] 거대정부에 자신의 운명을 맡겨야 하는 것이다.

정치적 참여가 시민을 다른 무엇과 구별할 수 없다면, 달리 말해 정치적인 것을 재구축할 수 없다면, 우리는 민주주의 통치가 어떻게 작동하는지 고민할 필요도 없을 것이다. 그냥 월린이 주장하듯이, 민주주의 통치의 이념형만 있으면 충분하다. 그것만 있으면 시민들과 민주적인 정체 政體와의 관계는 투명하게 파악될 수 있다. 또한 참된 민주정이 존재하기 때문에, 우리는 민주적인 통치방식을 발명할 까닭이 없을 것이다. 대신에 민주주의 이론만 있으면 충분하다. 그러면 거대국가는 일거에 쓰러질 것이고, 이상적인 대안이 단호히 요구될 것이다. (하지만 나중에 복지국가의 통치 실천을 검토하면서, 월린은 자신의 결론을 뒤집는다.)29

월린의 비판적 설명에서, 근대적 통치양식은 "사회적인 것"과 "탈정치적인 것" 속에서 대체로 시민성을 상실한다.

---

29. 내가 월린의 민주주의 이론을 쓰레기 취급한다는 식으로 읽힐까봐, 다음과 같은 사실을 분명히 밝혀 두겠다. 나는 월린의 「민주주의와 복지국가: 국가이성과 복지국가의 정치적, 이론적 관계」(Democracy and the Welfare State: The Political and Theoretical Connection between Staatsrason and Wohffahrstaatsrason)(같은 책)를 읽고 복지국가의 고유한 통치방식을 연구하는 데 커다란 도움을 받았다. 이 글을 알고 있는 사람이라면, 내가 월린의 연구에 기대고 있음을 분명히 알 수 있을 것이다.

예를 들어, 월린이 지적하듯이 "물론 많은 이유 때문에 실업자와 영구 빈민은 정치적으로 수동적이다. 하지만 그것의 주된 이유는 그들을 예속시키는 탈정치화 속에서 찾아야 한다."[30] 나아가 월린은 탈정치화는 정치적 수동성의 원인이면서 동시에 결과라고 주장한다. 우리가 정치적으로 행동하지 않기 때문에, 우리는 스스로를 은폐하는 권력에 종속된다는 것이다. 월린은 시민들이 정치에 참여하지 않을 때, 비판적 민주주의 이론이 앞장서야 한다고 주장한다. 민주주의 이론은 시민의 본성이 어떻게 조작되는지 선제적으로 탐색해야 한다. 민주주의 이론의 임무는 본연의 시민성을 "탈정치화"하는 권력의 폭로에 있다. 그러나 월린의 한계는 바로 비판적 준거에서 비롯한다. "진정으로 정치적인 것"은 민주주의 이론이 다루는 구체적 문제를 규범적 판단으로 환원해 버린다. 우리에게 남은 것은 이상적인 정치적인 것과 시민성뿐이다.

월린은 시민권이 "탈정치화"된다는 주장을 뒷받침하기 위해, 한나 아렌트의 주장을 끌어들인다. 아렌트가 보기에, 근대에 들어 사회적인 것은 고전적인 정치를 대체하는데, "탈정치화는 빈민과 소수 인종을 통해 극단적으로

---

30. 같은 책, 247.

나타난다. 그들이 정치경제에 속한 가장 무력한 집단이기 때문이다. 정치경제는 전통적인 정치체제를 대체하고 있는 새로운 사회적 체제이다."[31] 이러한 맥락에서 사회운동의 전략은 정치의 규정 자체를 문제시했다(대표적으로 "사적인 것이 정치적이다"). 반대로, 월린은 "진정으로 정치적인" 것이 영원하다고 고집한다. 그렇기 때문에 여성주의 같은 정치는 올바른 정치가 아니다. 그것은 "정치"를 이해갈등, 권리행사, 권력투쟁, 사회운동, 저항으로 환원하기 때문이다. 요컨대 월린의 질문, 무엇이 "진정으로" 정치적인가 하는 것은 (아래에서 다루고 있는) 로버트 달의 질문, "누가 통치하는가?"만큼이나 부적절해 보인다.

몇몇 중요한 예외가 있지만, 대체로 민주주의 이론은 "정치적" 행위를, 예컨대 투표와 공개적 저항 따위로 이해한다. 민주주의 이론은 일상에서 벌어지는 다양한 활동을 간과하거나 묵살한다. 이를테면 치료적 행위, 훈육적 활동, 프로그램과 제도적 기획, 연대적 행위 말이다. 게다가 민주주의 이론은 이들 활동이 전개되는 행정적, 사회적, "전前정치적", "탈정치적" 현장을 무시한다. 그 결과 민주주의 비판은 피상적인 묘사 기능으로 후퇴해버린다. 특정한 주체들

---

31. 같은 책, 247-48. 사회적인 것과 정치적인 것에 대한 아렌트의 관점은 아래에서 설명할 것이다.

이 동질적인 정치적 공간, 혹은 시민다운 자격과 역량에서 배제된다고 말이다.

호모 폴리티쿠스와 호모 시비쿠스[32]: 민주주의와 권력

다원주의 이론은 2차 세계대전 이후 여러 형태로 등장했지만, 이들의 권력관은 공통적으로 시민/주체의 대립쌍을 맴돌았다.[33] 관련 논쟁을 추동했던 정치적 문제틀은 크게 두 가지였는데, 하나는 시민권 운동을 위시한 사회운동의 부상이었고, 다른 하나는 엄청나게 증가한 사회학적 증거였다. 각종 지표가 보여주듯이, 자유민주주의 체제는 경제적, 사회적, 인종직, 정치적 불평등을 양산하고 있었다. 그렇다면, 만일 불평등이 존재한다면 (냉전시기 사회주의와 비교해서) 자본주의적 자유민주주의는 최선의 통치체

---

32. [옮긴이] 이는 각각 '정치적 인간'(homo politicus)과 '시민으로서 인간'(homo civicus)을 가리킨다.
33. 다음 글이 권력과 민주주의에 관한 논쟁을 개괄하고 있으며 "오늘날의 교착상태"를 설명하고 있다. David Ricci, *Community Power and Democratic Theory : The Logic of Political Analysis* (New York : Random House, 1971).

제가 아니란 것인가? 우리는 공식적으로 법 앞에서 평등하고, 투표함 앞에서 평등하고, 계약 당사자로서 평등하다. 그런데 어째서 불평등이 지속되는 것인가? 사람들에게 권력이 없다면, 도대체 누가 권력을 행사하고 있는가? 권력에 관한 논쟁은 이와 같은 질문을 놓고 회전했지만 교착상태에 빠져 있었다. 그러나 정말로 중요한 문제는 민주주의 담론의 구성적 성격에 있었다.

불평등의 지속을 간파하기 위해, 민주주의 이론가들은 정치참여의 결핍과 무기력이라는 관점에서 민주주의를 고민했다. 이 과정에서 권력에 관한 이데올로기 논쟁이 대두했는데, 3장에서 살펴보겠지만 이 논쟁에서 무기력과 참여 부족은 국가 개입의 발판이 되었다. 아무튼 이데올로기 논쟁은 애초 자유주의 사회학자들과 맑스주의자 사이에서 전개되었지만, 나중에 그것은 실증적인 정치학으로 이입되었다. 경험주의 정치학은 실재를 인식하고 그것에 개입했으며 그 과정에서 권력이론이 실천적으로 응용되었다. 이데올로기 논쟁은 권력의 진실에 대한 합의가 아니라 실증적인 권력 담론을 생산했다. 이러한 담론은 결핍된 것에 실체를 부여함으로써 권력을 쟁취하며, 존재하지 않는 것에 질서를 부여하고 개입했다.

여기서 권력 논쟁을 간단히 반복해 보자. 그것은 이 논쟁이 임파워 의지, 즉 타인의 이해관심을 대표하고 대변하려는 욕망을 보여주기 때문이다. 2차 세계대전 직후 가장 영향력 있는 다원주의자, 로버트 달은 이렇게 질문을 던졌다. "누가 통치하는가?"(아래에서 지적하듯이, 다원주의에 대한 비판자들도 동일한 질문을 던졌다. 예를 들어, 라이트 밀즈는 "파워 엘리트"라고 답했다).

다원주의는 "실증적인 민주주의 이론", 혹은 "민주주의적 엘리트주의"로 불렸다. 당시 미국에는 공공연한 불평등이 노골적으로 존재했지만 정치적 갈등은 비교적 적었다. 왜 그럴까? 다원주의 입장에서 그 까닭은 심의^{審議} 과정에 있었다. 즉 명시적인 동의를 표하지 않았지만, 사람들은 정치적으로 행동하지 않기로 선택했다. 다원주의 관점에서, 직접적인 정치적 참여는 민주주의의 본질도 아니었고 바람직한 특징도 아니었다. 널리 알려진 대로, 로버트 달은 [월린과 달리] "고전적인" 민주주의 관점을 기각한다. "엄청난 날조를 걷어차버릴 때가 되었다. 정치는 인간의 본질적이고 정상적인 관심사가 아니다. 시민이 타고난 태도를 견지한다? 이것은 사탕발림에 불과하다. 오히려 반대로 생각할 필요가 있다. 정치는 멀리 떨어져 있고, 익숙하지 않고, 보람 없는 일이다."[34] 다

---

34. Robert Dahl, *Who Governs? Democracy and Power in an American City* (New Haven : Yale University Press, 1961), 279. 달은 다음 글에서

원주의 논리에서, 보통의 사람들은 합리적 행위자이고 바로 그렇기 때문에, 그들은 민주적인 정치활동에 직접적으로 참여하지 않는다. 시민들은 각자의 욕구를 성취하기 위해 사적이고 경제적인 활동에 전념할 뿐이지, 정치에는 관심과 시간을 할애하지 않는다.

로버트 달은 뉴헤이븐 지역을 연구한 다음, 그 결과를 『누가 지배하는가? 미국 도시의 민주주의와 권력』으로 출간했다. 여기서 그는 호모 폴리티쿠스와 호모 시비쿠스를 구별했는데, 전자는 정치 과정에 능동적으로 참여하는 시민을 뜻하고 후자는 그 정체성과 이해관심을 비정치적, 비통치적 시민사회에서 형성하고 추구한다.[35] 호모 시비쿠스는 잠재적 유권자의 대부분을 포괄하지만, 정치적 참여를 통해 이해관심을 실현하지 않는다. 반대로 호모 폴리티쿠스는 통치 과정(즉 선거라는 협애한 정치적 행위)에 적극적으로 관여한다. 이들은 선출된 대표, 이익집단의 변호사, 정책 활동가 따위를 말한다. 나아가, 달은 정치 과정을 완전히 공개된 개방적 활동으로 간주했다. 예를 들어, 뉴헤이븐에서는 개인이든 집단이든 그 누구도 통치 영역에 대한

입장을 바꾸었다. *A Preface to Economic Democracy* (Berkeley: University of California Press, 1985).

35. Dahl, *Who Governs?*, 223-28.

개입을 요구하지 않았다. [정치란 공개적 활동이므로 갈등이 표출되지 않을 경우] 그것은 모든 시민이 참여에서 배제되지 않았다는 뜻이다. 참고로 『누가 지배하는가?』는 1961년 출간되었는데, 놀랍게도 채 6년도 지나지 않아 갈등이 분출했다. 바로 뉴헤이븐에서 흑인들이 경찰과 충돌했고 국가 폭력은 일상적인 뉴스가 되었다.[36]

"인간은 날 때부터 정치에 무관심한 동물이다." 다원주의는 이렇게 전제했지만, 셸든 월린을 비롯한 급진 민주주의자와 신좌파는 그러한 전제를 대부분 경멸해 마지않았다. 이들에게 다원주의는 미국의 정치적 특징, 즉 불평등과 엘리트주의를 변호하는 알량한 베일에 불과했다. 다원주의에 대한 비판자들은 대중의 참여를 배제하는 권력의 은밀한 작동을 폭로하려고 시도했다(예를 들어, 미디어는 대중의 견해를 조작하고, 관료적인 지배는 정치적, 경제적 불평등을 탈정치화하며, 경제 엘리트들이 국가를 통제했다). 민주주의를 옹호한 비판자들이 볼 때 정치적 참여는 민주주의의 본질적 특징이었고, 반대로 비참여는 엘리트들이 권력을 틀어쥐고 있다는 증거다. 또한 비참여는 정치적 참여가 억압받고 통제된다는 징후였다. 정치적 억압과 배제에

---

36. *Report of the National Advisory Commission in Civil Disorders* (New York : Dutton, 1968), 특히 New Haven에 대한 도표(n.p.) 참조.

대한 순응은 묵종 뒤에 보이지 않는 강압과 위협이 존재했기 때문이다. 당연히 보이지 않는 그것은 권력이었다. 호모 시비쿠스라는 가면 뒤에는 동의가 아니라 권력이 숨어 있었다. 급진 민주주의자들이 생각할 때, 권력의 진실이 폭로되면, 그러니까 권력의 전모가 드러나면, 묵종은 투쟁으로 전화될 수 있었다.

예를 들어, 프랜시스 피번과 리차드 클로워드의 논의를 살펴보자. 『빈민의 규제』에 따르면, 근대 국가의 복지사업은 자본주의 경제가 불황에 빠지면 극빈자의 정치적 반란에 대응했고, 정치가 안정적일 때는 노동을 규제하려고 했다. 복지체계는 대중적 소요가 일어나면 확충되고 그 결과 정치적 질서가 복원되지만, 그렇다고 빈민을 무조건 "매수"하지는 않았다. 복지제도는 시장을 통한 사회통제 메커니즘을 보완하는 장치였다. "무질서는 경제적 고통이 아니라 사회적 통제가 흔들릴 때 발생하며, 이에 사회는 질서를 복원하기 위해 권위의 재구축 수단을 준비해야 한다. 적어도 당분간은 시장이 인간의 행위를 통제할 수 없기 때문에, 사회통제를 대신할 체계가 발전해야 한다."[37] 피번과 클로워드가 보기에, 복지는 정치적, 경제적 질서를 유지하는 사

---

37. Frances Fox Piven and Richard A. Cloward, *Regulating the Poor: The Functions of Public Welfare* (New York: Pantheon Books, 1971), 7.

회통제의 장치였다.[38] 그리고 일단 질서가 회복되면, 복지는 저임금 노동을 촉진함으로써 노동을 규제하기 시작했다.

이런 식으로 복지는 자본가 계급의 이익을 대변했다. 국가는 대중의 참여를 봉쇄함으로써, 결과적으로 자본가 계급의 이익에 봉사했다. 여기서 피번과 클로워드는 정치과정이 공개적이라는 다원주의 테제에 반대했다. 투표와 시위처럼, 그것이 아무리 대중에게 열려 있어도 그러한 수단은 "사회적 구조에 따라 제한된" 것에 불과했다. 말하자면 자본주의 계급구조 아래 빈민의 정치적 조직은 사회구조에 효과적으로 도전할 수 없었다.[39] 맑스를 본받아, 피번과 클로워드는 형식적인 정치적 평등이란 권력의 현실적 작동을 은폐하는 자유주의적 신화에 불과하다고 강조했다.[40] 이들은 다원주의 테제, 즉 대중이 암묵적으로 동의했기 때

---

38. 린다 고든이 피번과 클로워드와 벌인 매우 흥미로운 논쟁이 다음 저널에 실려 있다. *Social Research* 55 (Winter 1988):609-47. 피번과 클로워드의 사회통제 테제는 몇 십 년 동안 복지에 대한 좌파의 입장을 대표했지만, 이에 대한 고든의 비판은 최근에 일어난 좌파의 입장 변화를 잘 보여주고 있다. 좌파는 복지에 대한 공격에서 복지의 삭감과 개혁에 대한 반대, 즉 복지를 옹호하는 입장으로 변신했다.

39. Frances Fox Piven and Richard A. Cloward, *Poor People's Movements: Why They Succeed and How They Fail* (New York: Vintage, 1970), 3.

40. Karl Marx, "On the Jewish Question," in *The Marx-Engels Reader*, 2d ed., ed. R.C. Tucker (New York: Norton, 1978) [칼 마르크스, 「유태인 문제에 대하여」, 『마르크스의 초기 저작』, 열음사, 1996].

문에 참여하지 않는다는 주장을 공격했다. 이들이 보기에, 겉으로는 동의한 것 같아도 사실상은 비가시적인 권력이 작동하고 있었다. 이 때문에 불만이 곪아 터져도 그것은 억제되었다. 실제로 인종 폭동은 1960년대를 기점으로 1970년대를 수놓았다. 사회통제가 취약해진 그때, 인종문제가 터져 나왔던 것이다.

[좌파의] 사회통제 테제에 따르면, 권력은 저항과 반란을 예방하기 위해 강제적이고도 은밀하게 작동한다. [우파의] 다원주의 테제는 대다수 시민이 반란하지 않는 까닭을 동의라는 비밀로 설명한다. 그런데 좌우파의 민주주의 이론가들은 이념적 차이에도 불구하고 권력에 대한 공통 관념을 견지했다. 여기서 스티븐 룩스를 참고해 보자. 룩스는 엘리트주의, 개혁주의, 급진주의 사이에 전개된 권력 논쟁을 정리하면서, 이렇게 언급하고 있다. "아무리 봐도 우리가 고려하고 있는 세 가지 관점은 근본적으로 동일한 권력 개념을 각기 다르게 해석하고 적용하고 있다. 여기서 A가 B에게 권력을 행사하는 것은 B의 이익에 반하여 A가 B에게 영향을 미친다는 뜻이다."[41] 분석적으로 세 가지 관점이 공유한 목표는 권력의 정확한 심급을 발견하는 것이다. 그러

---

41. Steven Lukes, *Power : A Radical View* (London : Macmillan, 1974), 27.

니까, 그들은 B가 아닌 A의 이익에 봉사하는 심급을 발견하거나, 그러한 심급 자체가 존재하지 않음을 증명하려고 했다. 이러한 상투적인 가설, 즉 권력의 세 "얼굴" 이면에는 공통적인 욕망이 존재했다. 그것은 권력의 진실, 즉 심급을 증명할 수 있다는, 혹은 기각할 수 있다는 태도였다. (첫 번째와 두 번째 얼굴에서) 일부 사람들은 반드시 권력과 행복을 소유하지 못하고 배제되었다. (세 번째 얼굴에서는) 욕망 자체가 통제되고 조작됨으로써 사람들은 불평등에 무관심했다.[42]

각 "얼굴"은 권력이란 누군가가 타인에게 영향을 미치려고 (즉, 타인을 좌우하기 위해) 합리적이고 의도적으로 사용될 수 있다고 가정했다. 달리 말해, 권력은 여러 당사자의 교섭이나 투쟁이 아니라, 한쪽이 다른 쪽에게 일방적으로 행사하는 것이고 그것도 인과적으로 행사하는 것이다. 급진주의자는 결과 쪽에서 권력의 위치를 탐색했다. 즉 B가 저항하지 않는 것은 불평등한 조건을 부과하는 A의 권력 때문이었다. 개혁론자는 원인 쪽에서 접근하면서 의제 설정의 선점을 문제시했다. 즉 권력자 A가 "편견을 조장하기" 때문에 B의 갈등은 분출되지 않고 전환되었다. 결

---

42. [옮긴이] 이에 대해서는 「서론」의 각주 35번, 권력의 세 얼굴 논쟁을 참조하기 바란다.

국 인과론적 접근에서 중요한 것은 그곳에 부재하는 무엇, 즉 권력의 심급을 발견하는 문제였다. 그것은 논쟁의 초점이 정치 참여의 부족에 있었기 때문이다. [개혁파와] 좌파의 입장에서, 권력 없는 자들이 "암묵적으로" 반대하고, "비결정"nondecision하고 "비참여"하는 까닭은, 그렇게 "결정"하게 만드는 (보이지 않는) 지배가 존재하기 때문이다.[43] 이것을 돌려서 말하면, 어떤 행위를 하느냐 마느냐는 시민에게 달려 있다는 것이다. 요컨대 시민이 자신의 이해관심에 따라 행동하면, 권력은 개입하지 못한다. 반대로 시민이 자신의 이해관심과 반대로 행동하고 있다면, 그때는 권력이 작동하고 있으며 시민은 시민이 아니라 타자의 노예로 행동하는 것이다.

자발적인 동시에 강제적인 권력은 불가능하다는 일반적 합의가 존재했다.[44] 자발적 행위는 권력이 (야기하거나

---

43. 권력 논쟁에 관한 전반적인 요약은 다음 글을 참조하라. Peter Bachrach, *The Theory of Democratic Elitism : A Critique* (London : University of London Press, 1969). 다음의 연구들은 경험적인 연구를 간략히 요약하고 있다. Peter Bachrach and Morton S. Baratz, *Power and Poverty : Theory and Practice* (New York : Oxford University Press, 197). John Gaventa, *Power and Powerlessness : Quiescence and Rebellion in an Appalacian Valley* (Urbana : University of Illinois Press, 1980).

44. 룩스는 이것이 급진적인 권력관에만 해당한다고 생각했다(*Power*, 32-33을 참조하라). 하지만 나는 이것이 권력의 세 "차원" 모두에 해당한

그에 따라 나타나는) 효과일 수 없었다. B의 실질적인 이익이나 욕망은 권력에 의해 형성되면서 동시에 B에게 속할 수 있지만, 룩스는 그러한 가능성을 배제했다. 룩스가 보기에, B의 행동이 완전히 자율적이면, 그곳에는 권력이 존재하지 않는다. 권력은 단지 외부에 존재하는 억압적 힘으로 간주된다. 따라서 권력은 사전이든 사후든 [B의] 행위를 내적으로 구성하지 않는다. 권력은 [B의] 행위를 통해서는 실증적 힘으로 현상할 수 없다.

사실 룩스는 자발적인 동시에 강제적인 행위를 인식할 수도 있었다. 그는 욕망이 권력의 산물일 수 있다고 주장하면서 이렇게 언급했다. "인간에게는 선택의 자유가 있을 수 있지만, 급진주의자들이 주장하듯이 사람들의 욕망은 자신의 이익에 반하는 체계의 산물일 수 있다. 그런 경우에 있어서, 인간의 욕구와 선호는 [자신의 것이 아니라] 체제와 관련된 것이다."[45] 여기서 룩스는 네오맑스주의, 혹은 그람시주의 권력관을 취한다. 그는 반사실 조건(B의 "현실적", "객관적" 이해관계)을 먼저 전제한 다음, 일어나지 않은 사건(분출하지 않는 갈등)을 설명한다. 말하자면 사람들은 자신의 욕구를 오인하기 때문에 저항하지 않는다. 만일 [욕

_____

다고 생각한다.

45. 같은 책, 34.

망의 주체로서 행위자 B의] 욕구가 "객관적"이라면, 그것은 권력자가 아니라 반드시 행위자 쪽에서 발생해야 한다. 요 컨대 권력은 욕구를 창출할 수 있지만, 그것은 룩스가 볼 때 권력의 작용에 따른 물질적 결과나 실재하는 그 무엇이 아니다. [권력이 생산한] 욕구는 [B의 객관적] 현실을 은폐하는 이데올로기적 허위에 불과하다.

결과적으로, 룩스는 자발적인 동시에 강제적일 수 있는 권력 관계를 폐기한다. 인간의 욕망은 권력과 동시에 자기 자신에게 속할 수 없다. 룩스가 암시하듯이, 진정한 민주주의 정체政體는 모든 지배 관계가 존재하지 않는 체제였다. 여기서 사람들은 지배받지 않고 자기 스스로 통치한다. 월린과 마찬가지로, 룩스는 권력 관계의 완전한 투명성을 자유의 조건으로 꼽았다. 권력관계와 불평등을 비판적으로 평가하기 위해, 룩스는 권력 없는 민주적 통치를 전제했고, 권력에서 자유로운 정치적 주체성을 상상했다. 여기서 객관적인 욕구와 이해는 권력을 매개로 형성될 수 없다. 덧붙여 룩스는 사람들이 권력의 복종에서 향유하고 느끼는 쾌락을 무시한다. 그가 택한 전략은 권력의 "얼굴"을 폭로함으로써 권력자에게 책임을 부과하는 것이다. 다만 이번에는 숨어있는 [권력자] A가 아니라 [피권력자] B 쪽에서 권력의 진실이 폭로된다(앞서 살펴본 대로, 쓰레기통 폐쇄의 경우, 내가 동일한 전략을 시도했지만 실패했다).

　룩스의 주장에서 핵심은 비행동의 책임을 B에게 묻는 것이 아니었다. B는 순전히 권력의 대상일 뿐, 아무런 권력이 없었다. 요점은 B를 민주적인 참여적 행위자로 변화시키는 문제였다.[46] 정치적 저항의 결핍은 권력의 진실이 드러나면 해결될 수 있었다. 무관심한 사람들이 진리로 무장한다면, 짐작건대 그들은 행동에 나서 권력자를 몰아낼 것이다. 예를 들어, 학대받는 여성들은 무엇 때문에 가해자를 떠나지 않는가? 대다수 수급자들은 복지국가의 해체를 어째서 보고만 있었는가? 그것은 권력이나 권력자가 존재하기 때문이다. 달리 말해 사람들이 속았다는 것이다. 그들이 날조된 뉴스를 거부하고 진실을 알기만 하면, 그들은 행동에 나설 것이다. 민주주의 이론과 여성주의 이론 역시 예외는 아니었다. (포스트구조주의 논쟁을 거치면서 드러났듯

---

46. 여기서 염두에 두어야 할 사실이 있다. 룩스가 매우 명시적으로 밝히고 있듯이, 대부분의 참여 민주주의자는 자신의 연구가 혁명이 아니라 반란에 기여하길 원했다. 단지 소수만이 혁명을 목표로 했다. 또한 이들은 자신의 계급 분석을 사회주의자들의 그것과 엄밀히 구별하려고 노력했다. 예를 들어, 피터 바흐래쉬는 『데모크라시』(*Democracy* 2, Fall 1982: 34)에 기고한 「계급 투쟁」에서 이렇게 언급하고 있다. "현존하는 헤게모니 질서는 전투성과 급진주의를 배양했다. 그렇지만 무엇보다, 노동계급에게 '사회주의 의식'을 주입하는 오류가 반복되지 말아야 한다. 나아가, 민주주의의 이상(理想)은 여전히 유효할 수 있다. 미국적 경험의 맥락에서는 사회주의보다 민주주의가 훨씬 전복적이다."

이) 이들 이론은 권력의 진리에 사로잡혀 있었다.[47] 그러나 "세 얼굴" 논쟁에서 우리는 아무리 파고들어도 권력의 진실을 찾아내지 못했다. 모든 진영이 진리라는 관점에서 권력을 문제화했지만, 적절한 답변은 계속 연기되었고 권력과의 직접적인 충돌은 도래하지 않았다. 그럼에도 불구하고 동일한 문제설정은 어째서 지속되는가? 또한 여전히 권력은 정치적 지배와 배제라는 관점에서 탐구되고 있다. 우리는 이러한 현상을 어떻게 설명해야 하는가?

이 같은 질문에 내가 완벽히 답할 수는 없겠지만, 분명한 사실은 다원주의와 급진주의 모두 목소리 없는 자들을 대변하려고 시도했다. 그리고 양쪽 모두 그들을 대변하기 위해 권력의 진실을 앞세웠다. 대중들은 침묵으로 자유민주주의 체제를 의심하고 있었고, 권력에 대한 진리 주장은 침묵하는 자들 편에서 이들을 대변하는 행위였다(물론, 목소리 없는 자들의 목소리를 대변하려면 전제 조건이 필요했다. 그들이 자신을 대변할 수 없다는 무능력이 무엇보다 먼저 주장되고 구성되어야 했다).

---

47. 여성주의와 푸코에 관한 문헌은 매우 풍부한 편인데, 그 대부분은 다음 글에 정리되어 있다. Vikki Bell, *Interrogating Incest : Feminism, Foucault, and the Law* (London : Routledge, 1993); Linda J. Nicholson, ed., *Feminism/Postmodernism* (New York : Routledge, 1990).

게다가, 양쪽 진영은 민주적인 자유의 기준으로, 권력의 투명성과 정치 과정의 개방성을 꼽았다.[48] 다원주의자 입장에서 오늘날은 불평등이 존재함에 불구하고 권력은 투명했다. 반면에 급진주의 좌파는 비가시적인 권력 때문에 투명성은 실현되지 않았다. 하지만 양쪽 모두 정치적 분석의 대상, 즉 "권력"을 동일한 관점에서 파악했다. 이들에게 권력은 시민의 본질적 주체성을 억압하고 결국에는 시민을 배제하는 것이다. 그러나 민주적인 자유를 권력의 투명성으로 측정하는 순간, 우리는 권력의 실질적인 작동 방식을 놓치게 된다.

민주주의 통치의 작동 방식을 알고 싶다면, 중요한 질문은 누가 권력을 쥐고 있는가, 누가 권력이 없는가 하는 것이 아니라, 권력이 어떻게 작동하는가 하는 것이다. 간단히 말해, 권력관계는 투명하게 생산될 수 없지만, 그럼에도 민주적으로 형성된다. 그것이 어떻게 가능한가? 다음 절에서 계속 살펴보자.

---

48. 푸코는 『성의 역사』 1권 서론에서 억압 가설에 대해 동일한 주장을 펼쳤다. *The History of Sexuality, vol. I,* An Introduction (New York : Vintage/Random House, 1980) [미셸 푸코, 『성의 역사 — 제1권 지식의 의지』, 이규현 옮김, 나남출판, 2010]. 특히, "화자의 향유"(6~7쪽)와 "동의의 안락함"(86쪽)에 관한 언급을 참고하라.

빈민의 생산과 주체의 형성

흔히 (유행하고 있는) 상식에 따르면, 복지국가는 사회 통제의 체계이며 국가는 빈민을 문자 그대로 생산한다. 하지만 복지 제공이 시민을 어떻게 형성하는지 이해하려면, 우리는 진부한 통념을 타파할 필요가 있다. 예를 들어, 최근에 좌우파가 나란히 출간한 책을 살펴보면, 복지체계는 시민이 아니라 의존적인 사람, 즉 주체를 생산하고 있다. 두 책 모두 복지수급자의 예속은 엘리트의 권력과 이익 때문이며, 복지국가를 해체해야 빈곤이 해결되고 빈민이 해방된다고 주장한다. 이러한 주장을 잠깐만 살펴봐도, 우리는 복지수급자의 사회적 구성을 놓고 통속적 관념이 어떻게 가공되는지 알 수 있다. 이념적인 대립에도 불구하고, 좌우파는 엘리트의 권력과 이권에 따라 빈민이 종속된다는 테제를 공유한다. 그러나 내가 보기에는 양쪽 모두 수많은 복지수급자가 어째서 자신의 이익에 반하는 체계에 순응하는지 설명하지 못한다. 그것은 저자들이 주체성의 생산을 억압으로 오인하기 때문이다.

[대표적인 신보수 우파] 찰스 머레이[49]는 『퇴보』*Losing*

---

49. [옮긴이] 찰스 머레이(Charles Murray, 1943~) : 미국의 대표적인 신우파 정치학자, 평론가, 저자로서 네오콘의 싱크탱크 〈미국기업연구소〉와

*Ground*에서 레이건 정권이 추진한 복지 삭감을 다루고 있다. 그는 '위대한 사회'[50] 프로그램이 "보다 많은 빈민을 생

긴밀한 관계를 맺고 있다. 머레이는 자유주의 정책을 옹호할 뿐만 아니라, 특히 우생학적 인종주의를 기반으로 흑인을 공격하는 등 보수적인 담론의 생산과 유포에 일조하고 있다. 그의 저서 『종형곡선』(*The Bell Curve : Intelligence and Class Structure in American Life*, 1994)은 그 정점에 서 있는 책으로, 우파들이 애용하는 저작이기도 하다. 여기서 그는 지능지수와 사회경제적 계급구조, 교육수준 등을 연관시키고 있으며, 우수한 지능을 가진 인지적 엘리트들이 그렇지 않은 자들로부터 분리, 진화되어 왔다고 주장했다. 물론 머레이는 후자를 사회의 위협, 즉 퇴보로 간주한다. 이 책은 이후 많은 학자들에게 비과학적 연구과정과 결과 해석, 이데올로기 때문에 비판받았지만 대중적으로는 매우 성공을 거두었다.

50. [옮긴이] 위대한 사회(Great Society)는 미국의 린드 존슨 대통령이 1960년대 추구한 반차별, 반빈곤 정책 및 경제 부흥책이다. 그 배경으로는 1960년대 민권운동과 빈곤문제, 좌우 냉전이 도사리고 있었다. 존슨에 따르면, 자신의 이상으로서 "위대한 사회는 모든 이를 위한 자유의 풍요 위에 서 있으며, 이는 빈곤과 인종 차별의 부조리를 종식시키는 것이다." 이에 따라 1965년 〈투표법〉(Voting Reight Act)이 제정되어 흑인 등 마이너리티에게 투표권이 부여되었고, 1965년에는 이민법이 개정되어 국적별 쿼터가 철폐되었다. 또한 1968년 〈민권법〉(Civil Rights Act)에서는 주거차별 등을 금지하였다. 빈곤 문제와 관련해서는 국가에 의한 주택공급과 도시 빈민에 대한 대대적인 지원 사업 등이 전개되었다. 위대한 사회에 포함된 영역은 공민권, 빈곤, 교육, 의료, 주택, 복지, 주택, 농촌개발, 노동, 문화예술, 방송, 소비자보호, 환경 등 매우 포괄적이었다. 나중에 자세히 다루겠지만, 이 가운데 대표적인 프로그램은 학교 탈락자를 위한 직업 훈련단(Job Corps), 빈민 참여의 극대화를 노린 자동자원화계획(Volunteers in Service to America), 저소득층 자녀를 대상으로 한 유아교육 프로그램 헤드스타트(Head Start), 취약 계층 및 취약 지역을 대상으로 한 고등교육지원사업(Upward Bound), 도시 빈민 청소년의 직업 경험과 학업 고취를 위한 지역청소년단(Neighborhood Youth Corps), 노령자를 위한 의료보험(Medicare), 노약자와 장애인, 빈곤층을 대상을 한 의료부조

산했다"고 주장한다.[51] 머레이가 보기에, 1960년대 사회정책은 사실상 빈민의 의존성을 양산했고 가난한 사람들을 영구적인 의존 계급으로 고착시켰다. 그것은 비의도적 결과로서, '위대한 사회'는 빈곤을 박멸하려는 숭고한 목적에도 불구하고, 오류로 점철되었고 엘리트주의로 귀결되었다. 예를 들어 시민권 운동이 부상하자, 정책을 결정했던 엘리트들은 복지의 확대로 응수했는데, 머레이가 보기에 그들

(Medicaid) 등이 있었고, 이외에도 1964년 〈경제기회법〉에 의해 광범위한 '빈곤과의 전쟁'이 추진되었다. 사실 위대한 사회는 빈곤과의 전쟁과 등치되기도 하는데, 위대한 사회의 다른 기획과 같이, 빈곤과의 전쟁은 기본적으로 지역사회 공동체에 기반을 둔 빈곤퇴치 운동으로, 이 책에서 저자가 주로 다루고 있는 지역사회활동계획(Community Action Program, CAP)은 빈곤과의 전쟁에서 중추적 기능을 수행했다. 존슨 행정부 시절, 위대한 사회와 관련하여 총 226개 법안이 제정되었고 빈민에게 지원된 금액은 1960년 9억 9천만 달러에서 1968년 300억 달러로 증가했다. 1백만 명이 연방 프로그램을 통해 재훈련에 참여했고 2백만 명의 아이들이 헤드스타트 계획을 이수했다. 위대한 사회 프로그램을 이끌었던 주요 인물 조셉 칼리파노(Joseph A. Califano, Jr.)에 따르면, 미국의 빈곤율은 1963년 22.2%에서 1970년 12.6%로 하락했으며 이 수치는 20세기만 놓고 볼 때 기록적인 수치였다. 그렇지만 1970년대 닉슨과 포드 정권에서 빈곤과의 전쟁 등은 논란이 되었고 경제기회국은 해체되었다. 알다시피, 1981년 로널드 레이건이 집권하면서 위대한 사회를 지탱했던 각종 프로그램은 예산삭감의 칼바람을 맞았다. 간단히 정리하면, 위대한 사회는 단순한 사회복지, 빈곤퇴치 프로그램이 아니라 미국 사회 전체를 개조하는 거대한 운동이었고, 1980년대 마가렛 대처가 언급했던 '사회 따위란 존재하지 않는다'는 말은 상당 부분 위대한 사회의 '사회'를 겨냥한 것이다.

51. Charles Murray, *Losing Ground : American Social Policy, 1950~1980* (New York : Basic Books, 1984), 9.

은 흑인의 삶을 증진하는 데 관심이 없었다. 엘리트들은 그저 백인의 죄책감을 덜고자 했던 것이다. 사회정책은 빈곤 척결을 핑계로 실제로는 자유주의 백인이 통치하는 온정주의 체제를 강화했고 오히려 흑인의 의존성은 심화되었다. 간단히 말해, 새로이 확대된 복지체계는 빈곤을 없애는 게 아니라 보다 많은 빈민을 양산했다. "어떤 프로그램이 충분한 보상을 제공하여 참여를 유도한다면, 이론상 (보상에 상응하여) 불필요한 행동이 촉진될 수밖에 없다. 결국에는 원치 않는 행위만 증가하게 될 것이다."[52]

머레이의 주장에서 핵심만 골라내면, 자유민주적인 프로그램은 자발성에 의존하기 때문에 그것은 수혜자의 상태를 개선한다는 빌미로 그 어떤 희생이나 강제를 부과할 수 없다. 해당 프로그램은 자발적 참여에 따라 성패가 갈리기 때문에, 수혜자에게 아무것도 강요할 수 없다. 아무리 그것이 수급자의 자립에 필요해 보여도, 자발성 원칙은 유지되어야 한다. 머레이는 복지체계가 제공하는 공과를 따져본 다음에, 시장이 바람직한 행동을 결정하고 강제할 수 있도록 복지를 해체하자고 주장한다.

민주주의 통치는 자립을 강제할 수 없지만, 머레이에

---

52. 같은 책, 217.

따르면 시장은 그렇게 할 수 있다. 예를 들어, "인간의 행위를 변화시키는 기술은 긍정적인 강화뿐만 아니라 부정적인 강화에 의존한다."[53] 달리 말해 (사리사욕self-interest의) 동기는 언제나 동일하지만, 그것을 실현하는 행위는 가변적이다. 머레이가 보기에 행위의 결정은 인센티브와 반反인센티브로 구성된 사회적, 구조적 질서의 설계에 달려 있다. 그리고 자유로운 시장 구조만이 실질적인 자립을 촉진할 수 있다. 요컨대 사회적 구성에 관한 머레이의 관념은 놀라울 정도로 결정론적이다.

머레이의 저서는 그 영향력에도 불구하고 복지의 완전한 해체를 촉발하지 못했다. 오늘날 부양아동가족부조AFDC는 사실상 사라졌지만, 수급자들은 냉혹한 시장으로 곧바로 내쳐지지 않았다. 이들은 지속적인 직업훈련이라는 새로운 [복지] 체계로 편입되었다. 무엇보다, 머레이는 왜 수급자들이 자신을 가난하게 만드는 체계를 수용하는지 설명하지 못한다. 일단 모든 행위가 이권추구의 결과라면, 어째서 합리적인 사람들이 [자신에게 이익인데도 불구하고] 시장독재를 선택하지 않는 것일까? 이에 대해 머레이는 복지가 시장 인센티브를 무시했기 때문에, 특히 흑인 남성들 사

---

53. 같은 책, 217.

이에서 비합리적 행위가 양산된다고 답했다. 그렇지만 노동시장은 엄연히 존재했고 [복지체계는 그것을 대체하지도 않았다]. 따라서 머레이의 주장처럼, 인간이 합리적으로 이익을 추구하는 존재라면, 이들은 복지체계가 아니라 시장이 자신을 규율하도록 선택했을 것이다. 그런데 어째서 모든 게 복지 탓인가? (물론, 머레이는 『퇴보』의 후속편에서 모든 행위가 합리적이라는 주장을 철회했다. 『종형곡선』에서 그는 [흑인이 비합리적이라 간주했는데] 그러니까 흑인 남성의 빈곤은 낮은 지능 탓이다!)[54]

비록 논리는 달라도 좌파 역시 복지의 해체를 주장하고 있다. 그런데 『친절의 독재』*The Tyranny of Kindness*를 살펴보면 테레사 푸니첼로가 제시한 주장은 기본적인 골격에서 머레이와 동일하다. 그녀는 빈곤산업을 조목조목 비난하고 있는데, 복지가 창출한 관료구조는 징벌적이고 자의적일 뿐만 아니라 낙인효과를 가져온다. 무엇보다도, 복지는 중간계급을 위한 복지기관, 법인, 비영리재단을 확대할 뿐이다. 푸니첼로가 볼 때, 빈곤과 빈민 여성의 정치적 배제는 두 가지 원인 때문에 발생한다. 하나는 부자와 복지제

---

54. Richard J. Herrnstein and Charles Murray, *The Bell Curve: Intelligence and Class Structure in American Life* (New York : Free Press, 1994).

공자의 경제적 이해관계를 말하고, 다른 하나는 그들의 원조 이데올로기를 뜻한다. 부자와 복지제공자는 그들의 편견과 이권을 원조 이데올로기로 은폐할 수 있다. 복지 관련 예산 — 자선 및 영리목적 계정, 연방과 주, 지방 정부의 지출 — 을 따져본 결과, 그녀는 새로운 사실을 발견한다. 중간계급 복지기관이 대부분의 예산을 흡수했고 놀랍게도 가난한 여성은 방치되고 있었다.

푸니첼로에 따르면, 복지사업이 빈민에 대한 직접적인 소득재분배를 대체하면서, 오히려 중간계급 뚜쟁이들만 특수를 누렸다. 이들은 엄청난 부를 갈취했지만 그러한 사실은 은폐되었다. 1980년대 빈곤산업이 폭발적으로 증가하자, 복지기관과 프로그램은 수혜자 고객client을 놓고 사실상 생존 경쟁을 벌였다. 이러한 경쟁은 수혜자 감소 때문에 발생했지만 그것이 유일한 원인은 아니었다. 그녀가 보기에는 또 다른 전선이 존재했다. 복지제공자는 빈민의 이익을 대변할 권리를 놓고, 수급자들과 경합했던 것이다.

복지맘들welfare mothers이 권익단체를 결성했을 때, 보통은 "비영리" 자선기관이 가장 매섭게 공격했다. 이들 기관은 가난한 사람들을 탐욕의 대상으로 취급했다. 빈민이 있어야만 기관이 생존했기 때문이다. 이론적으로 이들 기관은 "협력자"였지만, 실제로는 현 상태를 조장했으며 빈곤 여성을 가능하면 오랫동안 붙잡고 있었다. (심지어는 빈곤 여성을 광고용으로 매수하고 길들여진 야만인처럼 곳곳에 전시했다. 빈곤 여성은 사회사업의 성과를 훌륭히 보여주는 증거였다.) 가끔씩은 선의로 가득 찼지만, 자선 기관은 가난한 여성을 이해하거나 대표하지 않았다. 이들은 보조금을 미끼로 계급적, 문화적 장벽을 수시로 강요했다. 수급자 여성 가운데 능동적인 [활동가들 ─ 저자]은 "원조의 손길"을 뿌리치고 자체적인 의제를 추구했다. 적어도 한 번 이상 "도움"을 경험한 사람들은 자선을 가장한 기관을 좀처럼 믿지 않았다.[55]

수급자들은 복지가 그들의 이익에 봉사하지 않음을 분명히 알고 있으며, 이 점에 있어서 푸니첼로는 머레이와 대조적이다. 실제로 그녀의 책에는 복지 체계의 예상을 벗어나는 사례들로 가득하다. 이를테면, 『친절의 독재』는 파티마 알리의 사연으로 시작하는데, 그녀는 미혼모로 비참하게 사느니 [복지 대신에] 아이를 포기하기로 결정했다. 푸니

---

55. Theresa Funiciello, *The Tyranny of Kindness : Dismantling the Welfare System to End Poverty in America* (New York : Atlantic Monthly Press, 1993), 119.

첼로는 병적인 것에서 영웅적인 것까지, 엇나간 것에서 용감한 것까지 다양한 종류의 저항을 보고하고 있다. 그러한 저항이 암시하듯이, 권력자는 빈민의 배제보다는 자발적 순응을 확보하고 유지할 수 있어야 [저항을 극복하고] 권력을 획득할 수 있다. 요컨대 수급자들은 징벌적이고 강제적인 프로그램에 자발적으로 순응해야 한다.

푸니첼로가 주장하듯이, 복지의 도움은 현실적으로 전혀 보탬이 되지 않는다. 그렇지만 그녀는 수많은 사람들이 어째서 "원조"를 요구하는지, 그것도 계속해서 요구하는지 설명하지 못한다. 그녀는 빈곤산업의 희생자 관점에서 주장한다고 말하지만, 그녀가 제시하는 두 가지 원인에는 심각한 맹점이 존재한다. 지배계급의 이해관계와 이데올로기는 "도움"에 대한 수급자의 수용과 저항을 설명하지 못한다. 그녀의 입장에서, 권력은 빈곤의 상태뿐만 아니라 빈민의 묵종과 배제를 조장함으로써 부자의 이익에 봉사한다. 그러나 그녀가 제시한 수많은 사례는 오히려 이러한 사회통제 테제를 반박하고 있다. 또한 그녀의 관점에서 복지체계와 사회사업은 수급자를 배제하고 겁박하고 가난하게 만들 뿐이다. 그 결과 그녀는 자율과 자족, 참여를 고무하는 복지프로그램의 정치적 함의를 무시한다. 자율 등의 목표는 빈민을 통치하기 위한 합리성이 아니라, 중간계급의 복지 뚜쟁이를 배 불리는 이데올로기적 정당화에 그친다.

여기서 반대 증거를 몇 가지 들어보자. 우선 복지 뚜쟁이들은 산전産前관리를 강제로 추진할 수 없었다. 1980년대에는 가임 중인 중독자를 감금하려고 시도했지만, 이것은 대중적인 호응도 없었고 실효도 거의 없었다.[56] 대신에 산전프로그램은 자발적 참여를 촉진하기 위해 기저귀, 장난감, 화장품 같은 선물을 제공했다. 이 모두는 지역의 사업체들이 기부했으며 프로그램에 참여하는 인센티브로 기능했다. 또 다른 사례로는 "타파웨어"[57]를 본뜬 홈파티가 있었다. 파티에 초대된 친구들은 공짜 선물을 받는 대신 산전 계획을 권유받았다.[58] 그러나 이 방식은 극도의 감독과 통

---

56. 다음을 참조하라. Iris Marion Young, "Punishment, Treatment, Empowerment : Three Approaches to Policy for Pregnant Addicts," *Feminist Studies* 20 (Spring 1994), 33-57.

57. [옮긴이] 타파웨어(Tupperware)는 플라스틱 보관용기를 개발한 다국적 생활용품 회사를 말하는데, 또한 회사의 제품명을 가리킨다. 2차 세계대전 중 해군의 군수품으로 제작된 타파웨어는 전후 가정방문 판매로 크게 성공했다. 영업사원들은 고객의 가정에서 티파티를 개최하고 제품 사용을 권장했다. 타파웨어는 현재 전 세계 130여 개 나라에 진출해서 16개의 공장을 운영하고 있으며, 외판 영업사원은 190만 명에 달한다.

58. 미니애폴리스에서는 이러한 프로그램을 TLC라고 불렀는데, 이는 여러 기관과 회사로 구성된 네트워크에 의해 기금이 조달되었다. 이 네트워크에는 유나이티드 웨이(United Way), 허니웰(Honeywell), 석세스바이 식스(Success by Six), 이어오브더시티(Year of the City), FAO슈바르츠 (FAO Schwartz), 미니애폴리스 보건사회국이 참여했다. 이들은 영화 티켓과 저녁 식사 등 "여성들이 자발적으로 구매하지 않는" 상품을 경품으

제를 받았기 때문에, 인원모집은 계속해서 난항에 빠졌다.

푸니첼로의 주장은 복지 수급자와 제공자의 (가설적인) 경제적 갈등만 관심을 가졌다. 그녀는 "원조"의 정치적 효과를 인식하지 못한다. 분명 복지 뚜쟁이들이 존재하지만, 이러한 사실은 가난한 자들을 통치하는 방식을 설명하지 못한다. 게다가 푸니첼로는 자금 출처에만 초점을 맞추고, 다양한 기관과 종사자, 지식 사이에 형성된 연결망을 탐색하지 않는다. 하지만 빈민을 대변하는 것, 빈민을 돕는 것, 빈민을 인식하는 것 사이에는 일정한 관계가 존재한다.

실제로 복지의 가장 큰 수혜자는 중간계급의 복지 제공자들이다. 하지만, 그들 역시 다른 사람의 필요와 욕구를 도구로 삼아야 한다. 그들은 자신의 이익을 직접적으로 추구할 수 없으며, 반드시 "빈민"의 목소리를 도구화해야 한다. 그래서 그들이 다음과 같이 참칭하는 것이다. 그들은 가난한 사람에게 무엇이 최선인지 알고 있으며, 가난에서 벗어나려면 어떻게 해야 하는지 알고 있으며, 온전한 인간이 되려면 어떠한 욕구가 필요한지 알고 있다. 이와 같은 지식 주장은 사실상 권력에 대한 의지와 다르지 않다. 푸니첼로 자신이 묘사한 대로, 심지어는 그들의 침묵조차 대변의

로 제공했다.

기회로 조작될 수 있다. 빈민의 침묵은 새로운 프로그램의 요청으로 해석될 수 있다. "빈민"의 목소리를 보장하는 기획 말이다.

달리 말해, 복지 제공자와 사례담당자[59]는 자신의 이익을 위해 권력을 행사하지만, 그와 함께 자신이 "돕는" 사람들의 이해관심을 형성한다. 빈곤산업을 설명하면서, 푸니첼로는 프로그램이 가난한 사람들의 욕구를 무시한 채 "빈민"이란 딱지를 붙인다고 강조한다. 그런데 그녀가 수집한 증거에 따르면, 빈민의 욕구는 무시되지 않는다. 빈곤 여성의 필요와 욕구를 채집하기 위해 실제로는 엄청난 노력이 투입되고 있다. 여기서 빈곤 여성의 욕망은 설득과 포섭의 도구로 변모한다. 유사한 맥락에서 푸니첼로는 시장조사의 어휘를 적절히 응용하고 있는데, "홈리스의 창출과

---

59. [옮긴이] 사례담당자(caseworker) 혹은 케이스담당자는 사회복지 수급자에게 그 개별 사정에 따라 구체적으로 원조를 제공하는 전문가를 말한다. 보통은 사회복지, 아동복지, 장애인복지 등을 주관하는 개호 복지사를 가리키는 경우가 많다. 케이스워크(casework)는 개별사회사업이나 개별처우, 개호 등으로 번역되는데, 여기서 중요한 것은 단순히 개별 케이스별로 복지가 진행되는 것이 아니라, 수급자 개인의 자활이 자아의 수준에서 추진된다는 사실이다. 수급자는 케이스담당자의 상담과 안내, 관리에 따라 자신의 문제를 자각하고 스스로의 의지와 힘을 북돋아서 사회적 관계와 정상적인 직업생활을 영위하도록 촉진된다. 참고로 케이스워크는 19세기 사회개량운동에서 시작되어 20세기 초 심리학, 사회학, 정신의학, 정신위생운동, 아동발달 등에 영향을 받았고 1920년대 들어 과학적 지위로 올라섰다.

마케팅"이 대표적이다.[60] 여기서 짐작할 수 있듯이, 수급자는 사회적으로 창출되어야 하는 것이다. 그러나 사회적 구성의 기초는 이해관심의 억제가 아니라 생산에 있다. 수급자들은 자조自助가 자기 자신의 이해와 욕망이 되도록 형성되어야 한다.

시민의 형성 : 생명권력

머레이와 푸니첼로는 권력의 작동방식을 간과하고 "현실" 권력의 소유자를 주목한다. 그 결과 이들은 내가 복지의 정치적 중핵으로 보는 것, 즉 자발적이면서 동시에 강제적인 통치 방식을 포착하지 못한다. 실제로 중요한 것은 이해관계의 조작보다 권력을 조직하는 방식이며, 무관심의 조장보다 품행에 영향을 미치는 방식이다. 통치양식으로서 복지와 관료, 행정은 순종과 의존, 침묵을 촉진하지만 그렇다고 시민을 말소하지 않는다. 오히려 통치양식은 시민들이 자신의 이익에 따라 행동하도록 그들의 역량을 증진시킨다.[61]

---

60. 푸니첼로는 이 표현을 『친절의 독재』 6장에서 사용하고 있다.
61. 바로 이 점에 관해서 나는 캐시 퍼거슨의 명저, 『관료제에 대항하는 여

민주적인 통치는 사람들에게 자신의 관심을 강제하지 못하지만, 대신에 그들이 통치 목표를 알아서 추구하도록 만들 수 있다. 마약 중독자의 경우, 개입의 목표는 중독자의 열망을 전환시켜 좋은 엄마로 만드는 것이며, 그렇게 함으로써 자녀의 돌봄을 책임지게 만든다. 이러한 목표는 중독자 자신은 물론이고 사회 전체의 이익으로 제시되며, 여기서 개입과 예방은 일종의 원기회복recruitment 과정처럼 작동한다. 물론 경제적 합리성은 사회적 문제에 영향을 미치지만 그것은 제한적이다. 사람들에 대한 통치는 그들이 스스로를 다스리게 하는 식으로 작동한다(양육비와 치료비를 대가로, 약물 중독자는 자신을 제어하는 행위자로 거듭나야 한다).

지금까지는 피해예방 전략이 처벌 전략에 비해 성공작이었다. 하지만 일부 지역에서는 법률이 제정되어 중독된 아이를 출산할 경우 태만죄가 부과되었다. 또한 많은 경우 참여는 사실상 강제되는데, 그것은 선택할 수 있는 옵션이 별로 없기 때문이다. 약물로 처벌받지 않으려면, 사람들은

성주의』[The Feminist Case against Bureaucracy (Philadelphia : Temple University Press, 1984)]와 의견을 달리한다. 특히 xv, 150~52쪽을 참조하라. 그녀는 시민(복지 활동가)과 주체(순응적인 수급자)를 분명히 구분하고 있으며, 복지 체계를 사회적 지배와 통제의 제도로 파악하고 있다.

산모재활 교육을 이수할 수밖에 없었다. 그럼에도 불구하고, 재활 프로그램은 다양한 옵션 가운데 하나로 제시된다. 왜냐하면 자발성이 없을 경우, 프로그램은 그것이 도우려는 자들의 이해를 대변할 수 없기 때문이다.

이를테면, 한 프로그램이 젊은 엄마의 "육아"에 대한 관심을 촉진한다고 하자. 여기서 그녀는 부모임을 자각하고 자녀와의 관계를 우선시하도록 변모한다. 그녀는 모자관계를 행위의 영역, 그것도 한쪽이 아니라 모자 양쪽을 임파워하는 곳으로 수용한다. 원칙적으로 사회 프로그램은 누군가의 이익을 명분으로 강제를 명할 수 없다.[62] 그것은 모자 관계라고 해서 크게 다르지 않다. 모자 양쪽의 이해관심 모두가 충족되어야 한다. 엄마와 자녀의 행복과 자율, 삶 자체 말이다.

내가 여기서 설명하고 있는 통치양식, 즉 권력의 행사방

---

62. 실제로 자유민주주의 통치는 그 논리에서 다소 강압적으로 보일 수 있다. 뉴욕주(州) 교정국이 1994년 5월에 발간한 보고서, 「임파워먼트의 힘 : 베드포드 힐(Bedford Hills) 교도소의 가족폭력 프로그램」을 살펴보자. "프로그램을 통해, 참여자들은 스스로를 파괴하는 행위의 원인이나 본질을 좀 더 이해하게 되었다. 이들은 자신의 삶을 보다 올바르고 목적 지향적인 활동으로 바꿀 수 있는 힘과 능력을 얻었다. 또한 참여자들 사이에는 유대관계가 나타났고, 직원들과의 특별한 인간관계가 형성되었다."(2) 심지어는 어떤 감옥은 "임파워먼트"에 어울리는 공간으로 개조되었다. 이 보고서를 알려준 마리아나 발베르데에게 감사를 전한다.

식은 별다른 폭력을 수반하지 않는다. 푸코는 자유민주주의 체제 아래 이러한 권력 행사를 "생명권력"이라고 불렀다. 생명권력은 "삶과 그 메커니즘을 명시적인 계산의 영역으로 끌어들였으며, 지식-권력을 인간의 삶을 변형하는 동력으로 만들었다."[63] 따라서 생명권력의 정치적 합리성은 인간의 욕구와 행복welfare, 욕망을 통치의 영역으로 전환한다. 생명권력은 삶 자체를 통치할 수 있게 만들며, 그것은 강제력으로 신체에 개입하기도 하지만 인간의 주체성(또는 정신)을 무대로 활약한다.[64]

푸니첼로가 언급하듯이, "인간과 관련한 직업화"는 대중들의 관심과 인식을 전문가의 그것과 일치시킨다. 삶과 그 욕구를 관리하고 조절함으로써, 생명권력은 가난하고, 비정상적이고, 건강하지 못한 자들에게 사회 전체의 선善을 주문한다. 생명권력은 개인의 이익과 전체 사회의 이익을 결합하려고 한다(이것은 내가 서론에서 설명했던 전략과 동일한 것이다).

이로써 사람들의 건강과 교육, 복지는 개입 가능한 영

---

63. Michel Foucault, *The History of Sexuality : Vol. 1*, An Introduction (New York : Vintgae Books, 1980), 143 [미셸 푸코, 『성의 역사 — 제1권 지식의 의지』, 이규현 옮김, 나남출판, 2010].

64. Nikolas Rose, *Governing the Soul : The Shaping of the Private Self* (London : Routledge, 1990).

역으로 구축된다. 만일 빈곤과 필요의 문제를 해결하려면, 그보다 먼저 빈곤 문제는 실천 가능한 활동으로 변형되어야 한다. 예를 들어, 쓰레기, 빈곤, 마약과의 전쟁은 우리가 각각의 영역에 개입할 수 있을 때 비로소 선포될 수 있다. 말하자면 이들 영역은 개입 가능한 장소, 통치될 수 있는 곳으로 변형되어야 한다. 특히 지식과 권력이 빈곤, 기아, 폭력, 마약 등의 영역에 동원됨으로써, 인간의 필요에 대한 전쟁은 생명권력의 범위를 대폭 확장한다.

앞에서 언급했듯이, 푸코는 통치성을 "품행의 지도"로 광범위하게 규정한다. 통치성은 "여러 가지 제도, 분석, 성찰, 계산, 전술로 이루어진 앙상블이며, 이를 통해 고도로 복잡하고 구체적인 권력형태가 작동할 수 있다."[65] 앙상블의 형성에는 누가 관여하는가? 그들은 개입을 인정받은 모든 전문가와 기관들이다. 예를 들어 코카인 중독자가 임신을 했다면, 그녀의 삶을 놓고 의사, 경찰, 심리치료사, 판사, 아동보호관 등이 개입할 수 있다.[66] 군대의 동원을 제외한

65. Foucault, "Governmentality," in *The Foucault Effect; Studies in Governmentality*, ed. Graham Burchell, Colin Gordon, and Peter Miller (Chicago: University of Chicago Press, 1992, 102.

66. 아이리스 영의 주장에 따르면, 임신한 마약 중독자에게 부과되는 처방은 "흔히 지배적인 젠더, 인종, 계급 구조에 여성들을 적응시키는 데다가 이들의 상황을 탈정치화하고 개인화하는 방식으로 작동한다"(「처벌, 처방, 임파워먼트」, 33~34). 정반대로 나는 그러한 처방이 여성의 상황을

다면, 빈민에 대한 통치는 사실상 국가 권력과 무관하다. 가난한 사람들은 대체로 사회적인 것의 수준에서 통치된다. 그들은 케이스 관리, 임파워먼트 프로그램, 육아학교, 직업훈련을 거쳐 간다. 그러니까, 누군가의 욕구와 이해를 그들의 잠재력 실현에 맞추는 것, 이것 또한 사람들을 통치하는 방식이다.[67]

사회문제를 [개입할 수 있는] 영토로 만들려면, 그보다 먼저 문제가 인식되어야 한다. 빈곤, 비행, 의존, 범죄, 자부심 등 이른바 "사회문제"를 해결하려면, 통치는 그 각각에 대하여 측정할 수 있고 계산할 수 있는 구체적인 지식을 보유해야 한다. 통치 정책은 지식이 구축된 다음에 출현할 수 있다. 특히 사회과학 지식은 빈민의 통치에 있어서 상당히 중요하다. 사회과학 지식은 빈민을 식별 가능한 집단으로 형성하고(3장을 참조하라), 사회적 통치의 영역을 구성한다. 푸코가 주장하듯이 근대적 통치방식은 다음과 같은

[탈정치화하기보다는] 통치화한다고 주장한다. 또한 낸시 허쉬만(Nancy J. Hirschmann)은 「가정 폭력과 이론적인 자유담론」(*Frontiers* 26, no.1, 1996)에서 가정 폭력 피해자를 대하는 정책을 검토하고 있다. 여기서 그녀는 자유주의 담론이 적절하지 않다고 주장하고 있다. 물질적 조건 때문에, 피해자 여성은 "선택권"이 주어져도 가해자를 쉽게 떠나지 못한다.

67. Nancy Fraser, *Unruly Practices : Power, Discourse, and Gender in Contemporary Social Theory* (Minneapolis : University of Minnesota Press, 1989), esp. chap. 7.

성격에서 비롯되었다. "권력의 새로운 기법은 권리, 법률, 처벌이 아니라 테크닉, 규준화 normalization, 제어를 통해 작동하며, 그것은 국가와 그 기구를 넘어선 모든 곳에서 다양한 형태로 활용된다."[68]

푸코를 본받아, 나는 시민의 주체성이 통치의 목표이자 결과라고 간주한다. 이것은 주체성이 통치보다 앞서 존재할 수 없다는 뜻이 아니라, 통치는 시민이 아니라 주체를 생산한다는 말이다. 여기서 초점은 주체성을 억압하기보다는 양육하는 권력 형태이다. 그것은 절대적인 복종보다는 능동적인 주체를 생산하는 권력이며, 그러한 주체에 의존하는 권력이다. 생명권력은 참여를 배제하거나 주체성을 억압하지 않고 일련의 목표와 자기인식을 시민들이 추종하게 만든다. 생명권력은 "자조"를 촉진하는 운동, 기획, 제도에 시민-주체들이 스스로 참여하게 만든다.

묵종과 반란은 대립하는 관계가 아니라 동시에 발생할 수 있다. 애초에 나는 푸니첼로와 유사한 입장에서 출발했다. 그래서 나는 수급자 빈곤 여성이 사실상 참여에서 배제된다고 생각했다. 나는 특히, AFDC 같은 복지가 얼마나 비민주적이고 인종차별적이고 징벌적인지 고발했다. 그런데

---

68. Foucault, "Governmentality," 89.

활동가 생활을 몇 년 하고 나서, 나는 새로운 사실을 깨달았다. 복지의 노골적인 참상은 문자 그대로 속이 빤해 보였다. 그곳에는 그럴싸한 숨겨진 실체도 없었고 그 자체로 투명했다. 통상적인 신화를 벗겨내려면, 그곳에는 뭔가 모순이나 진리가 있어야 했지만 사실상 아무것도 없었다. 그곳에는 밝혀낼 만한 근본적이고 해방적인 진리가 없었다. 마침내 나는 관점을 전환할 수밖에 없었다. 복지 수급자는 권력에 의해 배제되거나 통제되지 않는다. 오히려 그들은 권력에 의해 형성되고 능동적으로 변한다.

머레이와 푸니첼로는 복지 수급자를 주체에서 시민으로 변화시키려 하지만, 사실상 그들은 다음과 같은 "진리"을 되풀이할 뿐이다. 수급자는 [시민이 아니라] 사회적으로 구성되고 통제되고 조작되는 주체라고 말이다. 그런데 수급자를 예속하는 "진정한" 원인이 폭로된다면, 그들이 마침내 시민으로 대우받을 수 있을까? 그것은 터무니없는 주장에 불과하다. 복지는 특정한 방식으로 시민을 행동하게 만드는 원인이 아니다. 오히려, 푸코가 언급한 대로, 복지는 "타자가 행동할 수 있는 기회field를 형성한다."[69] 이것은 복지 수급자가 이미 시민으로서, 온전하게 행동할 수 있다는

---

69. Foucault, "The Subject and Power," 221.

뜻이다.

이것은 증명하기 까다로운 주장이다. 그래도 비견할 만한 사례가 없지 않다. 사뮤엘 딜레이니[70]는 소설 『광인』*The Mad Man*에서 허구의 화자, 존 마르를 등장시킨다. 마르는 허구의 철학자 티모시 하슬러의 삶을 이렇게 묘사하고 있다.

하슬러의 작업에는 미완이지만 매우 훌륭한 통찰이 관통하고 있다. 즉 엄청난 규모의 복잡한 비공식 체계가 먼저 존재해야만, 그것을 바탕으로 정밀하고 다루기 쉬운 [공식] 체계가 발전한다. 정확히 말해 구조를 최초의 체계로 포착하려면, 우리는 그에 앞서 비공식적 구조를 전제해야 할 것이다. 그것이 체계라고 부르기도 애매한 형태라도 말이다…… 하슬러에 따르면, 에너지는 복잡함에서 발생하며 어떤 체계든 에너지가 있어야 일관성과 안정성을 유지한다.[71]

---

70. [옮긴이] 사뮤엘 딜레이니(Samuel R. Delany, 1942~): 미국의 작가이자 문학비평가로서, 템플대학교 영문학 및 창작과 교수로 재직하고 있다. 특히 딜레이니는 SF 작가로 명성을 누리고 있으며, 그 밖에도 섹슈얼리티와 사회에 관한 에세이, 소설, 비평 등을 발표해 왔다. 대표작으로는 『바벨』(폴라북스, 2013), 『노바』(*Nova*), 『달그렌』(*Dhalgren*) 등이 있다. 그가 주로 다루는 주제는 신화와 기억, 언어, 섹슈얼리티, 감각 등이며, 초기부터 최근까지 계급 문제를 주요한 테마로 다루었다.

71. 사뮤엘 딜레이니의 소설 『광인』은 몇 가지 판본이 존재한다. 이 인용

그러니까, 하슬러는 복지 해체를 주장하는 푸니첼로와 머레이의 인과적 논리를 전복한다. 하슬러 덕분에 나는 또 다른 사실도 깨달았다. 복지는 빈곤과 의존의 원인이 아니라, 제도와 실천, 담론의 효과로서 그것은 고도로 복잡하고 우발적이며 일반화될 수 없다. 단적으로 복지는 일관된 시스템이 아니고, 사회적 구성은 단번에 말끔히 진행되지 않는다. 체계와 그 조물주가 하늘에 떠 있어, 그들이 질서를 창조하지 않는다. 오히려, 미시적인 것의 복잡함이 복지 같은 거대한 체계를 가능하게 만든다.

문은 딜레이니의 포르노그래피 소설을 훌륭하게 개괄한 레이 데이비스(Ray Davis)의 글에서 따왔다. Ray Davis, "Delany's Dirt" in *Abs of Stars : On the Writing of Samuel R. Delany*, ed. James Sallis (Oxford : University Press of Missisippi, 1996), 179.

2장

자유주의 통치술

길을 잃거나 레닌을 포기할 두려움 때문에, 아무도 사회적인 것을 검토하지 않는다. 그것은 불온하고 불가사의한 형상이다.
— 자끄 동즐로 —

하지만 사회는 어떤 상황에서든 평등을 추구한다. 근대 세계에서 평등의 승리는 사회의 승리를 정치적, 법적으로 승인한 것에 불과하다. 사회는 공적 영역을 장악했으며 차이와 구별은 개인의 사적 문제가 되었다.
— 한나 아렌트 —

권위주의, 개혁주의, 저항과 혁명은 어느 쪽을 따라가든 새로운 이정표에서 만난다. 그것이 바로 "사회적"인 것이다.
— 질 들뢰즈 —

19세기 들어, 개혁주의 단체는 모두의 정치적 자유(시민권)와 일부의 종속("부적합하고", "잔여적이고", "의존적이고", "하층에 속한" 무리)을 연결하고자 했다. 말하자면, 개혁주의 조직은 스스로 행동할 수 있는 사람과 그렇지 못한 사람을 결합하려고 했으며, 그것을 통해 "사회문제"를 해결하려고 했다. 실천 가능한 자유주의 통치술은 바로 이러한 과정에서 등장했다. 당시 공리주의는 권리 중심의 정치적 신념을 표방했는데, 홉슨의 사례에서 알 수 있듯이 자유주의 통치술의 지도 원칙은 공리주의의 그것과 대립했다. 또한 (이번 장에서) 묘사하는 그린[1]의 경우처럼, 자유주의 통치 원칙은 정치이론과 사회이론의 산물이었지만, 그만큼이나 국가가 직면한 정치적 문제에서 비롯되었다. 그

---

1. [옮긴이] 토마스 힐 그린(Thomas Hill Green, 1836~1882)은 영국의 철학자였다. 그는 정치적으로는 급진적이었지만 온건한 개혁을 주장했으며, 사회적 자유주의에 이론적 자원을 제공했다. 그는 또한 영국 관념론 운동을 이끌었으며, 다른 영국 관념론자들처럼 헤겔의 역사 철학에 영향을 받았다. 19세기 초 영국은 흄의 경험주의와 스펜스의 진화론이 풍미하고 있었는데, 그린은 이들을 개인주의와 현실주의에 불과하다고 공격했다. 이러한 맥락에서, 그린은 도덕적 윤리와 국가 개입, 특히 사회라는 개념의 유통에 크게 기여했다. 그가 볼 때, 특히 국가는 개인이 자신의 양심에 따라 행동할 수 있는 최선의 기회를 제공해야 하며, 그래서 사회적, 정치적, 경제적 조건의 개선에 이바지해야 하는 것이다. 아울러, 그린은 특정한 정책이나 해결책이 영원할 수 없으며 지속적으로 개선되고 개혁되어야 한다고 주장했다. 보편적 시민권이나 실천가능한 시민생활에 대한 그의 강조는 향후 자유주의 정치인과 학자들에게 영향을 미쳤다.

렇지만 자유주의 통치술은 국가의 배타적 발명품이 아니었고 국가 역시 그러한 통치술을 중앙집권적으로 관리하지 않았다. 반대로 "전체로서의 사회"의 발명은 국지적이고 특수한 사회적 프로그램을 증폭시켰고, 사회과학과 전문적인 사회사업을 발전시켰다. 내가 보기에, 사회적인 것의 추상 공간은 실천적인 통치술을 통해 물리적으로 구현되었다. 이번 장의 초점은 두 가지로 집약된다. 첫 번째는 [19세기 자유주의] (특히 자선활동과 자조운동이 지닌) 통치원칙, 그리고 실천적인 통치술이다. 두 번째는 사회개혁운동에서 출현한 전략과 테크닉이다. 이러한 두 가지 논점에서 우리는 임파워 의지의 기원과 한계를 발견할 것이다.

사회적인 것의 출현은 보편적인 시민권을 가능하게 하지만, 그만큼이나 민주주의 시민권을 제한하기도 한다. 실제로 자유주의 합리성은 19세기보다 훨씬 먼저 나타났지만, 민주주의 형태를 취한 것은 19세기부터였다. 개인의 신성함은 묵과할 수 없을 정도로 곳곳에서 침해받았지만(노예와 여성의 배제, 연령 규제, 소유권 제한 등), 어쨌든 19세기 이후 20세기까지 시민권은 모든 인구로 점차 확대되었다. 더욱이 주권자는 더 이상 국가가 아니라 민주적인 시민성을 갖춘 인민이었다. 여기서 대두한 문제는 통치수단을 발명하되, 그것이 인민의 의지를 침해하지 않도록 민주적일 수 있는가 하는 것이었다.

내가 볼 때 사회통제론은 총체적 지배를 강조하며, 자유주의는 주의주의를 지향한다. 이와 달리 "전체 사회"라는 추상 개념, [즉 사회적인 것]은 언제나 불안정한 정치 양식을 함축한다. 이러한 정치 양식은 자발적인 예속, 관리된 자유, 비자발적 동의 같은 모순어법을 통해 가장 잘 표현된다. 중요한 것은 사회적인 것의 개념을 민주주의 이론에 도입하는 것이다. 사회적인 것은 자율성의 공간, 즉 강제 없는 연합의 영역(시민사회)도 아니고, 그렇다고 지배의 공간(사회적 통제)도 아니다.[2] 우리가 사회적인 것을 시민사회나 사회통제로 해석할 때, 시민성은 정치적인 것의 외부에서 등장할 수밖에 없다. 반대로 나는 정치를 시민성이 형성되는 장소로 옮길 것이다. 시민은 그곳에서 정치적으로 능동적이

---

2. 오늘날, 시민사회를 자율적인 공간으로 부활시키자는 주장이 급증하고 있다. 여기에 대한 비판적인 논평은 다음 글을 참조하라. Michael J. Shapiro, "Bowling Blind : Post Liberal Civil Society and the Worlds of Neo-Tocquevillian Social Theory," *Theory and Event* 1, no.1 (1995) (http://128.220.50.88/journals/theory_&_envent/v001/1.1shapiro. html); Nikolas Rose, "Between Authority and Liberty : Governing Virtue in a Free Society," forthcoming in *Janus : The Journal of the Finnish Society for Social Policy* (1998); Michael Hardt, "The Withering of Civil Society," *Social Text* 14(Winter 1995) : 27-44. 반대로, 시민사회를 옹호하는 글은 다음을 참조하라. Michael Walzer, "The Idea of Civil Society : A Path to Social Reconstruction," *Dissent*, Spring 1991, 293-304.

고 자유로운 주체로 탄생한다.

앞 장에서, 나는 복지를 사회통제의 기구로 보는 통념에 반대했다. 여기서는 이와 관련된 주장을 펼칠 것이다. 사회적 통치를 둘러싼 논의는 크게 보면 양쪽으로 갈라지는데, 하나는 행정과 관료, 통치가 권력관계를 "정치화"한다는 주장이고, 다른 하나는 그것들이 권력관계를 "탈정치화"한다는 것이다. 이번 장은 양쪽 주장을 차례로 비판할 것이다. 우선 근대성을 비판하는 한나 아렌트와 달리, 내가 볼 때 사회적인 것의 부상은 정치적인 것을 추방하지 않고 오히려 재구성한다. 결론에서는 무페와 라클라우 식의 주장을 옹호할 것이다. 이들에 따르면, 1960년대 "신사회운동"은 사회적인 것을 "정치화"했는데 나는 이것이 내포한 정치적 함의를 재평가할 것이다.

전체 사회

스코틀랜드 계몽학파에 속한 아담 퍼거슨[3]은 자연 상

---

3. [옮긴이] 아담 퍼거슨(Adam Ferguson, 1723~1816) : 영국 스코틀랜드의 철학자, 역사학자이다. 그는 에든버러 대학에서 자연철학, 도덕철학 등을 가르쳤고 『시민사회론』(1767)을 저술하고, 『도덕정치학의 원리』(1792) 등

태에서는 "인간"이 출현하지 않고 사회가 발명된다고 생각했다. 루소와 대결하면서, 퍼거슨은 시민사회의 역사를 자연적인 것으로 주장했다. 사람들이 지닌 상이한 힘과 능력 때문에 권위관계는 자생적으로 출현하는 것이며, 그것이 정치 질서와 통치의 형태로 발전했다는 것이다. 퍼거슨에 따르면, 시민사회의 자기조절이 암시하듯이 정치권력은 합의의 산물이 아니다. 그것은 시민사회 속에서 권위가 지속적으로 형성되고 재형성된 결과였다. 요컨대 시민사회의 역사는 스스로를 창출하고 재창출했다.[4] (같은 시대를 살았

을 집필했다. 그는 전통적인 사회를 옹호한 사회적 자연론자로서, 영국에서는 근대 사회학의 아버지로 불리며 상업사회의 폐해를 비판적으로 접근했다. 퍼거슨의 사상은 자연철학과 사회역사를 독특하게 결합한 것으로, 자연사는 신이 창조하지만 인간은 진보한다고 주장했다. 그리고 인간의 사회사는 때때로 후퇴하기도 하지만 신이 부여한 진보의 자질 때문에 총체적으로는 발전한다는 것이다. 그는 에든버러 대학의 동료였던 아담 스미스와 데이비드 흄과 같이 자생적 질서와 인간의 자유 의지, 진보를 믿었지만 사회적 카오스는 독재로 귀결된다고 주장했으며, 따라서 시민사회의 구성원은 그들의 자율로서 자유를 포기하고 안전으로서 자유, 즉 시민적 자유를 획득해야 한다고 강조했다. 이것을 퍼거슨은 문명화라고 불렀는데 그것은 대체로 개인으로서 우리의 독립성을 제약하는 법칙이지만 대신에 안전과 정의의 감각을 자유에 불어넣는 것이다. 또한 퍼거슨은 아담 스미스의 자본축적론을 받아들이면서 특히 기술의 진보와 혁신의 중요성을 강조했지만, 상업사회가 인간의 비속한 태도를 조장한다고 비판했다. 이러한 측면에서 그의 사상은 헤겔과 맑스에게 영향을 주었지만, 보다 결정적으로는 근대적인 진보관과 자유주의 정치에 지대한 영향을 미쳤다.

4. Adam Ferguson, *An Essay on the History of Civil Society* (1767; Cambridge : Cambridge University Press, 1995). 퍼거슨은 "문명화"란 표현

던 데이비드 흄이나 아담 스미스에 비해, 퍼거슨은 진보를 필연으로 간주하지 않았지만) 그럼에도 진보는 시민사회의 지속적인 재구성에 달려 있었다.[5]

퍼거슨에 따르면, 자기 통치와 시민의 덕행은 매우 중요했지만, 그렇다고 의도적으로 재구성될 수는 없었다. "대규모 집단을 형성한 사람들이 아무리 부패하고 미개해도, 우리는 그들의 자치권을 넘어서까지 그들을 비난할 수 없다."[6] 좌우지간 시민사회에서 전개되는 새로운 발전은 그것이 무엇이든 계획과는 무관했다. 그렇지만 퍼거슨이 상상한 사회적 재구성은 곧바로 실현되지 못했다. 18세기를 지나 19세기가 열리면서, '사회적' 개혁과 개조는 합리화되고 통치화되었다.

푸코의 입장에서 스코틀랜드 계몽학파는 사회를 정치

을 최초로 사용한 사람으로 알려져 있다. 또한 그는 스코틀랜드 계몽학파의 인물들과 더불어 사회학의 설립자로 간주된다. 나의 퍼거슨 해석은 콜린 고든의 「통치 합리성 : 서론」, 그래험 버첼의 「기묘한 이해관심 : 시민사회, 그리고 '자연적 자유의 시스템'을 통치하기」에 의존하고 있다. 두 글 모두 다음 편집본에 실려 있다. *The Foucault Effect : Studies in Governmentality*, ed. Graham Burchell, Colin Gordon, and Peter Miller (Chicago : University of Chicago Press, 1991).

5. 다음 글을 참조하라. Gordon, "Governmental Rationality."

6. Adam Ferguson, *Essay on the History of Civil Society*, xxiii. 여기서 인용문은 파니아 오즈-잘스버거(Fania Oz-Salzberger)가 이 책에 붙인 서론에서 따왔다.

적인 것과는 분명히 구별되는 체계로 정립했다.[7] 당시만 해도, 예를 들어 존 로크는 "시민사회"를 정치사회와 같은 말로 사용했고, 통치적 권위는 가족을 모델로 설계되었다. 푸코가 언급하듯이, 시민사회의 자율성이 먼저 확립되고 그 다음에 자유주의 통치는 사회를 자신의 영역이자 한계로 삼았다. 사실 18세기 자유주의 통치는 골치 아픈 문제를 안고 있었는데, 그것은 사회의 자기조절을 확보하는 동시에 진보를 방해하지 않는 문제였다. 그 해결책은 바로 간접 통치술의 도입이었고, 이를 통해 기존의 자생적인 사회는 무리 없이 통치될 수 있었다.

18세기까지 사회이론과 정치이론은 사회적인 것의 기원을 고심했지만, 그 이후로는 [실증적인] 사회과학 가설이 지배했다. 그것은, 사회는 언제나 전체로 존재한다는 관념이었다. 예를 들어, 오귀스트 콩트와 에밀 뒤르켐이 주장하듯이, 사회적인 것은 고유한 자연적 법칙을 지닌 인과적 힘으로 존재했다. 브뤼노 라투르 역시 어디선가 비슷한 주장을 언급했다. "사회의 기원에 관한 논쟁을 멈추면서, 사회학은 단순한 실증과학으로 전락했다. 대신에 사회학은 전체 사회라는 통념을 도입했으며, 그것으로 다양한 이해관

---

7. Michel Foucault, "Governmentality," in Burchell, Gordon, and Miller, *The Foucault Effect*.

계 현상을 설명할 수 있었다."[8] 이제 사회적인 것은 그와 같은 설명의 실증적인 총합이었고, 이로써 사회적인 것은 원인보다는 효과가 되었다. 즉, 사회적인 것은 끊임없이 형성되는 한에서만 존재할 수 있었다.

이러한 맥락에서, 개혁론자들은 사회적인 것의 수준에서 통치를 재창출했다. 이제는 정치가 아니라 사회를 통해서, 시민이 형성되었다. 또는 사회를 통해서, 무관심한 자들이, 기꺼이 자신을 민주적으로 통치할 수 있는, 시민으로 거듭났다. 특히, 토마스 그린, 버나드 보즌켓[9], 헬렌 보

---

8. Bruno Latour, "The Powers of Association," in *Power, Action, and Belief : A New Sociology of Knowledge?* ed. John Law (New York : Routledge, 1986), 269. 여기에서 인용한 푸코의 에세이뿐만 아니라 다음을 참조하라. Mary Poovey, *Making a Social Body : British Cultural Formation, 1830~1864* (Chicago : University of Chicago Press, 1995).

9. [옮긴이] 버나드 보즌켓(Bernard Bosanquet, 1848~1923) : 영국의 정치철학자로 옥스퍼드학파를 대표한다. 옥스퍼드학파는 독일의 헤겔에게 영향을 받은 신헤겔주의자로서 관념론적 이상국가론을 제창했으며, 이 책에서 언급하고 있는 T. H. 그린이나 보즌켓의 스승 F. H. 브래들리가 여기에 속한다. 보즌켓은 국가의 역할을 강조하면서, 개체를 넘어서기 위해서는 초월적인 국가가 필요하며 국가는 선한 의지의 자율이라는 이상에 입각한 전체적, 능동적 생활체로서, 선한 의지에 해로운 것은 배제한다. 그렇다고 보즌켓이 국가의 사회주의적 통제를 주장하지는 않았다. 그에게 있어서 개인은 국가에 있어서 자유롭고 의사결정의 권한을 지닌다. 사회가 유기적인 동시에 개인적이려면, 사회의 요소는 집권적 통제에서 벗어나 서로 협력해야 하며, 이로부터 자연스런 조화가 발생한다. 그는 런던 〈자선조직협회〉를 구성한 헬렌 보즌켓의 남편이며, 그의 작업은 버틀란드 러셀, 존 듀이, 윌리엄 제임스 등에게 영향을 미쳤다. 대표작은 1899년에 출간한 『국가의 철학』(*The Philosophical Theory of the State*)이며,

즌켓[10]을 위시한, 영국의 관념론자들은 "적극적positive 자유주의"를 이론화했다. 그러한 자유주의는 일종의 간접적 통치로서, 적극적 자유와 소극적negative 자유를 구분했다.[11] 존경하는 존 스튜어트 밀을 좇아, 그린은 "소극적 자

『개인성과 가치의 원칙』(*The Principle of Individuality and Value*, 1912), 『개인적인 것의 가치와 운명』(*The Value and Destiny of the Individual*, 1913) 등이 있다.

10. [옮긴이] 헬렌 보즌켓(Helen Bosanquet, 1896~1926) : 영국의 여성 사회 개혁가이자 이론가이다. 그녀는 〈런던자선조직협회〉의 창립자 가운데 한 명이며, 남편은 철학자 버나드 보즌켓이다. 특히 헬렌은 18세기 말 빈곤과 사회문제에 관한 이슈를 환기시키고 실천적 근거를 마련한 인물이며, 〈빈민법에 관한 왕립위원회〉(1905~1909)에서 활동하면서 1909년 그녀가 주도한 다수보고서(Majority Report)는 큰 반향을 일으켰다. 이 보고서는 빈민에 대한 경제적, 사회적 원조를 강조하는 동시에 개인의 책임을 주장했으며 국가의 개입에 소극적이었다. 왕립위원회에는 〈자선조직협회〉와 지역행정기관, 노동조합, 사회과학자 등이 참여했다. 참고로 왕립위원회의 소수보고서(Minority Report)는 〈페이비언 협회〉의 사회주의자 베아트리스 웹이 주도했으며, 기존의 빈곤법을 완전히 변화시켜 빈곤의 원인에 대한 구조적 파악과 집합적인 책임, 즉 국가의 과감한 개입을 주문했다. 물론 웹의 주장은 대부분 거부되었으나 이후 복지국가 논의에 영향을 미쳤다. 아무튼 웹과 보즌켓 사이의 논쟁은 이후 빈곤과 복지를 둘러싼 대립에서 반복적으로 재연되었다. 보즌켓의 주요 저서는 『사회문제』(*Aspects of the Social Problem*, 1895), 『빈부의 문제』(*Rich and Poor*, 1896), 『생활표준조사』(*The Standard of Life and Other Studies*, 1898) 등이 있다.

11. 소극적 자유와 적극적 자유에 관한 고전적 문헌은 이사야 벌린을 참조하라. Isaiah Berlin, *Four Essays on Liberty* (Oxford : Oxford University Press, 1969). [여기서 자유는 '권리'로 바꿔 읽어도 무방하다. 우선 소극적 자유는 보통 '국가로부터의 자유'(freedom from state)를 뜻하며, 포괄적으로 '~로부터의 자유'를 뜻하며, '구속의 결여', '타율적 강제를 벗어나는 것', 혹은 '할 수 있는 것을 할 자유'를 가리킨다. 소극적 자유는 법률

유"를 개인이 국가와 대결하는 방식으로 간주했다. 그런데 "만일 주권자의 권리와 개인의 자연권이 양립할 수 있다면 국가는 이것을 핑계로 소극적 자유를 얼마든지 제한할 수 있다. 결국에 주권자의 권리가 동의에 기초한다는 주장은 낭설에 불과하다."[12] 실제로 그린은 자연권을 "허구"로 기각했으며, 소극적 자유가 정당한 통치의 가능성을 침해한다고 생각했다. 대신에, 그는 적극적 자유를 시민사회의 전제

적 자유로 보장된 신체의 자유, 재산의 소유·처분의 자유, 언론·출판·결사의 자유, 거주·직업의 자유, 신앙과 양심의 자유 및 통신의 비밀 등을 의미한다. 반대로, 적극적 자유는 '국가에의 자유'(freedom to state)라 할 수 있는 정치적 자유를 뜻한다. 이것은 대체로 국가의 입법 행위나 정치에 참여할 자유를 뜻한다. 이러한 정치적 자유는 민주주의 국가에 있어서 가장 중요한 자유로서, 개인적 또는 시민적 자유는 적극적인 정치적 자유가 제대로 행사되는 한에서 보장될 수 있다. 한편 적극적 자유는 보다 넓게는 '하고 싶은 것을 하는 자유', 즉 무제한적 자유를 뜻하기도 하며, 어떤 논자들은 정치적 권리 말고도 사회경제적인 평등을 추구할 권리, 즉 사회권과 경제권을 포함시키기도 한다. 참고로, 벌린은 『자유론』(아카넷, 2006)에서 소극적 자유란 개인이든 집단이든 "주체(the subject)가 다른 사람들의 간섭 없이 스스로 할 수 있는 일을 할 수 있도록, 또는 스스로 될 수 있는 존재가 될 수 있도록 방임되어야 할 영역은 무엇인가?"에서 출발하는 자유이며, 적극적 자유란 "한 사람으로 하여금 이것 말고 저것을 하게끔, 이런 사람 말고 저런 사람이 되게끔 결정할 수 있는 통제 및 간섭의 근원이 누구 또는 무엇인가?"에서 발생하는 자유라고 언급한다. 적극적 자유는 주체 스스로가 자신의 의지를 실현할 수 있도록 완전한 주인이 되는 상태를 뜻한다. ─ 옮긴이]

12. T. H. Green, *Lectures on the Principles of Political Obligation and Other Writings*, ed. Paul Harris and John Murrow (1985; Cambridge: Cambridge University Press, 1986), 89.

조건으로 내세웠다.

적극적 자유는 소극적 자유와 대립하지도 않았고, 그린이 주장하듯이 국가와 대립하지도 않았다. 자발적인 규제 원칙으로 작동한다면, 적극적 자유의 행사는 공동선^共_{同善}에 부합할 수 있었다. 적극적 자유가 발휘된다면 가부장적 국가는 필요하지 않았다.[13] 그러한 국가는 공동선에 따라 행동하도록 시민을 강제했지만, 어떻게든 행위가 강요된다면 그것은 더 이상 시민 자신의 의지, 즉 자유로운 행위가 아니었다. 반대로 적극적 자유는 아무런 강제 없이 공동선을 가져왔다.

국가와 개인의 의지가 공동선을 지향한다면, 양자는 서로 상충하지 않을 수 있었다. 그런데 국가의 강제력이 없을 때, 개인의 의지는 공동선을 지향할 수 있을까? 그리고 국가는 그것을 어떻게 확신할 수 있는가? 그린은 사회가 적극적 자유의 원인이자 동시에 결과라고 간주했다. 사회는 개인의 자발적 행동과 욕망에서 발생할 뿐이며, 반대로 사회는 개인이 자신의 욕망에 반해서 행동하도록 강제할 수 없었다. 왜냐하면 그런 사태가 벌어지면 시민사회의 원천이 파괴되기 때문이었다. 그렇기 때문에 사회를 위한 개

---

13. 여기서, 적극적 자유가 사람들을 억지로 자유롭게 만든다는 이사야 벌린의 경고(*Four Essays*, 118-172)는 의미심장하다.

인의 행위는 자신의 복리와 부합할 필요가 있었다. 모든 개인은 "간단히 말해 자신의 항구적 복리와 타인의 그것이 무관하지 않음을 인식하고, 타인의 항구적 복리를 추구할 수 있어야 한다."[14]

하지만 개인이 자신의 복리를 위해 행동하지 않으면 어떻게 해야 하는가? 예를 들어, 그린이 보기에 습관성 음주는 아무에게도 보탬이 되지 않는다. 그러나 국가의 금주법은 효과적인 방편이 아니었다. 음주 욕구를 차단해도, 개인의 욕망은 억제될 뿐 변하지 않았다. 그럴 경우 개인의 자유는 국가와 충돌했는데, 개인은 국가의 법률을 자유롭게 따르지 못하고 처벌에 대한 두려움 때문에 마지못해 순종했다. 자유의 역량은 "어떤 외부적 명령에 따라 창출될 수 없다. 외부의 명령은 사회적 이익을 향한 자발적 행위를 제약해버린다. 오히려 자유의 역량은 그러한 명령을 중립화

---

14. Green, *Lectures*, 264. 자조가 언제나 "품행을 지도하는" 테크닉은 아니었다. 예를 들어, 1859년 사무엘 스마일즈는 자조를 가르치는 교본을 발간했다. 이것은 전통적 형태의 품행 서적으로, 타인을 지도하는 어떠한 방식도 제시하지 않았다. 다음 글을 참조하라. Smiles, *Self-Help* (1859; London : John Murray Ltd., 1969). 다음 글은 적극적 자유와 소극적 자유에 대한 벌린의 구분을 꼼꼼히 살피고 있다. Ducan Ivison, *The Self at Liberty : Political Argument and the Arts of Government* (Ithaca, N.Y. : Cornell University Press, 1997).

하는 것이다."[15] 금주령 같은 법률은 스스로 자유를 행사하는 개인의 역량을 더욱 침해할 뿐이다.

그럼에도 불구하고 국가는 강제적으로 보이는 법률을 제정할 수 있고 또한 그렇게 해야 한다. 다만 법률은 공동선을 위해 행동하는 개인의 자발적 능력을 신장하도록 집행되어야 한다. 국가는 법률로 도덕을 명할 수 없지만, 해악을 예방하기 위해 법률을 제정할 수 있었다. 그린은 몇 가지 전통적인 테스트 시나리오를 개발했다. 예를 들어, 자녀교육을 방기하는 부모가 아무리 부도덕해 보여도, 국가는 강제로 그것에 개입할 수 없다. 대신에 국가가 할 수 있는 것은 자유롭게 행동할 수 있는 능력을 자녀가 상실하지 않도록 예방하는 것이다. 자율적 능력은 부분적으로 교육의 결핍 때문에 발생하기 때문에, 국가는 아동에게 생기는 해악을 예방하기 위해서 교육을 강제할 수 있다.

겉보기와는 달리, 그린은 논점을 회피하지 않았다. 부모는 국가 말고도 개인 교사나 교회를 통해서 자녀를 교육할 수 있었다. 부모에게 선택권이 있었기 때문에, 그들은 무엇을 해야 하고 말아야 하는지 명령받지 않았다. 그들은 자녀의 교육을 지시받지 않았지만, 대신에 무언가를 알아서

---

15. 같은 책, 161.

조치하도록 강제되었다. "[교육 같은] 사회적 기능이 문제시 될 때" 법률은 "애초부터 강제로 느껴질 뿐이다. 자율과 간섭은 양립할 수 없다."[16] 이런 경우 부모의 의지는 직접적으로 간섭받지 않아야 한다. 그리고 자녀 역시 자신의 의지에 반해서 학교에 간다고 느끼지 않아야 한다. 그러나 부모가 아무것도 [선택]하지 않을 때, 그것은 심각한 정치적 문제가 되었다. 여기서 국가는 새로운 개입 영역을 개척했고, 그것이 바로 의지의 박약, 행위의 결핍이었다.

그린이 보기에, 자유는 타인에 의한 구속력이 아니라 자제력 속에 존재했다. 국가나 공동선에 대한 모든 복종은, 자발적이고 능동적으로 행해지는 "자유로운 복종"이어야 한다. 협동은 수동적이 아니라 능동적인 순응이어야 한다.[17] 그린에 따르면, 국가의 권리는 도덕성을 촉진하는 것이지 도덕의 향방을 결정하는 것이 아니었다. 국가의 개입은 도덕적 능력을 함양하고 자제력을 발휘하도록 개인을 촉진하는 것이지, 그들의 목표까지 결정하는 것이 아니었다.

그러나 촉진과 결정의 미묘한 차이를, 과연 국가가 얼마나 계산할 수 있을까? 불가능하지 않을까? 그리고 모든 복종이 자발적이고, 모든 도덕적 구속이 자제력과 같다면,

16. 같은 책, 162.
17. 같은 책, 94.

그에 걸맞은 자아는 어디에서 탄생하는가? 그곳은 당연히 국가가 아니라 사회였다. 그린은 사회와 도덕의 간접적 관리를 자세히 묘사하지 않았지만, 그것은 일종의 원리 상태로 존재하고 있었다. 앞으로 확인하겠지만, 간접적 관리는 일군의 여성을 동원함으로써 단순한 원리가 아니라 실질적인 통치술로 전환되었다.

빈민에 대한 통치 : 개혁운동과 자조

나는 자조self-help를 자유주의 통치술의 상징으로 간주한다. 여기서 자조는 사회와 개인의 이해관심을 간접적으로 일치시킴으로써 사회와 개인을 동시에 개조하는 테크닉을 말한다.

이번 장과 4장에서, 자조는 좋든 나쁘든 간에 시민성을 극대화하는 통치방식으로 설명될 것이다. 19세기 개혁론자들은 빈곤, 의존, 자선, 악덕 같은 "사회적 문제"의 해결책으로 자조를 주장했다. 여기서 자조는 개별적 시민이 "전체 사회"와 어떻게 도구적으로 연결되는지 보여준다. 더욱이 자조는 자선활동의 기법으로서, 근대적 통치의 전형이라고 할 수 있다. 요컨대, 자조는 자발적인 동시에 강제적인 것이다.

이곳에서는 빅토리아 시기 자선활동을 장황하게 묘사하지 않고, 자조 활동에만 초점을 맞출 것이다. 그것도 시기적으로 빅토리아 중후반에 한정할 것이다. 당시 〈자선조직협회〉[18]에서 활동했던, 옥타비아 힐[19] 등은 개혁의 최우선 목표로 기독교적 박애를 제거하려고 시도했다. 그녀의 주장에 따르면, 기독교적 자선은 빈민보다 우월한 부자의 지위를 정당화하고 부자에 대한 빈민의 의존을 부추겼다. 〈자선조직협회〉의 목표는 자선을 조정하고 합리화함으로

18. [옮긴이] 〈자선조직협회〉(Charity Organization Society)는 '과학적 자선가들'에 의해 1869년 영국에서 결성되었고, 1870년대 각지의 소규모 단체로 결성되어 빈민 지역의 구호에 나섰다. 핵심적인 목표는 개선이 가능한 빈민과 그렇지 않은 빈민을 구별하여 전자의 자활과 독립을 돕는 것이다. 〈자선조직협회〉는 〈구빈법〉에 따라 구빈신청서를 조사하고 빈곤 가족의 체계적 관찰을 시행했으며, 선별된 대상은 자선 독지가에게 의뢰했다. 독지가는 빈민에 대한 지속적인 조언과 감독을 병행하면서 빈민 가족의 독립을 촉진하려고 했다. 이 단체의 대표적인 인물이 헬렌 보즌켓과 옥타비아 힐이었다. 이들은 '과학적 원리'에 따라 빈민의 욕구와 필요를 해결하려 했고 이른바 자활을 빈민 퇴치의 효과적 전략으로 고양했다.

19. [옮긴이] 옥타비아 힐(Octavia Hill, 1838~1912) : 영국의 여성 사회개혁가로 특히 런던의 슬럼가 및 주민의 개선사업에 노력했다. 어린 시절 그녀는 주택개발 때문에 강제 이주를 겪었으며, 초년기에 존 러스킨(John Ruskin)과 교분을 맺어 그의 이론과 실천에 영향을 받았다. 그녀는 사회개혁의 핵심으로 자조를 내세웠고 국가나 시 정부의 관료적이고 익명적인 개입에 반대했다. 힐은 헬렌 보즌켓과 함께 〈자선조직협회〉를 설립했고 1905년에는 〈왕립 구빈법 위원회〉에 참여했다. 또한 그녀는 〈내셔널 트러스트〉(National Trust)의 설립자이기도 하다.

써, 자선의 무작위성을 줄이는 것이었고 또한 자선으로 인한 계급 분할의 재생산과 의례화를 막는 데 있었다.

힐이 열광적으로 주장하듯이, 곤경에 처한 사람들에게 필요한 것은 원조가 아니었다. 그들에게 필요한 것은 스스로를 돕는 것, 즉 "자립적인 삶의 회복"이었다. 특유의 고압적인 스타일로, 그녀는 "빈민을 방문하는 자원봉사자들" 앞에서 구호품과 자선을 이렇게 설명했다. "우선 자선과 구호품은 빈민을 더욱 가난하게 만듭니다. 다음으로, 그것들은 빈민을 타락시키고 독립을 저해하게 만듭니다. 마지막으로, 그것들은 빈민과 여러분이 맺을 수 있는 참으로 기쁜 관계를 파괴합니다…… 여러분은 [빈민 – 저자]에 대해 알아야 합니다. 또 그들의 삶과 생각 속으로 들어가야 합니다…… 여러분은 그들의 저축을 수금할 수 있습니다. 여러분은 그들을 함께, 그들을 위해 노래하고…… 그들을 보다 청결하게 만들 수 있습니다"[20] 이처럼 힐은 [빈민에 앞서] 방문자들의 욕구를 먼저 변화시켜야 했다. 이들은 기독교적 의무에 따라 타인을 돕고자 했지만, 그녀는 그러한 욕구의 뿌리가 이기적이라고 주장했다. 기독교적 박애는 부자의 입장에서 선(善)을 행하려는, 즉 하나님 앞에 의무를 다

---

20. Octavia Hill, "A Few Words to Volunteer Visitors among the Poor," in *Our Common Land* (London : Macmillan, 1877), 54.

하려는 이기적 욕망이었다. 더욱이 기독교의 자선 활동은 계급 질서를 당연한 것으로 만들었다. 그것은 도움을 받는 사람에게는 경외와 존중을 유발하고, 도움을 주는 사람에게는 오만을 불어 넣었다. 이와 달리 힐은 빈민을 사회로 통합할 수 있는 방법을 찾으려고 했다. 그것이 가능할 때, 부자의 권력과 자선은 더 이상 빈민의 묵종을 조장할 수 없었다. 문제의 지점은 중간계급이 빈민에게 베푼 기독교적 자선과 의무에 있었다. 여기서 의도치 않은 비합리적 결과가 출현했는데, 그것은 의존적인 빈민이라는 영구적 계급이었다. 그녀가 제시한 해결책은 자조였다. 특히 중간계급 여성은 빈민을 원조하는 대신에, 자조를 고양할 필요가 있었다. 타인을 돕는 기술로서, 드디어 자조는 원조자를 대체했다. 자조는 빈민이 스스로를 돕는 테크닉이 되었다.

자조는 계급 사이에서 권력의 의례를 축출했고, 우월감을 표현하려는 지배계급의 욕망을 억제했다. 힐은 [자조라는] 동일한 행위에서 중층적인 가치를 발견했다. 자조는 임파워의 의지를 증진해주고, 중간계급 방문원에 대한 노동계급의 적대와 저항을 완화하며, 방문원을 박애적인 몽상적 침략자가 아니라 친구로 변형했다. 그녀의 목표는 부자와 빈자 양쪽에서 계급적 편견을 제거하는 데 있었다. 자조는 빈민의 임파워 의지와 이익을 매끄럽게 결합했다. 빈민을 억압하기보다는 그들의 품행을 지도함으로써, 힐은 계급 간의 사회적 유대를 촉진할 수단, 즉 임파워의 의지를 발명했다.

원래 자조는 강제적이고 처벌적인 기법이었지만, 이제는 피원조자 입장에서 추구되었다. "아무리 도움이 절실해도, 가족이나 그 구성원이 스스로를 도울 수 있는 여지가 분명히 존재한다."[21] 힐은 몇 가지 가능한 방법을 제시했는데, 예를 들어 딸은 식모로 보내고, 아들은 "직장"을 구해서 내보내고, 가족은 저렴한 셋방으로 이사하는 식이었다. 달리 말해, 자조는 가족 구성원을 따로 분리하는 방법이었다. 이것이 어떻게 가능할 수 있었을까? 힐이 청중 앞에서 공언하듯이, 방문원이 먼저 빈민의 자조 능력과 의지를 믿어야 했다. 그 대가로 방문원은 빈민들의 존경을 받을 수 있었고, 그 결과 그들에게 희생을 요구할 수 있었다.

외부에서는 빈민이 스스로를 돕도록 강제할 수 없었다. 그럴 경우 강제가 사라지면, 자조의 효과는 기대할 수 없었다. 힐이 보기에 자조는 빈곤과 계급불평등 같은 사회문제를 진정으로 해결하는 방법이었다. "빈민의 자조를 돕는 것 말고는 다른 방안이 있는가? 위로부터는 그들이 필

---

21. Hill, *Our Common Land*, 57.

요한 만큼 충분히 도울 수 있는가? 나는 그것에 회의적이다. 그들은 스스로 해내야 한다. 이것은 그들의 각성과 연대를 통해서 가능하다. 나는 그렇게 확신한다."[22] (4장에서는 "연대의 과학"을 살펴볼 것이다.) 빈민이 자발적으로 사고하고, 장기적인 이익을 감안하고, 자신의 행위를 도덕화하려면, 자조의 활동은 강제가 아니라 동의에 기초해야 했다. 즉, 자유주의 통치술은 민주적일 필요가 있었다.

메리 푸비는 바이블Bible 배포와 관련해서 동일한 논리를 발견했다. 말인즉, 빈민 스스로 자신을 전도하려면 바이블은 공짜가 아니라 판매될 필요가 있었다. 사실, 자조의 테크닉은 개혁론자 내부에서 끊임없는 논란을 거쳐 수정되었다. 엘런 랜야드[23]가 이끌었던 〈여성 바이블 미션〉(1857)은, 빈민이 자신의 복리를 추구하도록 바이블과 옷가지를 종전과 다르게 배부했다. 그녀는 바이블의 기증보다는 판매를 주장했다. 빈민 사이에서 바이블의 영향력을 높이려면, 빈민 스스로 그것을 이웃에게 팔아야 했다. 푸비가 언급하

---

22. Octavia Hill, "A More Excellent Way of Charity," in *Our Common Land*, 83.

23. [옮긴이] 엘렌 랜야드(Ellen Henrietta Ranyard, 1810~1879) : 영국의 여성 작가이자 선교사이다. 그녀는 런던지역에서 빈민운동을 벌였으며 〈런던 여성 바이블 미션〉의 창립자이다. 이 단체는 1879년 170여 명의 여성들이 종사했으며, 랜야드는 간호사를 훈련시켜 빈민지역에 투입하기도 했다.

듯이, 랜야드의 자조 테크닉은 다른 유사한 시도와 확연히 달랐다. "그녀가 볼 때, 빈민의 자조는 애초부터 동료의 도움을 받을 때 가장 잘 촉진될 수 있었다."[24] 대신에 힐은 중간계급 방문원의 역할을 강조했다. 그러나 방문원은 빈민에게 돕는 방법을 배울 필요가 있었다(이것은 워링 대령이 넝마주이에게 배운 것과 유사하다). 원조의 자제를 터득하려면, 방문원은 빈민을 찾아가서 그들과 어울려야 했다. "빈민을 사랑하고 각자를 알게 될수록, 점점 더 사람들은 원조를 [중단하게 – 저자] 될 것이다." 돈과 선물을 주는 대신에, 사람들은 빈민에게 "자기 자신을 선물"해야 한다.[25] 요컨대, 자조는 권력 관계를 고정시키지 않고 유동적으로 만들었다. 개혁론자들은 원조자와 피원조자의 관계를 변화시키는 새로운 기법을 고심했던 것이다.

힐은 원조나 자선이 잘못된 방식으로 제공될 경우 그 폐해를 경계했다. 특히, 가정 방문원은 불필요한 해악을 피하기 위해 빈민을 철저히 파악할 필요가 있었다. 빈민들의 상이한 상황과 특징이 분류되고 계산되어야 했다. "내 사람들은 번호가 매겨진다. 이들은 숫자로 계산될 뿐만 아니

24. Poovey, *Making a Social Body*, 47.
25. Hill, *Our Common Land*, 61-62.

라, 남성과 여성, 아이 등으로 기록된다."[26] 지식은 친밀함에서 발생하기 때문에, 자조를 하는 사람과 자조를 돕는 사람은 이웃처럼 지낼 필요가 있었다. 이렇게 획득된 지식은 세부적으로 "조사된" 다음, 케이스 별로 충실히 기록되어야 했다.

힐은 반反사회적인 빈민을 사회로 통합할 수 있다고 확신했다. 기존의 사례를 종합하면, 빈곤의 원인은 나쁜 성격과 습관 탓이거나, 열악한 환경과 일시적 불행 때문이었다. 그렇지만 그 원인에 상관없이, 빈곤에 대한 개입은 원하는 결과보다는 해악을 초래했다. 다른 사람을 돕는 것, 그들의 필요를 만족시키는 것, 그들의 생활조건을 보장하는 것 따위는 뭔가 부족했다. 그들에게 긴급한 것을 결정하려면, 선결조건이 필요했지만 그것이 빠져 있었다. 그것은 빈민의 역량에 대한 철저한 조사였다. 개혁론자들은 사회조사, 가정방문과 감시를 통해, 통치의 과잉과 과소 사이에서 미묘한 균형을 추구했다. 이들의 통치는 피통치자의 의지를 결정하는 대신에 최대한 촉진하고자 했다.

빈민에 관한 지식과 조치를 결합하기 위해, 힐은 전담

---

26. 이 인용문의 출처는 다음 글이다. Gerturde Himmelfarb, *Poverty and Compassion : The Moral Imagination of the Late Victorians* (New York : Vintage, 1991), 214.

간사를 선임하라고 제안했다. 빈민을 방문하지 않는 해당 간사는 자원봉사자의 원조활동을 조정하고 조직하며, 케이스 기록을 작성해 봉사자들에게 제공했다. 또한 간사는 특정한 케이스를 경찰, 교회 임원, 교육위원을 비롯한 관련 당국과 협의했다. 간사는 케이스에 대한 과거의 조치뿐만 아니라, "그 뒤에도 언제 조치가 취해졌는지, 언제 구호금이 지급되고 중단되었는지" 등을 기록으로 남겼다. "향후 몇 년에 걸쳐, 간사는 지속적인 관심을 갖고 빈민을 관찰했다. 그러지 않았다면, 삶의 위기가 닥쳤을 때 아무리 조치가 훌륭해도, 그것의 효과는 반감되었을 것이다. 실제로 수많은 삶의 위기가 간사들의 노력 덕분에 예방될 수 있었다."[27] 이리하여, 빈민에 대한 감시는 원조 여부와 상관없이 지속되었고, 곧바로 개혁의 모토는 개입에서 예방으로 바뀌었다. 달리 말해, 지식에 대한 수집은 계속되었지만 그것의 적용은 간접적으로 변했다. [직접적인] 원조에 대한 호소는 더 이상 필요치 않았다. 대신에 우리는 케이스 기록에서, 빈민의 욕구와 관심을 쉽게 발견할 수 있었다.

　이러한 활동의 목표는 중간계급 여성들에게 안정적인 일자리를 제공하는 것도 아니었고, 임파워 의지를 끝없이

---

27. 같은 책, 40.

고취하는 것도 아니었다. 물론 사회사업의 발달은 이 모두를 **사후적 효과**로 가져왔지만, 힐 본인은 빈민 원조의 직업화, 혹은 관료제 확립에 반대했다. "전문적인 활동가 중심의 조직이 들어서면, 그 즉시 우리는 조직 자체를 탐하게 될 것이다. 아마도 불필요한 일을 만들어서라도, 우리는 조직을 유지하려고 할 것이다."[28] 특히 모든 케이스를 포괄하는 원조의 법칙은 존재하지 않았다. 최선의 원조 방법은 개별 케이스의 구체적 정보를 바탕으로 결정되었다. 따라서 각 케이스는 개별적이지만 체계적으로 관리되어야 했다.[29] 원조 체계를 일반화하고 총괄하는 것은 모종의 원칙이 아니라, 케이스별 이력에 따른 간접적인 개입과 인격적인 지식이었다.

그런데 통계학 기법은 대면적 접촉을 제거하고 빈민의 욕구와 결핍을 추정하기 시작했다. 가정 방문원이 점점 사라지고 정밀한 케이스 지식이 그 자리를 차지했다. 이제는 카드에 기록된 개인과 가족의 지식이면 충분했다. 또한 자조는 사람들이 자기 자아를 도야하도록 설계되었다. 그들이 자아를 대상으로 만들 때, 더 이상의 원조품이 요구되지 않기 때문이다. 가정 방문원의 소멸은 자조의 합리화에

---

28. 같은 책, 26-27.
29. 같은 책, 40.

따른 논리적 결말이었지만, 그럼에도 불구하고 도움을 주는 자와 받는 자 사이에 권력관계는 사라지지 않았다. 권력관계는 간접적으로 변했을 뿐이다. 양자 사이에는 권력관계가 개재되지 않을 수 없었다. 무엇보다 빈민 쪽에서 저항과 침묵은 사라지지 않았다.

가정 방문원과 구빈법 당국을 향한 빈민의 저항은 어떻게든 극복될 필요가 있었다. 그리고 "공상적인 박애주의자"에 대한 계급적 적대감은 반드시 제거되어야 했다. 그렇지만, 빈민의 불만과 반항보다 훨씬 곤란한 문제가 도사리고 있었다. 그것은 빈민의 무관심이었다. 힐에 이어서 〈자선조직협회〉를 책임진 헬렌 보즌켓은 전임자가 반대했던 사회사업의 직업화를 주도했다. 그녀는 새로운 해결책을 제시하면서 이렇게 언급했다. "사이비 개혁가는 불만에 찬 사람들을 온갖 감언이설로 현혹한다. 사회주의자, 무정부주의자, 채식주의자, 무신론자 등 잡다한 무리들이 달콤한 사회적 처방을 떠벌리고 있다. 그럼에도 불만은 오늘날의 생활방식으로 굳어질 만큼 뿌리가 깊다 …… 정치에게 유일한 임무가 있다면, 그것은 불만에 찬 사람들을 스스로 변화시키는 것이다."[30]

---

30. Helen Bosanquet, *Rich and Poor* (London : Macmillan, 1908), 40-41.

사람들을 현 상태에서 고양하려면, 즉 앞날을 바라보고 높은 곳을 추구하게 만들려면, 그들은 불만과 나태를 떨치고 "훌륭한 시민성"을 갖출 필요가 있었다.[31] 그런데 강제나 조작, 명령이 없다면, 불만은 어떤 방식으로 순화될 수 있었는가? 달리 말해, 국가의 개입이 없는데도 사람들은 어떻게 통치될 수 있었는가? 사람들을 기계처럼 취급하지 않는다면, 그들의 행위와 관심은 어떻게 도구화될 수 있었는가?

보즌켓이 요구한 방법은 개인의 의지를 사회적 진보와 연결하면서도 노동계급을 정치적으로 억압하지 않아야 했다. 그녀의 관심은 노동계급의 침묵이 아니라 행동을 촉구하는 데 있었다. "나는 인류를 거대한 군대로 묘사하고 싶다. 자기 것이 아닌 지혜를 따르지만, 군대는 보이지 않는 목표를 향해 접근해 간다."[32] 여기서 지혜는 누구의 것인가? 그것은 사회를 자생적인 진보로 이끄는 사회적 관습이라는 익명의 지혜였다. 그런데 이러한 "사회적 진보"는 어디로 향해 갔는가? 그리고 어떤 원칙이 사회적 진보를 인도했는가?

---

31. 같은 책, 53.

32. Helen Bosanquet, *The Standard of Life* (New York : Macmillan, 1906), 278.

보즌켓은 "생활표준"을 해답으로 내세웠다. 그것은 중간계급의 확고한 기준에 따라 빈민을 측정하고 통치하는 것처럼 보일 수 있었다. 하지만 사실상은 정반대였다. 그녀는 생활표준을 발판으로 다른 계급의 잣대로 빈민을 재단하고 통치하려는 오만함에 맞섰다. 그 당시 상층계급은 빈민과 자신이 본질적으로 다르다고 여겼는데, 그것은 이들과 빈민의 직업이 달랐기 때문이다. 당대의 편견에 따르면, 한 가지 이상의 계급이 존재하고 따라서 한 가지 이상의 사회가 존재했다. 이 때문에 전통주의자들은 계급 간의 영원한 적대를 단언했지만, 보즌켓은 그러한 주장을 거부했다. 그녀가 보기에 사람들이 다양한 만큼 다양한 기준이 존재했지만, 그럼에도 불구하고 모두가 준수하려는 생활표준이 존재했다. "당연히 우리는 노동계급이 싸움에서 불리함을 인정할 수 있다……하지만 우리는 노동계급의 능력도 공평하게 인정해야 한다. 노동계급 역시 힘을 지니고 있다. 이들은 자신의 생활 기준을 결정하고 나름대로 그러한 기준을 관철시킨다."[33] 자조의 기술을 실행하려면 저항이 극복되어야 했지만 그것은 특정한 계급이 아니라 모든 계급의 저항이었다.

---

33. 같은 책, 17.

생활표준은 고정된 도덕적 기준이 아니었다. 실제로 생활표준은 "정확하게 규정될 수 없는 것이다. 말하자면 그것의 의미는 고정될 수 없다. 아직까지 생활표준은 한 가지 편협한 용례로 정형화되지 않았다."[34] 보즌켓에 따르면, 문제는 유일하게 참된 기준을 따르지 못하는 빈민들이 아니었다. 정말로 중요한 문제는 그들이 부르주아의 기준에 따라 평가받는 사실이었다.

보즌켓은 생활표준의 작동방식을 생활표준과 측정단위(척도)를 비교하면서 설명했다. 런던의 트라팔가 광장에는 평범한 돌담이 있는데, 그녀에 따르면 그 위에는 "대단히 중요한 것이 존재한다. 하지만 좀처럼 잘 보이지 않아서," 극히 일부만 그 사실을 알고 있다.[35] 그곳에는 표준척도 ─ 펄롱, 야드, 피트, 인치[36] ─ 가 새겨져 있다. 이 표준에 따라 이른바 "피트"와 "야드" 등이 결정된다. 그것은 우리가 매일 사용하는 표준이지만 우리는 그것을 전혀 의식하지 않는다. 말하자면 표준척도는 익명으로 교환관계를 움직인다. 표준이란 이런 방식으로 존재하는 것이다. 어떤 사람

---

34. 같은 책, 1.
35. 같은 책, 2.
36. [옮긴이] 1펄롱은 220야드(201미터), 1야드는 3피트(91.44미터), 1피트는 12인치(30.48센티미터), 1인치는 2.54센티미터와 같다.

은 그것이 어디에서 왔는지 의심할 수도 있다. 그들 가운데 일부는 표준을 문제시하고 도전할 수도 있다. 그렇지만 표준 자체는 사라지지 않는다. 아마도 그것이 없다면 평범한 일상과 진보는 사라질 것이다. 실제로 표준이 사용되려면, 그에 대한 암묵적 합의가 존재해야 한다. 그렇지 않으면, 측도는 끊임없이 분란을 야기할 것이다. 무언가를 측정할 때, 우리의 관심사는 "피트" 자체의 정확도가 아니라, 그것을 표준과 비교하여 가늠하는 것이다. 생활표준도 마찬가지라 할 수 있다. 우리는 [생활] 표준을 맹목적으로 추종하지 않지만 그렇다고 신경을 쓰지도 않는다. 생활표준은 군중의 무질서한 행동을 억지로 일치시키는 대신에 동일한 방향으로 인도할 뿐이다.

이것은 푸코가 규준화와 생명권력을 특징짓는 방식과 유사하다. 규준화와 생명권력은 어디에도 규정된 바 없는 상상적 규준을 조작하고 운영하는 것에 달려 있다. 말하자면, 상상적 산물로서 생활표준은 개인의 다양한 이해관심을 전체 사회의 공통된 그것과 결합한다. 푸코의 관점에서 볼 때, 생활표준은 개별화하는 동시에 전체화하는 것이다. 각자가 전체 사회의 진보를 지향한다면, 계급적 관심과 이익은 충돌할 필요가 없는 것이다. 각자가 계급을 떠나 자신의 생활표준을 추구한다면, 계급으로 쪼개진 사회는 계급이 없는 사회로 전환될 것이고, 계급으로 분할된 사회는 틀림없이 진보로 향했을 것이다.

그때 사리사욕은 사회의 진보를 위한 도구로 기능할 수 있었다. 여기서 사회적 진보는 욕망과 차이의 억제가 아니라 촉진의 관점에서 파악되었다. 보즌켓은 토마스 그린과 공명하면서 이렇게 언급했다. "우리는 사람들에게 직업적 이익을 비롯한 어떠한 혜택도 외부에서 강요할 수 없다. 그것이 그들에게 아무리 바람직해 보여도 말이다. 사람들은 자기 자신의 노력과 욕망, 자신의 계획과 발전을 통해 성장해야 한다. 우리가 서로에게 줄 수 있는 최선은 불필요한 장벽을 없애주는 것이다. 반대로 최악은 우리의 자발적인 동력을 약화시키는 모든 것이다."[37] 최대한 "간접적으로" 통치하는 방식만이 사태의 악화를 막을 수 있었다.[38] 사회 질서를 변화시키고 계급 갈등을 평정하기 위해, 통치 방식은 각자와 전체each and all의 노력을 극대화하도록 운영되어야 했다.

그렇지만, 한 가지 결정적인 사회적 구별은 지울 수 없

---

37. 같은 책, 41.

38. 간접적인 통치에 관해서는 다음 글을 참고하라. Nikolas Rose and Peter Miller, "Political Power beyond the State : Problematics of Government," *British Journal of Sociology* 43 (June 1992) : 1-31.

었다. 노력하는 자와 그렇지 않은 자, 보즌켓은 그곳에서 거대한 분열을 목도했다. 심지어는 계급 없는 사회조차, "잔여층"과 쓸모없는 하층계급underclass이 존재할 것이다. 이들은 구제불능이었다. 그들에게 남아있는 욕망은 단순한 생존과 음주에 불과했기 때문이다. 말하자면, 잔여층은 도울만한 자존심도 없었고, 지향하는 생활표준조차 없었다. 그들은 산다는 것 자체에 관심이 없었다.

"잔여층"은 분명히 도덕적인 명칭이지만, 그들을 교화하려는 어떠한 노력도 필요치 않았다. 오히려 그러한 노력은 역풍을 초래할 수 있었다. "결국에 조직화는 자조의 수많은 방법 가운데 하나일 뿐이다. 요컨대 무기물은 외부에서 조직할 수 없으며, 잔여 중에 잔여는 경제적으로 죽어 있는 무기물이다. 만일 충격요법을 사용하면, 이들은 순간적으로 활력을 찾을지 모른다. 하지만 그 즉시 사회적 괴물이 깨어나 공동체를 공포로 몰아넣는다. 잔여물은 서서히 자동적으로 소멸해야 한다. 그것이 현실적으로 바랄 수 있는 최선이다."[39] 쓰레기들이 생존하게 되면 진보가 위험해졌다. 잔여물은 그냥 내버려 두라, 그러면 해묵은 골칫거리가 사라질 것이다, 보즌켓은 그렇게 확신했다. 잔여층은 잘

---

39. Bosanquet, *Standard of Life*, 195.

못된 가치가 아니라 아무런 가치도 지니지 않았다. 그래서 그들은 전체 사회에서 배제될 수밖에 없었다. 그 밖의 빈민들은 목표만 추구한다면 그것에 상관없이 사회로 통합될 수 있었다.

자조의 테크닉은 바람직한 행위와 순응을 조작하거나 계급 불평등을 "탈정치화"하지 않는다. 오히려 자조의 테크닉은 [자발적인] 개인의 행동과 다양성에 의존한다. 개인이 취하는 다양한 기준이 없다면, 사회의 진보는 삐걱거리면서 종국에는 멈추게 될 것이다. 그렇지만 생활표준이 욕구와 관심의 차이를 완벽히 조정하기 때문에, 다양성은 갈등을 유발하지 않는다. 자조의 통치술은 양가적인 성격을 지니고 있다. 그것은 적극적 자유와 소극적 자유, [활력으로서] 활동action과 [규범화된] 행위behavior, 시민성과 예속성 사이에서 규정된다. 자조의 목표는 빈민들이 사리사욕과 생활표준을 알아서 지키게 함으로써, 그들을 시민으로 만드는 것이다.

전체로서의 사회와 정치적 자유

내가 볼 때, 자조는 사회통제의 테크닉보다는 빈민의

사욕을 도구화하고 극대화하는 수단이다. 자조는 자기 이익에 관심이 없는 사람을 배제하는 동시에, 그 나머지를 통합하는 식으로 작동한다. 말하자면 개인의 자유는 자조의 기획에 있어서 그 전제이자 한계였다. 그런데 개인의 자유는 유리잔같이 조심스런 성격을 지녔다. 그것은 너무 많이 개입해도 침해되고 너무 적게 개입해도 위험했다. 그렇기 때문에 자조의 기획은 지속적으로 조정되고 개조되었던 것이다.

개조의 필연성이 암시하듯이, 정치의 질서는 정치적 변란처럼 예외적인 시기뿐만 아니라 일상적으로 변화한다.[40] 개혁주의 단체가 정치적으로 중요한 까닭은 이들이 공과 사, 개인과 정치, 정치와 사회 간의 관계를 끊임없이 재구성하기 때문이다. 자조는 순전히 사회적인 과업도 아니고 개인적인 문제도 아니다. 자조는 사회와 개인의 본질을 변화시키며, 따라서 정치적인 과업이다. 즉 자조는 빈곤이나 계급갈등 같은 정치적 문제를 해결하는 기술이다. 사회적 통치는 시민의 자율과 활동을 부정하지 않는다. 오히려 그것

---

40. 셸든 월린의 주장에 따르면, 정치 제도는 위기가 도래하면 재구축된다. 이에 대해서는 다음 글을 참조하기 바란다. Kristie McClure, "The Issue of Foundations : Scientized Politics, Politicized Science, and Feminist Critical Practice," in *Feminist Theorize the Political*, ed. Judith Butler and Joan Scott (New York : Routledge, 1992), 341-68.

은 시민성과 자율성을 촉진하고 활용하는 기술이다.

자유주의 통치술은 국가의 행정뿐만 아니라 경제, 인구, 아동, 빈민, 병자에 대한 관리까지 적용되었다. 푸코는 자유주의적 "통치 합리성"이 타자와 함께 자기의 "품행을 통솔하는" 방법이라고 언급했다.[41] 알다시피 자유주의는 경제와 개인을 신성시하는데, 그것은 경제와 사적 영역을 국가가 직접 통치할 수 없다는 뜻이다. 상투적인 자유주의 합리성에서, 국가는 사회에 대한 개입을 최대한 자제해야 한다. 자율적 통치self-government는 이러한 주장을 표현한 것이다.

자유주의는 국가의 개입, 사회적 조화, 이견의 억압이 필요해도 원칙상 그것을 용납할 수 없다. 여기서 생기는 정치적 딜레마는 자조를 통해서 적절히 해결될 수 있다. 자조는 개인의 기회와 역량을 확대함으로써, 국가의 개입을 사실상 제한하는 기법이다. 자조는 계급관계를 "탈정치화"하거나 빈민들을 정치에서 배제하지 않고, 그들을 능동적으로 만듦으로써 국가 개입을 최소화한다.

한나 아렌트는 매우 영향력이 있는 저서에서 사회적인

---

41. Michel Foucault, "The Subject and Power," in *Michel Foucault: Beyond Structuralism and Hermeneutics*, 2d ed., ed. Hubert L. Dreyfus and Paul Rabinow (Chicago : University of Chicago Press, 1983), 221.

것을 완전히 다른 식으로 해석한다. 여기서 사회적인 것은 동질적이고 균질화하는 "블랙홀"blob로 제시된다.42 아렌트는 사회적인 것이 정치적인 것을 파괴한다고 선고하는데, 사실 그녀의 비난은 민주주의 이론의 오류를 강화하고 있다. 민주주의 이론은 오늘날 정치적인 것의 변질이 사회적인 것에서 기원한다고 인식하고 있다. 마찬가지로 그녀가 볼 때, 정치적인 것은 사회적인 것과 사적인 것이 부상하면서 그 본질을 완전히 상실한다. 여기서 각각의 영역은 마치 제로섬 게임처럼 한쪽이 이기면 다른 쪽이 잃게 된다. 일부 민주주의 이론가들이 혹평을 가하긴 했지만, 그녀는 "사회적인 것의 부상"이 공적 생활의 쇠퇴를 뜻한다고 반격한다. 그녀가 보기에는 사회적인 것의 요소, 특히 경제와 가족이 공적 문제를 점령하면서, 정치체제를 향한 정치의 고유한 열정은 쇠퇴하고 사사로운 이익과 차이가 난무하고 있다. 실제로 그녀가 주장하듯이, 오늘날 가족은 더 이상 정치 질서의 모델로 기능하지 않는데, 이러한 현실은 역설적으

---

42. Hannah Fenichel Pitkin, "Conformism, Housekeeping, and the Attack of the Blob：The Origins of Hannah Arendt's Concept of the Social," in *Feminist Interpretations of Hannah Arendt*, ed. Bonnie Honig (University Station：Pennsylvania State University Press, 1995), 51-82. 여기서 다루고 있는 아렌트에 관한 많은 주제는 내가 제시하는 것보다, 보니 호닉이 편집한 책에서 훨씬 더 호의적이고 도발적으로 다루고 있다.

로 "사회가 가족 단위를 완전히 삼켜버린 결과일지 모른다. 이제 사회는 가족의 자리를 완전히 대체해 버렸다."[43] "사회적 관리"housekeeping는 가족의 사적 관할권을 침해하는 동시에 정치적 질서를 대체했으며, 정치적인 것의 소멸과 함께 자유의 가능성도 사라졌다.

아렌트에 따르면, 사회적인 것은 전제적인 통치양식과 관련된 영역이었다. 사회적인 것은 "익명의 지배"[44]가 행해지는 곳이었다. 하지만 익명의 사람들은 "인격을 팽개치길 주저하지 않는다. 가장 사회적인 통치형태, 즉 관료제에서 알 수 있듯이…… 익명의 지배가 반드시 지배가 없다는 뜻은 아니다. 실제로 특정한 상황이 닥치면, 익명의 지배는 심지어 가장 잔혹하고 압제적인 지배양식으로 전환될 수 있다."[45] 전체주의는 반성적 능력이 없는 관료적 지배의 산물이었고, 아렌트 입장에서는 이러한 경향에 대해 경종을 울릴 필요가 있었다. 아렌트에게 "익명의 지배"는 일종의 독재 정치, 즉 호모 폴리티쿠스homo politicus의 전제적 지배를 암

---

43. Hannah Arendt, *The Human Condition* (Chicago : University of Chicago Press, 1958), 33 n 24 [한나 아렌트, 『인간의 조건』, 이진우·태정호 옮김, 한길사, 1996].
44. [옮긴이] 여기서 익명의 지배(rule by nobody)는 주로 관료주의 지배에 관련된 용어이지만, 하찮고 평범한 사람들의 범속한 지배라는 광의의 의미를 지니고 있다.
45. 같은 책, 40.

시했다. 이번에는 독재자 대신에 사회적인 것이 전제적 지배를 실천했다. 사회적인 것은 자유와 행동이 유일하게 가능한 영역, 즉 정치적인 것을 잠식했다.

아렌트는 행동behavior과 행위action의 영역을 분리하면서 사회적인 것과 정치적인 것을 구별한다.[46] 행동은 규율

---

46. [옮긴이] 아렌트는 인간의 활동을 세 가지 층위로 나누는데, 생명(과정)은 노동(labor) 활동의 조건이고 세계성(비자연적인 것, 인공적인 것)은 작업(work)의 조건이며 복수성(다원성)은 행위(action)의 조건이다. 각각의 활동은 각자 독립적이고 나름의 원칙을 지니고 있다. 노동은 인간의 생존을 유지하는 활동으로서 생물학적 필요를 충족하고 재생산하는 것과 관련된다. 작업은 인간 실존의 비자연적인 것에 상응하는 활동으로, 인공적으로 만든 대상, 즉 인공물이나 자연적 환경을 인간의 필요에 따라 개조하고 유지하는 것이다. 행위는 복수의 인간들 사이의 동질성을 확인하고, 세계의 현실을 긍정하며, 자유의 능력을 실현하는 활동이다. 정치적인 측면에서 행위는 전부는 아니지만 고유한 정치적 활동을 뜻하며 노동과 작업과는 달리 타자와 관계 맺고 고립에서 벗어날 수 있는 공동 활동이고, 여기서 그리스적 의미의 시민이 활동한다. 엄밀한 의미에서, 자연이나 대지와 구별되는 세계성은 작업의 영역이지만, 인간의 복수성은 인공적인 세계성을 조건으로 드러난다. 그렇지만 아렌트에게 세계는 단순한 물질적인 인공물로 환원되지 않고, 비물질적인 인간 세계를 포함하며, 양자가 상호작용하여 "공적" 성격을 산출하고 "공동 세계"를 가져온다. 그런데 이러한 세계성은 근대 사회에서 소외 상태를 겪다가 극단적으로 무세계성으로 나타난다. 무세계성, 혹은 세계의 상실은 사적 영역으로 인간이 후퇴하고 경제적 이해관심을 앞세우면서 공적 영역에서의 행위와 소통이 제한되고 사라지는 현상을 말한다. 아렌트가 보기에 무세계성은 근대 사회의 규정적 특징이며 그것은 공적인 소통 공간의 상실과 세계성의 급격한 변화를 가리킨다. 달리 말해, 무세계성이란 세계가 더이상 지속적이지 않고 끊임없이 변한다는 것이다. 또한 아렌트에게 근대 사회는 공적이지도 않고 사적이지도 않은 영역이며, 시민으로서 공적 역량보다는 개인적, 집단적 이해를 추구하는 사리사욕으로 결합하는 사

과 "규준화"의 산물이며 자유와 대립하는 것이다. 반면에 자유는 오직 공적 영역에서만 가능한 것이다. "사회는 자신의 모든 층위에서 행위의 가능성을 제거하고⋯⋯ 구성원 각자에게 일종의 행동을 요구한다. 달리 말해, 사회가 부과하는 수많은 규칙은 구성원을 '규준화'하고, 그들의 품행을 단속하고, 자생적인 탁월한 업적을 억압하는 경향이 있다"[47] 공적인 것은 행위의 영역이자 개인의 복수성plurality을 위한 영역이며, 반대로 사회적인 것은 행동의 영역이자 개인의 순응을 위한 장소이다. 아렌트에 따르면, 두 영역의 배타적 성격은 모든 인간의 잠재력 속에 영원히 각인되었다. 그리고 정치적인 것에 대한 재구축, 심지어 재구상은 자유의 영역을 파괴하지 않고서는 가능하지 않았다.

나아가 아렌트는 모든 "영역"이 교전 중이라는 관점에서 갈등을 바라본다. "사회적 영역은 생명 과정life process 자

회이다. 근대 사회는 비록 공적인 것과 사적인 것의 구별에서 출현했지만 고전적 의미의 정치적 인간(zoon politikon)(자유, 복수성, 연대의 영역)이나 호모 파베르(homo faber)(안정성, 지속성, 영속성의 영역)가 아니라 노동하는 동물(animal laborans)(생존, 재생산, 부의 영역)이 우위에 서고, 단순한 생물학적 욕망과 생존이 우선시되는 사회이다. 근대성에서는 정치나 행위가 아니라 관료제적 관리와 익명의 노동이 강조되고 엘리트의 지배와 여론의 조작이 성행하는 특징을 보인다. 즉 극단적으로 말해 이러한 사회(적인 것)의 부상은 나치즘이나 스탈린주의 같은 전체주의로 이어지게 된다.

47. 같은 책.

체를 공적 영역으로 조직한다. 즉 사회적인 영역은 자연적인 것의 부자연스런 성장을 촉진했던 것이다. 그것도 단순한 사회가 아니라 끝없이 성장하는 사회적 영역을 맞아, 사적인 것과 친밀한 것은 물론이고 (좁은 의미의) 정치적인 것은 무력할 수밖에 없었다."[48]

이 구절을 읽다 보면, 사회적 영역은 "잡종"hybrid보다는 마치 해로운 잡초처럼 보인다.[49] 하지만 생물학적 메타포는 생산적인 토론을 배제할 뿐이다. 이에 따르면, 정치는 정치적인 것의 경계를 변경하고 확립할 수 없다. 이와 달리 사회적인 것과 정치적인 것은 주체성과 마찬가지로 자신의 구성 조건을 떠나서는 올바로 이해될 수 없다. 그러니까, 사회적인 것은 단순한 행동의 영역이 아니라 인간 행위의 산물이다. 아렌트는 이러한 사실을 제대로 인식하지 못하는데,

---

48. 같은 책, 47. [이 부분에서 '공적 영역'이란 아렌트에게 행위(praxis, action)가 펼쳐지는 진정한 정치적 영역이 아니라, 근대 공동체가 노동과 직업 중심의 사회로 전환된다는 뜻이다. 비슷한 구절에서 아렌트는 '사회가 생명과정 자체를 공적 조직으로 구성한다'고 언급하고 비슷한 의미로 '생명과정 자체는 이런저런 방식으로 공적 영역과 연결되었다'고 주장한다. 아렌트에게 생명과정과 가장 밀접한 인간 활동은 노동(labor)이기 때문에, 생명과정이 공적 지위를 점한다는 것은 달리 말해 근대 사회가 노동과 직업 중심으로 재편된다는 것이고, 일단 사회의 생명과정이 공적인 문제로 부상하면 급격하게 순환되기 때문에 아렌트는 그것을 자연적인 것(생명과정)의 부자연스런 성장이라고 표현했다. ― 옮긴이]

49. 같은 책, 28, 35.

그것은 행동과 행위를 분명히 대립시키기 때문이다. 그녀에게 정치적인 것은 행위 능력을 형성하고 사회적인 것은 행동을 낳을 뿐이다.

아렌트에게 정치는 시민이 관여하는 외면적external 영역이며 시민은 그녀가 "세계성"worldliness이라 부르는 [일종의 공유된] 현실을 창조한다. 그러나 사회적인 것과 사적인 것의 [잡종적] 피조물 입장에서, 세계성은 엄청난 중력을 자랑하는 바꿀 수 없는 것이다. 따라서 피조물, [혹은 비시민]은 "세계성이 없는 세상"worldlessness에 단지 거주할 뿐이지 정치에는 참여하지 않는다. 그곳에는 그들을 위한 자리가 존재하지 않는다. 결론적으로 정치적인 것은 수많은 삶의 양상을 배제하는 것이다. 예를 들어 사적이고, 자연적이고, 육체적이고, 습관적이고, 사회적이고, 경제적이고, 가족적인 것은 정치적이지 않다. 특히 아렌트의 입장에서 사회적인 것은 공적이지도 않고 사적이지도 않다. 사회적인 것의 출현은 "사적 영역과 함께 공적 영역의 동시적 쇠퇴를 가져왔다."[50] 아렌트는 이러한 경향을 경멸했으며, 자유와 행위가 뛰노는 참으로 정치적인 공적 영역의 소멸을 한탄했다. 이제 "인간"은 진정한 정치적 존재가 될 수 없다는 것이다.

---

50. 같은 책, 21.

그녀에 앞서 토크빌이 그랬듯이, 아렌트는 민주적인 평등, 즉 공사 ^{公私}의 구별을 모호하게 만드는 "익명의 지배" 속에서, 완벽히 새로운 폭정의 가능성을 발견한다. "사회는 모든 조건을 무시하고 평등을 추구한다. 사회는 공적 영역을 정복했으며 구별과 차이는 개인의 사적 문제로 전락했다. 근대 세계에서 평등의 승리는 위와 같은 사실을 정치적, 법적으로 승인한 것에 불과하다."[51] 평등은 진보의 척도가 아니라, 한 사회가 고대의 폴리스 이념에서 얼마나 퇴보했는지 보여준다. 그녀가 볼 때 행위를 위한 영역, 즉 정치적으로 참된 공적 공간이 사라지면, 인간의 복수성도 소멸하거나 단순한 차이(오늘날 우리가 부르는 "다양성")로 퇴보할 뿐이다.

아렌트에게 "정치적인 것"의 소멸은 근대성의 결정적인 지표로 기능했다. 그런데 오늘날 정치를 판단하면서, 그녀가 하듯이 고대의 기준으로 정치적인 것을 재단하면, 민주주의 이론은 대중 민주주의를 기각할 수밖에 없다. 그녀에게 사회적인 것의 부상은 정치적 현실의 쇠퇴와 같은 뜻이며, 사회적인 것의 지배는 정치적 현실의 새로운 구성 방식과 무관하다. 달리 말해, 그녀가 전제하고 있는 일종의 총

---

51. 같은 책, 41.

체적 단위는 제로섬의 영역들로 구성되어 있으며, 사회적-관료적인 것이 승리하면 정치적인 것은 반드시 패배할 뿐이다.

아렌트를 민주주의자로 분류한다면, 그것은 단순한 착각에 불과하다. 전적인 이유는 아니지만, 그녀에게 정치적인 것은 민주적 통치와 반드시 필연적이지 않다.[52] 오히려 정치적인 것은 특정한 통치 형태보다 앞서 존재한다. 정치적인 것 자체는 현재에 드러난appearance 공간의 제도화보다 우월하고 영원하다. 정치적인 것은 통치가 아니라 오직 행위를 위한 장소이다.[53]

정치적인 것과 사회적인 것을 날카롭게 구분하면, 우리는 정치적인 것을 재창안하고, 재배치하고, 재구성할 가능성을 방기할 수 있다. 아렌트의 시각에서 정치적인 것은 사실상 다시 발명될 수 없다. 왜냐하면 정치적인 것 자신만이

---

52. 다음 글은 민주주의 문제와 관련한 아렌트의 작업을 훌륭하게 다루고 있다. Hanna Fenichel Pitkin, "Justice : On Relating Public and Private," *Political Theory* 9 (1981) : 327-52. 또한 다음 책에 실린 피킨의 글을 참고하라. Honig, *Feminist Interpretations of Hannah Arendt*.

53. "현재에 드러난(appearance) 공간은 말하고 행동하는 방식에서 사람들이 [다른 누군가와] 함께할 때면 언제나 나타나는데, 따라서 공적 영역의 모든 공식적 구성과 다양한 통치 형태보다 먼저 일어나고 앞서 존재한다······ 이러한 공간은 자신을 출현시킨 운동의 현행성을 유지시키지 못하고 [순간적으로 사라진다]."(Arendt, *The Human Condition* [한나 아렌트, 『인간의 조건』])

스스로를 발명할 수 있기 때문이다. 달리 말해, 정치적인 것은 [현재에 드러난] 정치의 영역이 아니라, 진정한 정치의 근원을 가리킨다. 사회적, 정치적 영역을 본질적인 인간 활동의 결과로 간주할 때, 우리는 새로운 재구성의 가능성을 놓치게 된다.

정치적 활동은 정치적인 것과 사회적인 것, 정치적인 것과 사적인 것의 관계를 새롭게 정립할 수 있다. 아렌트는 그러한 가능성을 고민하지 않지만, 실제로 그녀가 주장하는 사회적인 것의 균일성은 통치 전략과 기술의 무수한 변화 때문에 발생한다. 그녀는 정치적인 것과 사회적인 것을 분명히 구분하지만, 그 때문에 수많은 오류가 발생한다. 민주주의의 잠재력을 이해하려면, 우리는 공公과 사私, 국가와 시민사회처럼 영역을 구분하는 사유를 문제시해야 한다.

민주주의적 반反자유주의는 자유주의 통치의 주체적 측면, 즉 시민성을 다른 식으로 비판할 수 있다. 시민의 주체적 역량에 영향을 미치기 위해, 자유주의 통치술은 어떤 불온한 책략이 아니라 사회적인 것에서 등장한 통치 테크닉을 활용한다. 개인이 발휘하는 의지와 자유는 부정되지 않고 오히려 촉진되고 최대로 활용된다. 그 결과 개인의 의지와 자유는 사회적 선善과 조응할 수 있다. 손쉽게 개조될 수 있는 사회적 테크닉은 "정치적인 것"에 의존하지 않아도 정치적 효과를 발휘한다. 게다가, 사회적인 것의 부상은 반드시 차이와 구별의 소멸이나 전제적 순응을 뜻하지 않는다. 오히려, 그러한 현상은 인간의 복수성을 구성하는 새로운 방식을 의미할 수 있다.[54] "사회적 관리"의 득세를 비난하면서 아렌트 역시 여성의 공적 참여를 증거로 들었다. (동등한 자격을 갖지 못했던) 여성들이 자유주의 통치술을 내세워 공적 삶에 참여했다는 것이다.

여성에 대한 통치와 지도

사회적인 것은 여성의 영역, 특히 여성주의 개혁가들의 아성이었고 지금도 마찬가지다. 베아트리스 웹[55]을 인용하

---

54. 다음 글을 참조하라. William Connolly, *The Ethos of Pluralization* (Minneapolis : University of Minnesota Press, 1995).

55. [옮긴이] 베아트리스 웹(Beatrice Webb, 1858~1943) : 영국의 사회주의자, 경제학자, 사회개혁가이다. 남편 시드니 웹과 더불어 1895년 런던정경 대학을 창립했으며, 〈페이비언 협회〉를 중심으로 노동운동과 노동조합운동에 헌신했다. 그녀는 1892년부터 1910년까지 런던의 시의원을 지냈으며 노동조합법과 새로운 구빈법을 위한 왕립위원회를 거쳤다. 이 당시 그녀를 중심으로 제출한 소수의견은 국가 중심의 사회복지를 강조했으며, 복지국가론의 선구적 업적으로 평가받는다. 1913년에는 정치주간지 『뉴 스테이츠맨』(*New Statesman*)을 창간하여, 조지 버나드 쇼와 존 메이너드 케인스 등 수많은 철학자, 경제학자, 정치인들이 여기에 참여했다. 이들은 노동당 내 좌파와 스탈린주의, 자본주의에 동시에 맞서는 사회주

면, "여성을 통치하고 지도하는 새로운 방법"은 자선활동에 있었다. 여성은 자선활동을 통해 사회생활을 조직하고 이에 참여했다.[56] 실제로, 위생 개혁은 "도시의 가정관리"라는 용어를 부분적으로 채택했다. 왜냐하면 수많은 여성 개혁가들이 도시의 오물 청소를 담당했기 때문이다. 1897년에 발간된 보고서는 여성들이 어째서 간접적인 통치방식을 스스로 수용했는지를 알려 준다. "여성의 입장에서 공중을 이롭게 하려는 모든 시도는 어느 정도 간접적일 수밖에 없다. 여성은 투표권도 없고 대표권도 없다……그 결과 공적 개혁에 대한 여성의 참여는 대체로 암묵적이고 대부분이 조합적인 활동이다."[57] 그렇지만, 여성의 정치적 배제

의 노선을 견지했는데, 웹은 집산주의에 대한 대안으로 협동조합주의를 내세웠고 그것은 대체로 생산자보다는 소비자 중 심외 조합을 지향했다. 이러한 관점은 『영국의 협동주의 운동』(1891), 『노동조합주의의 역사』(1892), 『산업민주주의』(1897), 『자본주의적 운명의 쇠락』(1923), 『소비에트 공산주의, 새로운 운명인가?』(1935), 『나의 견습기간』(1926), 『우리의 동료의식』, 『사회연구의 방법』(1932) 등에서 잘 나타나고 있다.

56. 베아트리스 웹의 말은 공적 영역에 대한 여성 참여의 역사를 탁월하게 정리한 다음 글에서 인용했다. Judith Walkowitz, *City of Dreadful Delight: Narratives of Sexual Danger in Late-Victorian London* (Chicago: University of Chicago Press, 1992), 57.

57. 앞서와 마찬가지로, 나는 쓰레기 개혁에 관한 훌륭한 역사를 다음 글에서 인용하고 있다. Martin V. Melosi, *Garbage in the Cities: Refuse, Reform, and the Environment, 1890~1980* (Chicago: Dorsey Press, 1981), 119. 퐁트도 사실상 유사한 발언을 했는데, 독자들은 다음 글을 참고하라. Denise Riley, "Am I That Name?" *Feminism and the Category*

는 그들의 사회적 행동주의를 전부 다 설명하지 못한다.

나는 사회적인 것에 대한 드니스 라일리의 설명에 크게 빚지고 있다. 라일리의 주장에 따르면, 사회적인 것은 빈민 여성의 삶에 대한 개입 영역으로 발명되었으며, 이를 통해 중간계급 여성은 집합적인 정치적 주체로 등장했다.[58] 그러나 단지 정치적인 것에서 밀려났기 때문에, 여성들이 사회적인 것을 무대로 활동하지는 않았다(그 당시 '여성'은 중간계급 여성을 뜻했다). 중간계급 여성을 비롯한 배제된 사람들은 "현상 유지에 반대하기" 때문에 사회로 뛰어들었다.[59] 그렇지만 중간계급 여성들은 유독 임파워 의지에 열정을 불살랐다.[60]

---

of "Women" in History (Minneapolis : University of Minnesota Press, 1988), 49.

58. 드니스 라일리(같은 책, 49)는 사회적인 것의 등장을 이렇게 요약한다. "19세기에 '사회적인' 것은 다음과 같은 내용을 모아서 장황하게 반복한 것이다. 진보적인 자선활동. 계급과 빈곤, 퇴보에 관한 학설. 노동자의 가정생활, 주거, 위생, 도덕, 사망률에 관한 조사. 노동자의 착취에 관한 연구. 또한 착취는 노동자 가족의 생활에도 관련되기 때문에, 노동자를 보호할 필요성에 관한 조사. 사회적인 것은 전통적인 공사(公私) 사이에 있는 모호한 영역이며, 이는 사회주의, 보수주의, 급진주의, 자유주의, 여성주의에 따라 각자 상이하지만 일관된 방식으로 사용된다. 어쨌든 사회적인 것은 개입이나 개혁, 사랑을 위한 영역으로 표현된다……외견상 중립적이고 텅 비어 있는 배경막으로 보여도, "사회적인 것" 자체를 조사하기 시작하면, 그것은 매우 기묘한 현상으로 나타난다."

59. 같은 책, 48.

60. 여성과 사회적인 것에 관한 라일리의 설명은 여성주의 개혁가들의 성취

여성주의자와 사회사학자^{social historian}들이 보고하듯이, 중간계급 여성들은 사회개혁가, 자선가, 자선단체 활동가로서 공적인 정치 영역에 진입했다.[61] 사실 노동계급과 성매매 여성은 참정권 여부와 상관없이 예전부터 공적으로 활동했지만, 라일리가 주장하듯이 여성의 행동주의는 사회적인 것을 통해 성장할 수 있었다. 그럼에도 불구하고

를 단순히 찬양하지 않고, 오히려 중간계급 여성이 노동계급과 마이너리티 여성을 배제하고 어떤 식으로 "여성" 범주의 전체를 점유했는가를 지적하고 있다. 여성주의 이론에 대한 그녀의 기여는, 사회적인 것이 여성의 행동주의를 가능하게 하는 동시에 제약했던 방식을 설명하는 데 있다. 이러한 주장은 테다 스카치폴의 논의와 비교된다. 그녀는 사회적인 것에 대한 중간계급 여성의 기여를 옹호하는 편이다. Theda Skocpol, *Protecting Soldiers and Mothers: The Poltical Origins of Social Policy in the United States* (Cambridge: Harvard University Press, 1992).
또 다른 중요한 논쟁이 자크 동즐로의 책에서 제기되고 있는데, 독자들은 다음 글을 참조하라. Jacque Donzelot, *The Policing of Families* (New York: Pantheon, 1990). 또한 다음 글도 유용하다. Michele Barrett and Mary McIntosh, *The Anti-Social Family*, 2d ed. (London: Verso, 1982), 특히 95-104쪽과 167-72쪽을 참조하라. Paul Hirst, "The Genesis of the Social," *Politics & Power Three*, 1981: 67-95. 최근의 논쟁으로, 조안 스콧과 린다 고든은 사회적인 것에 관련된 여성의 행위자성에서 그 역사적 조건이 무엇인지를 검토했다. 이에 대해서는 *Signs* 15, no.4 (Summer 1990): 848-60을 참조하라.

61. 이미 인용한 연구에 더하여, 예를 들어 다음을 참조하라. Lori D. Ginzberg, *Women and the Work of Benevolence: Morality, Politics, and Class in the 19th-Century United States* (New Haven: Yale University Press, 1990); Linda Gordon, *Heroes of Their Own Lives: The Politics and History of Family Violence* (New York: Penguin, 1988); Judith Walkowitz, *Prostitution and Victorian Society: Women, Class, and the State* (Cambridge: Cambridge University Press, 1980).

이러한 행동주의는 "여성"의 정치적 연대를 협소하게 만들었고, 남성에 비해 여성을 본질적으로 자애로운 원조자로 고취했다. 그러나 중요한 논점은 여성주의가 애초부터 자유주의 통치술의 발전과 밀접했다는 사실이다.

오늘날 여성주의는 복지국가의 대안적 비전을 구축하는 대신에, 사회적 통치와 관련된 자신의 유산과 먼저 대결해야 한다. 통치에 관한 여성주의의 문제설정은 아직도 자유주의 통치의 기초적인 딜레마에서 벗어나지 못했다. 이러한 딜레마는 자선활동에서 전형적으로 드러나는데, 예를 들어 권리를 박탈당한 빈곤 여성이 자신의 욕구를 정치적 요구로 표현할 능력이나 의사가 없다고 하자. 이러한 상황에서 여성주의자는 그녀를 어떤 식으로 도와야 하는가? 그녀를 돕는다 하더라도, 어떻게 하면 빈곤 여성을 도구화하지 않고 그녀의 욕구를 충족시킬 수 있는가? 빈곤 여성이 자신을 정치적으로 대표하려고 하지 않을 때, 우리는 무엇을 해야 하는가? 실제로 여성주의는 통치에 대한 문제틀을 전혀 다른 식으로 전개할 수 있다. 특히 웬디 브라운과 낸시 프레이저가 보여주듯이, "남성화된 국가"[62]나 공적

---

62. [옮긴이] 남성화된 국가(the man in the state)는 달에 사는 사람(토끼)이나 가공의 인물, 막후인물을 뜻하는 the man in the moon을 가지고 말장난을 한 것이다. 여기서는 국가(나 공적영역)을 점유한 남성이란 뜻과

영역은 그 자체로 문제시될 수 있다.[63] 마찬가지로, 원조의 실천적 과업에는 임파워 의지가 스며들어 있으며, 우리는 이러한 측면에서 여성주의와 통치의 관계를 문제시할 수 있다.

민주주의 이론과 여성주의 이론은 정치의 중심성을 강조한 나머지, 통치 실천의 문제를 너무나 과소평가한다. 낸시 프레이저의 주장은 전형적이라 할 수 있다. 그녀는 매 맞는 여성들에 대한 원조 운동이 직업화된다고 주장하지만, 그것을 가능하게 하는 테크닉을 무시한다. 그러나 피해 여성이 자신의 이해관심에 따라 행동하도록, 여성주의자도 테크닉을 개발하고 부과한다.[64] 또한 프레이저는 "욕구 해석의 정치가 욕구 충족의 행정으로 퇴보하는 경향"에 반대하지만, 이때도 여성주의가 실행한 통치를 문제 삼지 않는다.[65] 프레이저가 이해하듯이, 욕구는 다양하게 해석되고

국가 자체가 남성화되어 있다는 중의적인 표현이다.

63. Nancy Fraser, *Unruly Practices : Power, Discourse, and Gender in Contemporary Social Theory* (Minneapolis : University of Minnesota Press, 1989). 또한 Nancy Fraser, *Justic Interruptus : Critical Reflections on the "Postsocialist" Condition* (New York : Routledge, 1997). Wendy Brown, *States of Injury : Power and Freedom in Late Modernity* (Princeton : Princeton University Press, 1995), 3.

64. Fraser, *Unruly Practices*, 175-81.

65. 같은 책, 177.

그것들은 상충할 수 있다. 매 맞는 여성은 자신의 욕구와 정치적 요구를 표현할 때, 전문가의 해석과 충돌할 수 있다. 프레이저는 전자와 후자를 "정치"와 "행정"에 각각 배당하고 행정은 진정한 여성주의 정치를 배반한다고 주장한다. 그녀는 통치 실천의 문제를 대면하는 대신에, 거의 완벽에 가까운 미래의 비전을 요청한다. 그것은 (급진민주적이고, 사회주의적이고, 여성주의적인) 복지국가를 말한다. 결론적으로, 프레이저는 새로운 통치 테크닉이 아니라 새로운 통치 원칙을 요구할 뿐이다.

여성주의자가 신자유주의 개혁의 승리에 효과적으로 대항하려면, 그들은 복지국가에 대한 공격과 방어 사이에서 길을 잃지 말아야 한다. 우리의 선택지는 복지국가의 찬반 속에 있지 않다. 서론에서 언급한 활동가 판본의 복지 딜레마를 상기해 보라. 여성주의자는 웹의 표현대로 다른 여성을 "통치하고 인도하는" 우리 자신의 방법을 비판적으로 평가해야 한다. 달리 말해, 다른 여성을 임파워하려는 여성주의의 의지는 철저히 조사되어야 한다. 여성주의자에게 중요한 문제는 다른 여성을 돕느냐 마느냐 하는 **여부가** 아니다. 보다 중요한 질문은 그들을 **어떻게 돕느냐**, 어떤 방식으로 도와야 하는가 그것에 있다. 여성주의자에게 중요한 문제는 복지국가를 방어해야 하는가, 아니면 복지국가에 대한 대안적 비전을 제시해야 하는가 그것에 있지 않다. 오히려 여성주의자는 이렇게 질문을 던져야 한다. 우리가 "원조"와 "복지"라고 부르는 통치술을 어떻게 재발명할 수 있는가?[66]

웬디 브라운이 언급한 대로, 한때 여성주의 좌파는 국가에 대한 여성의 훈육적, 구성적 관계를 공격했다. 그런데 최근 들어 여성주의는 복지국가의 방어로 돌아서고 있다. 특히, 프랜시스 피번과 바바라 에런라이크가 노선 전환을 주도하고 있다. 브라운이 볼 때 이러한 변화는 "자본주의 내부에 존재하는 지배의 정치로부터 후퇴한" 것이다[67] 브라운은 피번에게 이렇게 반문하고 있다. "[여성에 대한 국가 – 저자]의 포괄적 관계는 능동적인 정치적 주체를 생산하는가? 오히려 그러한 관계는 규제되고, 종속되고, 훈육된 국가의 주체를 생산하지 않는가?"[68]

---

66. 그래험 버첼 역시 이와 관련된 주장을 펼치고 있다. Graham Burchell, "Liberal Government and Technique of the Self," in *Foucault and Political Reason : Liberalism, Neo-Liberalism, and Rationalities of Government*, ed. Andrew Barry, Thomas Osborne, and Nikolas Rose (London : University College London Press, 1996), 19-36.

67. Brown, *States of Injury*, 15.

68. 같은 책, 173. 브라운은 바라라 에런라이크와 프랜시스 폭스 피번을 다음 글에서 언급하고 있다. Wendy Brown, "Women of the Welfare State," in *Alternatives : Proposals for America from the Democratic Left*, ed. Irving Howe (New York : Pantheon, 1983).

피번은 브라운에게 간접적으로 답하고 있다. "내 생각에 무조건 국가를 혐오하는 것은 오류에 불과하다. 그것은 일련의 오해와 단순한 대안에 기대고 있을 뿐이다. 요컨대 한쪽에는 자율과 권력의 가능성이 존재하고 다른 쪽에는 의존과 국가의 통제가 존재한다고 말이다. 하지만 극단적인 이분법은 현실과 거리가 멀다. 모든 사회적 관계는 일정한 사회적 통제를 수반하며, 사회적 관계는 권력을 떠나서는 존재할 수 없다."[69] 아마도 이 답변만 놓고 본다면, 피번이 대단한 푸코주의자로 여겨질 것이다. 피번은 브라운의 주장을 받아들이면서 한 걸음 더 나아간다. 복지국가 안에서 생산되는 여성의 주체성은 그 조건에 따라 제약되지만, 국가의 구성적 권력이 여성의 주체성을 **결정하지는** 못한다. 나 역시 피번과 입장을 같이한다.

여성주의자들이 국가를 반대하다가 옹호 쪽으로 돌아선 경우는 예전에도 많이 있었다. 몇 가지 사례를 들어보자. 리차드 닉슨이 국민소득보장제도, 즉 가족부조계획[70]

---

69. Frances Fox Piven, "Ideology and the State : Women, Power, and the Welfare State," in *Women, the State, and Welfare*, ed. Linda Gordon (Madison : University of Wisconsin Press, 1990), 250-51.

70. [옮긴이] 가족부조계획(Family Assistance Plan, FAP)은 자녀가 있는 모든 가족에게 일정한 최소소득을 보장해주는 제도이다. 최초의 안에 따르면 4인 가족의 경우 1,600달러를 지급받았다. 이 제도에 따르면 일정한 금액까지는 노동소득이 발생해도 정해진 비율에 따라 소득분을 취득할

을 추진했을 때, 좌파들은 애초부터 반대하고 나섰다. 당시에 그들이 내세운 명분은 침묵으로 저항하는 대중이었다. 〈전국복지권기구〉는 FAP에 반대하는 로비를 추진하면서 노동조합과 연대 활동을 전개했다. 그것은 수급조건 때문이었는데, 정부는 수급자격으로 취직을 요구했고 최저임금을 비현실적으로 책정했으며 이의신청 제도를 사실상 무력화했다. 그 당시 〈전국복지권기구〉[71]는 이미 풀뿌리 기반

수 있다. 기존의 AFDC는 수급자들의 노동의욕을 저해한다고 비판받았지만, FAP는 노동의욕을 일정부분 고취하도록 설계되었다. 또한 이 제도는 가족 수가 늘어날수록 급여액이 증가했기 때문에 가족해체의 유인을 줄일 수 있었다. 최초 하원에서는 FAP를 찬성하는 분위기였지만, 각계에서 제기된 몇 가지 이유 때문에 최종적으로 추진되지 못했다. 예를 들어 보수 쪽에서는 근로 규정이 미약했기 때문에 실효적 효과를 의심했고, 진보 쪽에서는 아동복지 급여분이 너무 적다고 생각했으며 근로 규정을 강제노동이라고 비난했다. 또한 근로 소득을 높이는 것보다 자녀 수를 늘리는 것이 유리해지는 역선택 문제 등이 발생했고, 새로운 제도에 대한 재정적 부담도 상당했다. 마지막으로 미국 사회의 이데올로기, 즉 노동을 하지 않아도 주어지는 일정액의 급여에 대한 반발이 존재했다.

71. [옮긴이] 〈전국복지권기구〉(National Welfare Rights Organization, NWRO)는 특히 흑인, 여성, 아동의 복지 권리를 찾으려고 모인 활동가들의 연합단체이다. NWRO는 리처드 닉슨 정권이 가족부조계획(FAP)를 입안하자 그에 대한 투쟁을 전개했는데, 이것이 전국적인 관심을 이끈 계기였다. 이 단체는 1966년 민권 운동가 조지 와일리의 주도 아래 조직되었으며, 1966년에 형성되어 1975년까지 활동했다. 그 목적은 사회사업가들과 관료에게 의존하지 않고 복지에 관한 프로그램이나 입법을 향상시키는 것이었다. 조직의 주요 목표는 적절한 수입, 존엄성, 정의, 민주적인 참여에 있었다. 1969년에는 최고 2만 5천 명의 회원(주로 흑인계 미국인 여성)들로 구성되었으며, 〈전국복지권기구〉가 주도하는 시위에는 수천 명 이상이 꾸준히 참여했다. NWRO는 지부를 두었으며 회원의 참여

을 상실하고 있었지만, 조직을 이끌었던 조지 와일리[72]는 FAP 반대 투쟁을 적극적으로 추진했다. 그렇지만 대다수 복지활동가들은 머지않아 입장을 완전히 뒤집었는데, 오늘날 복지개혁에 대한 좌파의 입장은 소득보장에 대한 요구라고 해도 무방할 것이다.

또 다른 사례는 빅토리아 시대로 거슬러 올라간다. 그것은 〈전염병 법안〉Contagious Disease Act을 둘러싼 폐지 논

는 자율적이었고 회원의 10%는 저소득층으로 구성되었다. 기구의 지도자는 2년마다 열리는 이사회에서 선출되었고 〈전국복지권리단체조정위원회〉에서 4년마다 NWRO의 기본 정책을 결정했다. NWRO에 대한 설명은 아래 조지 와일리에 대한 각주를 참조하라.

72. [옮긴이] 조지 와일리(George Wiley, 1931~1973) : 미국의 흑인 화학자, 민권운동의 리더이다. 그는 1957년 코넬 대학에서 유기화학으로 박사를 마친 다음, 버클리 대학과 시라큐스에서 강의를 하면서 〈인종평등회의〉(Congress of Racial Equality, CORE)와 〈전국복지권기구〉를 조직했다. 1964년부터는 학계를 떠나 CORE에 전념했으며, 이후 조직을 떠나 워싱턴에서 〈빈곤/권리행동센터〉(Poverty/Rights Action Center, P/RAC)를 차렸다. 이 당시 콜롬비아 대학교에서 사회복지를 가르치던, 프랜시스 폭스 피번과 리차드 클로워드의 영향 아래, 와일리는 빈민의 경제적 기회 개선을 통한 인종적 평등을 추구했다. 1966년 몇몇 시위를 조직한 계기로, 그는 NWRO를 결성하기에 이르렀다. 와일리의 복지권운동은 빈민의 지역 투쟁을 통해서 전국 운동을 포괄하는 전략이었으며, 1969년 전성기에 NWRO는 2만 5천 명의 회원을 거느렸고 수많은 조직적 항의를 전개했다. 다만 주요 구성원이 중간 계층 남성이었기 때문에, 흑인 여성 복지권 운동가나 비수급자들에게 비판을 받았다. 그 결과 와일리는 1972년 〈경제정의운동〉(Movement for Economic Justice)을 결성하고, 복지권투쟁과 노동빈민, 시민운동 등과 연대활동을 전개했다. 그는 1973년 보트사고로 사망했지만 풀뿌리 운동에 미친 영향력은 이후까지 지속되었다.

쟁으로, 우리는 여기서도 여성운동의 입장 변화를 확인할 수 있다. 당시 영국 정부는 성매매 여성에 대해 "프랑스" 방식을 선호했는데, 그것은 의사와 경찰이 성매매 여성을 검진하고 기록할 권한을 갖는 형태였다. 이런 움직임에 대항하여 폐지운동 측은 성매매 여성의 정치적 자유를 옹호하고 나섰다. 폐지운동의 역사를 연구한 주디스 왈코비츠가 밝히고 있듯이, 새로운 법안은 성매매를 임시적, 계절적 노동에서 상용직으로 전환시켰고, 그렇게 되면서 관련 여성은 노동계급과 분리되고 다른 직업을 가질 수 없었다.[73] 결론적으로 여성주의자는 법안의 폐기에 성공했지만, 의미심장한 사건이 곧바로 일어났다. 폐지운동이 〈사회정화운동〉Social Purity Movement으로 변신한 것이다. 이 운동은 여성의 보호와 성매매 예방을 국가에 요구했다.

마지막으로, 여성주의의 성정치sexual politics에서 일어난 근래의 변화를 참고해 보자. 알다시피 여성주의의 두 번째 물결은 신체에 대한 여성의 자기 통제를 요구하고 여성의 성적 자율을 주장했다. 하지만 오늘날 여성주의는 종파주의 진영으로 쪼개지고 말았다. 한쪽은 "섹스를 옹호하고" 다른 쪽은 "포르노그라피에 반대하고" 있다. 후자는 국가

---

73. Walkowitz, *Prostitution and Victorian Society*.

의 검열을 요구하고 있으며, 섹슈얼리티에 대한 국가의 규제를 찬성하고 있다.[74]

위와 같은 사례에서 알 수 있듯이, 여성주의는 복지개혁의 정치에서 자유로울 수 없다. 물론 여성주의 좌파는 스스로를 배반했고 노동계급 여성을 배신했지만, 그 이상으로 우리는 복지개혁의 정치에 연루되어 있다. 무엇보다도, 여성주의가 안고 있는 난제는 국가 자체가 아니라, 그 안에서 실천되는 통치술에 존재한다. (이번 장의 머리말에서) 질 들뢰즈가 언급하듯이, 좌파의 반反국가주의는 자신이 변혁하려는 강력한 국가주의와 별개가 아니라 오히려 그것의 일부다. 자유민주주의 사회는 순전히 지배와 훈육의 공간이 아니며, "국가에 대항하는 시민사회"를 억압하는 대신에 포섭할 수 있다. 국가와 시민사회, 정치와 행정을 날카롭게 대립시키면, 우리는 심각한 오해로 빠져들게 된다. 요컨대 통치의 영역으로서, 사회적인 것은 결정된 결과가 아니라 가능한 행위의 장場으로서 존재한다.

---

74. 다음 글을 참조하라. Pat Califia, *Public Sex : The Culture of Radical Sex* (Pittsburgh : Cleis, 1994). Lisa Duggan and Nan Hunter, *Sex Wars: Sexual Dissent and Political Culture* (New York : Routledge, 1995).

통치력의 위기

사회적인 것의 비결정성은 그에 대한 다양한 해석에서 분명히 드러난다. 1960년대 "신사회운동"이 급등하자, "통치력의 위기" 담론이 등장했고 그 선봉에는 〈삼각위원회〉[75]가 존재했다. 1975년 그들이 "위기"를 공표하면서 "민주주의의 쇄도"는 "민주주의의 위기"로 전화되었다. 민주주의의 쇄도는 본래 사뮤엘 헌팅턴이 고안한 표현으로, 그것은 1960년대의 정치적 항의와 사회운동의 증가를 뜻했다. 그에 따르면, 미국의 민주주의는 주기적으로 쇄도하는 경향

---

75. [옮긴이] 〈삼각위원회〉(Trilateral Commission, TC)는 1973년 북미, 유럽, 일본의 정관재계, 학계 등의 지배 엘리트들이 데이비드 록펠러의 후원 아래 창설한 민간단체이고, 다국적 거대 기업들(과 그 임원)이 대부분 참여하고 있다. 그 기원은 사회주의 인터내셔널과 로마클럽의 활동에 대응하기 위한 관심에서 출발했으며, 국제 정치와 경제의 숨겨진 큰손으로 알려져 있다. 〈삼각위원회〉는 매년 봄에 특정한 장소에서 만나 세계의 현안을 논의하고 있으며, 표면적으로는 세 지역의 유대 강화와 세계적 관점에서 새로운 질서를 조정하고 모색한다고 주장하지만, 지배적인 자본과 권력 집단의 합의 단체로 끊임없는 의심을 사고 있다. 아무튼, 이 책에서 언급하는 〈삼각위원회〉의 보고서는 1960~70년대의 상황을 민주주의 과잉으로 규정하고, 이를 극복하려면 절제된 민주주의가 필요하다고 역설했다. 간단히 말하면, 대중은 사회적 영역에서 형성된 자생적인 권위에 따라 온순해질 필요가 있으며, 정치에 대한 지나친 관심과 참여는 오히려 민주주의를 훼손한다는 주장이다. 여기에 등장하는 브레진스키는 〈삼각위원회〉의 초대 북미지부장이었고, 사뮤엘 헌팅턴은 이념적으로 기여한 것으로 알려져 있다.

을 보이는데, 그것은 "미국의 기본적인 가치 체계에서 비롯하며, 또한 사회 집단들이 그 체계에 헌신하는 정도"에 달려 있다.[76] 실제로 민주주의가 쇄도할 때마다, 국가와 시민사회의 관계는 재편되었다. 앤드류 잭슨 시대[77]를 비롯한 진보적 시기를 언급하면서, 헌팅턴은 주기적 쇄도가 민주주의를 "심화시키고" 투표권을 확대했다고 주장한다.

하지만 1960년대의 쇄도는 무언가 달랐다. 그것은 가족, 교회, 대학, 심지어 군대까지 민주주의를 요구함으로써, 국가와 시민사회의 구별을 무너뜨릴 기세였다. 헌팅턴이 보기에, 국가장치civil institutions가 "민주화"되고 "정치화"되면 시민성의 토대가 무너질 수 있었다. 시민성의 형성은 안정적이고 논란이 없는 제도적 권위에서 출현했는데, 따라서

---

76. Samuel P. Huntington, "The United States," in *The Crisis of Democracy : Report on the Governability of Democracies to the Trilateral Commission*, ed. Michael Crozier, Samuel P. Huntington, and Joji Watanuki (New York : New York University Press, 1975), 112, 65; 같은 책, 6.

77. [옮긴이] 앤드류 잭슨(Andrew Jackson, 1767~1845) : 미국의 7대 대통령으로 1829년부터 1837년까지 재임했으며 민주당 소속이었다. 잭슨은 서부 출신으로는 최초의 대통령이며 서부의 농민, 동부와 북부의 노동자, 남부의 자영농 등 광범위한 지지를 확보했다. 특히, 그는 선거권의 확대, 대통령선거제도의 개선, 전국적인 전당대회의 채택, 교육의 보급 등을 추진해 대중의 정치참여 기회를 증대했다. 그가 확립한 새로운 민주주의의 개념은 잭슨민주주의(Jacksonian Democracy)라고 불리며, 그것은 미국의 지배적인 이데올로기로 주목받아 20세기 초반까지 영향력을 미쳤다.

국가장치가 정쟁에 휩싸이면, 그것은 믿고 예측할 수 있는 합리적인 시민들에게 민주적인 통치를 제공할 수 없었다.

헌팅턴은 민주주의가 국가기구로 과도하게 침입하면 역설적으로 민주주의는 위험해진다고 주장했다. "1960년 대 미국의 민주적인 활력은 정부의 활동을 극적으로 확대했지만, 이와 비례해서 정부의 권위는 급격하게 추락했다."[78] 이러한 주장은 민주주의가 강화될수록 민주주의 통치는 약화된다는 것이다. 바꿔 말해, 민주주의가 효과적으로 작동하려면, 그것은 잘 "돌아가지" 않아야 한다. 헌팅턴이 훈계조로 언급하듯이, "그렇기 때문에 정치적 민주주의는 그 무한한 확장을 어느 정도 삼가야 한다. 민주주의는 균형감을 견지할 때 장기적으로 생존할 수 있다."[79]

국가와 시민사회 사이에는 필수적인 균형이 요구되었다. 이를 위해, 헌팅턴은 두 가지 논거를 들이대면서 민주주의의 제한을 주장했다. 첫 번째 논거는 참여 주체와 관련된다. "민주주의 정치체가 효과적으로 작동하려면, 개인과 집단 가운데 일부는 체제에 무관심해야 하며 그것에 관여하지 않아야 한다."[80] 물론 "일부" 개인과 "일부" 집단은 추

---

78. 같은 책, 64.
79. 같은 책, 4.
80. 같은 책, 5.

상적인 아무개가 아니라, 현실에 존재하는 구체적인 개인과 집단을 가리켰다. 헌팅턴은 "과거에는" 정치적으로 활발한 사람들(백인 엘리트)이 정부의 권위를 존중하고, 정치에 무관심한 사람(학생, 흑인, 여성)이 대부분 정부를 "신뢰하지 않았다"고 주장한다. 비록 판세가 역전되지는 않았지만, 양쪽 진영은 점차 극단적인 정치적 대립으로 치달았고, 그 결과로 나타난 것이 "민주주의 열병"이었다.[81]

흑인들처럼, 최근 들어 주변적인 사회 집단이 정치 체계의 완전한 참여자로 등장하고 있다. 그러나 정치 체계가 기능을 확대하면서 권위를 상실하면, 체계 자체는 붕괴의 위험을 가중하게 될 것이다. 중요한 것은 일부 집단의 주변성 극복이 아니라, 모든 집단의 자제력 함양에 존재한다.[82]

결국에 민주주의의 안정성은 흑인들에게 주어진 특별한 임무에 달려 있었다. 그들은 스스로를 억제하고 자제할 필요가 있었다. 흑인들이 볼 때 정치체계는 전혀 민주적이지 않았지만, 헌팅턴은 그러한 사실을 완전히 무시했다. 그에게 중요한 것은 시민권운동이 전체 정치질서를 위협하는

81. 같은 책, 84.
82. 같은 책, 6.

사태였다.

이어지는 헌팅턴의 두 번째 논거는 이것과 무관하지 않다. 요컨대 학생, 여성, 흑인이 정치에 참여한다면, 모종의 위험이 발생한다는 것이다. 여기서 문제적 위험은 이들 집단이 정치적 영역에 난입한 사건이 아니었다. 정말로 위험한 사태는 정치를 공적 영역에서 분리하여 그것을 기존의 "비정치적" 제도로 옮기는 것이었다. 또한 중요한 쟁점은 민주적인 정치 참여의 지체가 아니라, 모든 사회 제도에서 점증하고 있는 민주화 요구였다. 특히 여성과 학생, 인종의 주변부 집단은 "가족, 대학, 기업, 행정, 군대, 공공기관, 민간단체, 정치계"[83] 등 전방위에 걸쳐 민주화를 요구했다. 결국에는 "민주주의 열병"이 사회 전체로 확산될 위험이 대두했고, 이에 대한 헌팅턴의 반응은 분명했다. "민주적인 절차가 적용되는 장소는 제한되어야 한다."[84]

헌팅턴이 보기에, 민주주의 아래 권위의 위기는 정치적 영역이 아니라 그 외부의 제도에서 출현했다. 예를 들어 가족과 대학 등은 비민주적으로 통치되었기 때문에 효과적으로 통치되었다(그는 아파르트헤이트나 흑인차별정책Jim Crow을 다루지 않았다). 오늘날에 와서 위협받고 있지만, 이

83. 같은 책, 75.
84. 같은 책, 7.

들 제도는 오랫동안 안정적인 전통적 권위를 제공했다. 백인 엘리트들이 민주주의 참여를 분출시켜도, 전통적 권위가 있었기 때문에 체제는 안정을 유지할 수 있었다. "보다 정확히 말해, 미국 사회에서 주된 권위는 직업적 신분, 경제적 부, 전문적 지식, 법률적 권한, 정치적 대표에서 비롯했다."[85] 전통적 권위의 사회적 원천은 심지어 "민주주의를 통한 권위의 획득 방식을 압도할" 정도였다.[86]

이것은 결국에 민주주의의 안정성이 비민주적인 제도에 달렸다는 말이다. 이들 제도는 통치 영역 밖에서 통치적 권위와 권력을 행사했던 것이다. 예전에 〈삼각위원회〉를 이끌었던, 즈비그뉴 브레진스키는 [민주주의의 과잉에 대하여] "정치 체제를 점차 사회에서 분리한 다음, 각각을 독립된 실체로 간주하자"고 제안했다.[87] 그렇게 할 때, 사회는 자생적인 권위의 영역으로 복귀할 수 있고, 국가 역시 제한된 공적 영역 안에서 권위를 회복할 수 있다는 것이다. 여기서 알 수 있듯이, "통치력의 위기"는 [정치의 공적 영역이 아니라] 정확히 사회적인 것 속에서 선언되었다.

위기의 징후를 해석하면서, 헌팅턴은 과도한 민주주

---

85. 같은 책, 75.
86. 같은 책, 9.
87. 브레진스키의 말은 앞의 글에서 인용되었다. 같은 책, 7.

와 참여 때문에 미국이 고통받는다고 주장했다. 그런데 셸든 월린은 동일한 현상을 다르게 읽고 있다. (1장에서 보았듯이) 오늘날의 질병은 민주주의와 참여가 과도하게 부족한 탓이다. 헌팅턴이 사회적 제도와 권위의 위험한 정치화를 고민했다면, 월린은 정치적-공적 생활의 "탈정치화"를 주장했다. 앞에서 살펴봤듯이 정치가 사회생활 곳곳으로 침투하면서, 국가는 권리 획득의 토대적 성격을 상실했다. 헌팅턴과 달리 월린에 따르면, 이러한 변화는 민주주의의 쇄도가 아니라 민주주의의 부족 때문에 생겼다.

헌팅턴은 사회 제도의 훈육적, 구성적 기능이 극심한 변동을 겪고 있다는 점에서 정치적 함의를 찾았다. 그러나 월린이 보기에는 [사회적 영역이 아니라] 정치적 영역이 심각한 탈정치화(혹은 사회화)를 겪고 있었다. 그 결과 민주적인 참여가 아니라, 훈육에 의한 통치가 강화되었다. 이처럼 두 사람은 동일한 위기를 놓고 내용에 대해서는 이견을 보였다. 그렇지만 두 사람 모두 위기의 원인을 같은 곳에서, 즉 사회적인 것에서 찾았다. 정치는 국가의 영역에서 떨어져 나와 사회적 영역으로 흘러갔다는 것이다.[88]

---

88. 마찬가지로, 위르겐 하버마스도 정치적 삶에서 나타나는 현상이 공론장의 "붕괴"를 가리킨다고 여긴다. "공론장의 붕괴는 서로 변증법적으로 연관된 두 가지 경향에서 나타났다. 한편으로 공론장은 점점 더 사회적

요컨대 민주주의와 관련된 위기 논쟁은 국가와 사회적인 것, 혹은 국가와 시민사회의 올바른 관계를 둘러싸고 전개되었다. 헌팅턴과 월린이 공통적으로 취했던 비판 방식은 정치적인 것과 사회적인 것의 종별성을 강조했다. 나는 이러한 관점에 반대하면서, 정치적인 것과 사회적인 것이 새롭게 배치될 가능성을 검토할 것이다. 민주주의의 "위기"는 좌파에게는 기회였지만, 그들은 "위기"의 역사적 순간을 잡아채지 못했다. 그들은 지식을 재배치함으로써, 자유주의 통치를 재발명하고 시민성을 재구성할 수 있었지만 그렇게 하지 못했다.[89]

아렌트는 생활표준이나 자조 같은 사회의 훈육적 메커니즘이 순응을 강제하는 수단이라고 생각했다. 그녀가 볼 때, 평등과 더불어 대중 민주주의의 부상은 "순응주의, 행태주의behaviorism, 자동주의automatism"를 가져오는 사회적 지배양식을 암시했다. 실제로, 사회적인 것의 상승은 행동

영역으로 침투했고, 다른 한편으로 공론장은 이른바 자신의 정치적 기능을 상실했다. 즉, 공론장은 자신이 공론화했던 사안을 비판적인 공중의 통제 아래 두는 기능을 잃어버렸다. [*The Structural Transformation of the Public Sphere*, trans. Thomas Burger with Frederic Lawrence (Boston: MIT Press, 1988), 140].

89. 다음 글을 참고하라. Ernesto Laclau and Chantal Mouffe, *Hegemony and Socialist Strategy: Towards a Radical Democratic Politics* (London: Verso, 1985).

behavior과학, 사회과학, 통계학을 낳았고, 아렌트는 이들 학문을 사회적인 것이 정치적인 것을 압도하는 증거로 들었다. "경제학은 [사회적인 것이 ─ 저자] 피어날 때 등장한 사회과학일 뿐이다······ 그리고 '행동과학'의 등장은 사회적인 것의 최종적인 발전 단계를 가리킨다. 드디어, 대중 사회는 국가nation의 모든 계층을 집어삼키고 '사회적 행동'은 삶의 모든 영역에서 그 기준이 되었다."[90] 특히 사회학과 통계학의 성공은 사회적인 것 속에 이미 존재하고 있던 획일성과 정합성 때문에 가능했다. 예를 들어, 행동의 범주는 그것을 산출하는 사회학자나 통계학자의 능력과는 상관없이, 마치 독립적인 [사회적] 사실처럼 취급되었다.

그러나 푸코에게 사사한 이언 해킹은 정치와 숫자의 관계, 즉 다름과 같음의 관계를 아렌트와 달리 본다. 해킹은 "인쇄된 숫자가 쇄도"한 시기를 1820년 전후로 추정하는데, 그가 보기에는 행동을 인식하려면 그보다 먼저 행동을 계산하는 방법이 등장해야 한다. 즉, 셈하는 방법이 먼저 나타나고 행동이 가공된다. "새로운 셈법이 출현하고 그것에 맞추어 사람들이 구분되었다. 전국과 지방의 센서스 자료를 검토하면, 사람들에 대한 분류는 놀랍게도 10년마다 변

---

90. Arendt, *The Human Condition*, 45 [한나 아렌트, 『인간의 조건』].

경된다. 물론 새로운 범주는 사회적 변화에서 생기지만, 계산 자체는 변화의 기록에 그치지 않는다. 자비롭게도, 계산은 인간의 새로운 존재방식을 정교하게 창조한다.[91]

해킹은 새로운 지식을 새로운 존재방식과 연결하는 창조적인 학문 가운데 특히 통계학을 꼽는다. 지식과 존재의 연결은 인간 활동의 소멸이 아니라 새로운 가능성을 열었다. 숫자가 창출한 사회생활의 새로운 장에서 새로운 활동이 구성되고 전개되었다. 행위와 숫자의 연결은 기존에 존재하던 시민의 활동 역량을 억제하지 않고 오히려 구성하는 것이다.

5장에서는 "숫자에 의한 통치"가 어떻게 성차별적이고 인종적인 형상, '흑인 복지의 여왕'을 창출했는지 검토할 예정이다. 다만 이곳에서는 사회과학이나 자조 같은 통치 실천이 민주적인 시민의 주체성을 조형한다는 사실만 염두에 두자. 계산과 범주는 권력을 대체하거나 "탈정치화"하는 대신에 오히려 권력을 활성화한다. 우리는 사회개혁의 역사와 "새로운 존재들"의 형성에서, 그들의 "탈정치화"가 아니라 정치적 구성을 발견한다. 권력의 사회적 구성은 억압

---

91. Ian Hacking, "Making Up People," in *Reconstructing Individualism: Autonomy, Individuality, and the Self in Western Thought,* ed. Thomas Heller (Palo Alto, Calif.: Stanford University Press, 1986), 223.

과 배제, 지배와 탈정치화를 낳지 않는다. 권력의 효과는 특정한 형태의 시민, 즉 인식과 행동의 특정한 방식으로 현상한다.

민주적인 시민성이 통치를 저지하는 시민적 능력에서 생긴다는 주장은 어불성설이다. 앞에서 봤듯이, 사회와 국가를 대립시키는 민주주의 이론가들은 역설적으로 시민성 규정에 대한 자발적 개입을 방해한다. 만일 새로운 종류의 민주적 시민을 원한다면, 우리는 시민을 인식하고 창출하는 수단을 갱신할 필요가 있다. 이것은 혁명이 몽상에 불과하다는 소리가 아니라, 민주적인 주체처럼 혁명적인 주체 역시 구성되어야 한다는 뜻이다. 옥타비아 힐의 〈자선 조직협회〉는 엄격한 [도덕적] 테크닉으로 명성을 떨쳤지만, 시민을 형성하는 모든 테크닉이 그럴 필요는 없을 것이다. 유능한 노동자만큼이나 섹스 급진주의자sex radicals를 형성하는 것도 얼마든지 가능하다. 마찬가지로, "유능한" 시민 대신에 사이보그를 구성하는 것도 가능하다. 사회적인 것의 부상은 권력의 새로운 지평만큼이나 자유의 새로운 기회를 함축한다. 시민사회가 아무리 "자유로운 공간"이라도, 이미 그곳에서 시민들은 언제나 권력에 종속된다.

3장
임파워 의지
시민성 테크놀로지와 빈곤과의 전쟁

"임파워먼트"는 1960년대부터 다양한 활동을 결합시키는 거의 보편적인 전략으로 등장했다. 이 개념 덕분에 이질적인 활동은 하나로 합칠 필요 없이 서로 연결된다. 도시 빈민은 여성주의자와 연대하고, [에이즈 관련 단체] 〈액트 업〉ACT UP은 시민권운동과 결합하고, 미등록 노동자는 갱단예방 활동가와 함께하고, 복지권 활동가는 환경주의자와 연합한다. 솔직히 말해, 다양한 사회운동과 활동가들은 인종, 계급, 젠더, 섹슈얼리티를 가로질러 연대할 만큼 그 달리 가깝지 않다. 그럼에도 이들은 한 가지 접근을 공유하고 있는데, 그것이 바로바로 "임파워먼트" 전략이다. 임파워먼트의 정치적 논리와 테크닉은 시민성 테크놀로지를 발명하는 사회 프로그램과 개혁운동 속에서 발전했다. 앞에서 말했지만, 시민성 테크놀로지는 주체로부터 시민을 구성하고 그들의 정치적 참여를 극대화하는 기술이다. "빈민"[1]을 임파워하는 기법에서 확인하겠지만, 시민성 테크놀로지는 시민의 주체성을 이들의 예속성과 연결하고 능동적 행동activism을 훈육과 결합한다.

여기서 나는 "임파워먼트"를 탁월한 급진적 정치 전략

---

1. 내가 "빈민"에 따옴표를 붙일 때는 이 범주가 반(反)빈곤 프로그램의 행정적 발명품이라는 사실을 강조하고 있다. 반대로 따옴표가 없을 때는 단순히 해당 집단을 가리킨다.

으로 무조건 환영하는 태도를 논박할 것이다. 예전부터 그 표현을 좋아하지 않았지만, 결정적인 의심이 깊어진 계기는 잭 캠프[2]와 빌 클린턴이 제공했다. 그들은 정치적으로 대립했지만 "임파워먼트"와 공공 서비스의 사유화를 똑같이 동일시했다. 또한 그들은 도시 빈곤과 인종주의 문제를 시장의 해법("임파워먼트 존"empowerment zone)으로 환원했다. 게다가, 1980년대 이후 임파워먼트 논리는 네오콘[3]을

2. [옮긴이] 잭 캠프(Jack French Kemp, 1935~2009) : 미국의 공화당 정치인이다. 그는 아버지 부시(George W. Bush) 시절 1989년부터 1993년까지 국토개발부 장관을 지냈으며, 1971년부터 1989년까지 서부 뉴욕에서 하원의원을 역임했고 1989년에는 당내 대선 후보 경선에 나왔다. 그는 1996년 공화당 대통령 후보 밥 돌(Bob Dole)과 함께 부통령 후보로 대선에 출마했다. 사실 캠프는 미식축구 선수 출신으로 13년 동안 미국풋볼리그(NFL)에서 쿼터백으로 뛰었고, 올스타 게임에 7번 출전하는 등 스포츠 스타였다. 캠프는 경제적 보수주의자로 세금 삭감과 민영화 등 시카고 학파의 공급주의 경제학을 신봉했으며, 낙태를 반대하고 이민법 개악을 지지했다. 그는 레이건 행정부의 정책에 커다란 입김을 발휘했고 1981년 세금감면 조치를 법안으로 추진하여 확정했다. 사망하기 직전까지 정력적인 보수 우파로 활약하면서, 캠프는 심지어 2008년 "민주주의의 방어"라는 명목으로 전자감시를 옹호하기도 했다. 참고로 한국과 관련해서는 1997년 IMF 환란 때 클린턴 행정부의 지원을 반대하기도 했다.

3. [옮긴이] 네오콘(neoconservative)은 미국 공화당의 신보수주의자를 비롯한 정관재계, 학계 등 보수 매파를 가리키는 용어이다. 이들은 공화당 매파를 상징하며 미국의 군사력과 패권을 바탕으로 야만인들로부터 민주주의를 지키는 권리와 의무를 주장한다. 미국의 전통적인 보수주의는 국내에서는 전통적 질서와 가치를 보전하고 대외적 개입에는 신중했지만, 네오콘은 이와 구분하기 위해 신(neo)라는 수식어를 붙였다. 네오콘의 이데올로그는 미국의 시카고 대학 정치철학자 레오 스트라우스(Leo Strauss)로 알려져 있는데, 스트라우스는 평등보다는 도덕적 가치와 선을

넘어 여성주의자와 좌파까지 휩쓸었다. 잭 캠프와 리차드 다만[4] 같은 노골적인 보수인사들은 "좌파의 어휘를 훔치면서" 즐거움을 만끽했다. 그들은 빈민을 "임파워"해서 주택을 스스로 관리하게 만들 참이었다. 다른 식으로 말해, 그들은 공공주택계획을 민영화하려고 했다. 캠프가 주장하듯이, 공공주택의 주민이 자치의 역량을 갖출 수 있다면 정부의 통치 활동, 즉 공적 개입은 필요 없을 것이다.

전통적으로 정당성을 문제 삼는 전략은 좌파 쪽의 상징이었지만, 네오콘의 임파워먼트 주장은 사실상 동일한 형

강조하고, 기독교 신앙과 종교의 역할을 주장했다. 같은 대학 출신의 앨런 불룸이나 니 중에 정계로 진출한 폴 울포위츠는 미국적 가치의 세계화를 주장하면서 도덕적, 문화적 우수성을 강조하고 국제사회에 대한 미국의 능동적 개입을 추구했다. 네오콘 가운데는 1960~70년대 민주당 좌파에서 활동한 인물들이 많으며, 이들은 베트남 전쟁 패배와 반전 평화주의의 부상을 계기로 공화당의 반공노선으로 돌아섰다. 네오콘은 1980년대 초 레이건 정권에서 세력을 얻기 시작해서, 조지 W. 부시 시절 절정을 이루었고 현재까지 공화당의 주요 파벌로 남아있다. 대표적인 인물로는 부시 정권의 핵심 인물인 딕 체니 전 부통령, 전 국방부 장관 로널드 럼스펠드와 폴 울포위츠 등이 있으며, 〈미국기업연구소〉 등 각종 싱크탱크와 미디어를 중심으로 넓은 세력을 지니고 있다.

4. [옮긴이] 리차드 다만(Richard Darman, 1943~2008) : 미국의 관료이자 기업가이다. 그는 레이건 행정부와 조지 W. 부시 정부에서 재부무와 통상부, 예산국 책임자로 일했으며, 특히 재정적자 문제를 강조하면서 공화당 정부의 정책을 뒷받침했다. 하지만 그는 클린턴 행정부가 들어선 이후 공직을 떠나, 2003년부터 전력회사 AES의 회장을 역임했고, 〈삼각위원회〉의 멤버이기도 했다.

태를 취하고 있다. 피터 버거[5]나 리차드 뉴하우스[6] 같은 네오콘이 대표적이다. 〈미국기업연구소〉[7]의 재정적 후견 아

5. [옮긴이] 피터 버거(Peter L. Berger, 1929~) : 오스트리아 태생으로 미국의 저명한 사회학자이다. 버거는 국내에는 토마스 루크만과 함께 지식사회학 분야에서 사회적 구성론을 제창하고, 막스 베버를 계승하는 이해사회학에 기여한 인물로 알려져 있지만, 네오콘과 결합하기도 했다. 사실 버거를 노골적인 네오콘으로 보기는 어렵지만 점잖게 보수우파의 논리를 합리화하는 데 기여했으며, 이 책에서 강조하듯이, 그는 네오콘의 싱크탱크 〈미국기업연구소〉에서 기금을 받아, 우파 신학자 리차드 존 뉴하우스와 함께 활동했다. 그들은 『인민의 임파워 : 국가로부터 시민사회로』(To Empower People : from State to Civil Society, 1996)에서 건강한 시민사회를 위해서는 가족, 교회, 공동체 등 매개적 구조가 중요하다고 시사하지만, 실제로는 현대 복지국가의 사회보장과 실업보험, 건강보험 등의 구조를 변경하여 종교 및 가족 공동체 중심으로 재편해야 한다고 주장한다. 두 저자는 극단적인 네오콘식 자유방임을 거부하긴 하지만, 사람들의 덕성과 전통적 가치를 강조하면서 결국 네오콘의 논리를 보조하는 셈이다.

6. [옮긴이] 리차드 뉴하우스(Richard John Neuhaus, 1936~2009) : 미국의 저명한 복음주의 계열의 기독교 사목이다. 처음에는 루터파 목사로 출발했다가, 그는 나중에 로마 카톨릭 신부가 되었으며, 복음적인 보수적 색채가 짙은 종교 잡지를 창간하고 여러 권의 저서를 남겼다. 그는 1981년 〈종교와 민주주의 연구소〉를 설립했고 보수주의 싱크탱크인 〈록포드연구소〉와 함께 일했다. 뉴하우스의 주된 논지는 사회의 질서를 위한, 종교적으로 고양된 공적 철학을 마련하는 데 있었다. 1960년대에는 시민권운동에 참여했지만, 말년에는 보수적 정치인들을 지지했고 네오콘과 긴밀히 작업했다. 특히, 뉴하우스는 조지 W. 부시의 조언자로서 윤리적, 종교적 문제에 대해 영향을 미쳤다. 예를 들어, 그는 낙태반대, 줄기세포연구, 동성결혼 등에서 사실상 네오콘의 입장을 정립했다는 평을 들었다.

7. [옮긴이] 〈미국기업연구소〉(American Enterprise Institute for Public Policy Research, AEI)는 네오콘을 대표하는 싱크탱크로서 신보수주의의 이론적 근거지, '네오콘의 요새'라고 할 수 있다. AEI는 부시 행정부에 진출한 AEI 인맥들과 밀접한 관련을 맺고 네오콘의 정책 결정과 담론 유포에 깊숙이 개입했다. 원래 AEI의 기원은 1938년 기업들의 이익을 대변하

래, 그들은 시민과 국가 사이를 매개하도록 이웃과 가족, 교회, 자발적 단체를 개조하자고 주장한다. 그렇게 할 때 위기에 빠진 정치질서는 정당성을 회복할 수 있다는 말이다. "매개적 제도들이 공공 정책 안에서 보다 창조적으로 수용될 때, 개인은 사회에서 보다 '편안함'을 느낄 것이고 정치질서는 '훌륭해'질 것이다."[8] 게다가, 두 사람은 소외에 관한 자신들의 견해가 맑스주의 전통에서 왔다고 공언하고 있다.

주지하듯이 1960년대 이후 지금까지, 신좌파와 반(反)빈곤운동은 빈민들의 조직과 동원을 시도하고 있다. 그런데 오늘날의 네오콘 역시 "빈민의 임파워"를 추진하고 있다. 양쪽의 시도 사이에는 어떤 관계가 존재하는 것일까?[9] 일

기 위해 출범한 〈미국기업협회〉이며, 1960년 현재의 명칭으로 개편하면서 싱크탱크로 변모했다. 주된 목적은 정부 역할의 축소와 자유시장 옹호, 사적 재산권의 보호, 개인의 자유와 책임의 증진이며, 경제정책을 비롯한 전방위적 영역에 개입하고 있지만 최근에는 국제정치와 외교 분야에서 미국의 패권주의를 대변하고 있으며 각종 국제기구의 의제를 움직이고 있다. 1980년대 이후 미국 공화당 정부의 요직에 올랐던 주요 정치인들이 직간접적으로 참여하고 있으며, 마이클 노박이나 찰스 머레이 등 보수주의 학자들이 활약하고 있다.

8. Peter L. Berger and Richard John Neuhaus, *To Empower People : The Role of Mediating Structures in Public Policy* (Washington, D.C.: American Enterprise Institute for Public Policy Research, 1997), 3. 캠프와 다만에 관해서는 다음을 참고하라. Daniel Wattenberg, "'Power to the People' Becomes a Young Republican War Cry," *Insight on the News*, vol.6, no.52 (Dec. 24, 1990), 18.

9. 예를 들어 다음 글과 비교해 보라. Lawrence Mead, *Beyond Entitle-*

단 표면적으로 좌파의 의도는 네오콘의 그것과 분명히 구별된다. 좌파는 임파워먼트를 발판으로 정치적 저항을 촉발하고자 하지만, 우파는 합리적인 경제적, 기업가적 행위자를 창출하려고 한다. 그렇지만 전략적 측면에서는 양쪽이 대동소이하다. 각종 프로그램이 동원하는 임파워먼트 전술은 동일한 정치적 전략을 지향하고 있다. 요컨대, 임파워 전술의 개입 전략은 타인이 자신의 이해관계에 따라 스스로 행동하도록 양성하는 것이다. 이것은 몇 가지 프로그램만 살펴봐도 손쉽게 알 수 있다. 예를 들어, 매 맞는 여성을 돕고, 지역차별redlining 10에 도전하고, 갱단을 퇴치하고, 성매매 여성을 교정하고, 공공주택과 교도소를 관리하고, 근로복지제도workfare를 운영하는 등의 활동을 고려해 보라. 여기서 좌우파의 입장 차이는 단지 힘없는 자들의 이해관심은 무엇인가, 그것에 대한 규정에 불과하다.

---

ment: The Social Obligations of Citizenship (New York : Free Press, 1986), and Theresa Funiciello, *The Tyranny of Kindness : Dismantling the Welfare System to End Poverty in America* (New York : Atlantic Monthly Press, 1993).

10. [옮긴이] 레드라이닝(redlining)은 지역에 따라 은행, 대출, 보험, 판매, 건강보험, 고용, 공적 서비스 등을 차별하는 관행을 말한다. 이 용어는 1960년대 사회학자이자 공동체 활동가인 존 맥나이트(John McKnight)가 고안한 것으로, 인종이나 성에 따른 특정한 인종집단을 지리적으로 차별하는 형태를 비판하기 위한 표현이다.

정치적 이데올로기에 관계없이, 개입을 위해서는 힘없는 자들의 이해관심이 구성되어야 한다. 임파워 의지는 본래 훌륭한 의도에서 비롯할 수 있지만, 어쨌든 그것은 "임파워된" 사람의 정치적 주체성을 구성하는 동시에 규제하는 전략이다. 시장이 임파워먼트를 주도할 수도 있고 자치와 자율이 그것을 동원할 수도 있다. 하지만 어느 쪽이든 임파워먼트의 목표는 다른 사람의 이해와 욕망에 개입하여 그들의 행동을 적절한 목표에 맞춰 통솔하는 것이다. 결과적으로 "임파워먼트"는 그 자체로 권력관계라 할 수 있고, 그러한 측면에서 그것은 진지하게 고려해볼 만한 가치가 충분하다.

이번 장에서 주목하는 정치권력과 빈민의 관계는 (가시적이든 비가시적이든) 가난한 사람들의 강제적 억압이나 정치적 배제를 증명하지 않는다. 그렇다고 해서 양자의 관계가 빈민의 암묵적 동의를 뜻하지도 않는다. 오히려 중요한 것은 권력의 생산적 효과에 있다. 생산적 권력은 빈민의 능력을 촉진하고 변형하며 그것에 영향을 미친다. 통치술로서 시민성 테크놀로지는 시민의 주체성과 대립하기보다는 주체성을 통해서 작동한다. 임파워먼트의 논리는 통칭 "무력한" 자들의 역량을 목표로 한다. 달리 말해, 임파워 논리는 무력한 자들의 행동, 동기, 이익은 물론이고 경제적,

정치적 참여를 평가하고 극대화한다. 여기서 권력의 작동은 국지적인 각종 기획에 빈민들이 얼마나 스스로 참여하는가, 그것에 달렸다. 프로그램의 목표는 빈민들을 변화시키는 것이고, 그들을 자립적이고, 능동적이고, 생산적이고, 참여적인 시민으로 만드는 것이다. 거듭해서 말하지만, 자유주의 통치술은 시민들이 통치 목표를 몸소 실천해야 비로소 작동할 수 있다. 여기서 국가의 의도는 그다지 중요하지 않다. "빈민"은 통치되고 있지만, 사실상 정부나 국가에 의해 통치되지 않는다.

오늘날의 임파워 의지는 멀게는 19세기 개혁 운동에서 그 자취를 찾을 수 있다. 근래에는 1960년대 빈곤과의 전쟁War on Poverty, 반反빈곤운동에서 임파워먼트의 합리성과 테크닉이 출현하고 있다. 임파워먼트는 '위대한 사회'를 내세운 개혁주의 혁신은 물론이고, 자치와 공동체 권력을 강조한 신좌파나 시민권운동과 밀접하다. 사실 빈곤과의 전쟁은 "빈민"을 지속적으로 임파워하거나 그들의 연대를 공고히 하는 데 실패했지만, 임파워 전략을 빈곤 문제의 해결책으로 확립하는 데 성공했다. 여기서 나의 관심은 정치적 무관심이나 무기력에 대한 새로운 해석에 있지 않다. 나의 목표는 급진주의자, 개혁주의자, 사회과학자들이 무기력이라는 개념을 어떻게 동원했는지, 그것을 이해하는 것이다. 나는 반^反빈곤운동이 어떻게 "빈민"을 "무기력"하게 규정하고 구성했는지 보여줄 것이다. 또한 나는 빈민에 관한 사회과학 지식이 어떻게 빈민의 "임파워먼트"와 결합하고, 결국에는 결국에는 자아와 지배와 결합되는지 검토할 것이다. 여기서 살펴볼 지역사회활동계획^{CAP}은 임파워 의지의 계보에서 구성한 하나의 계기에 불과하지만, CAP의 역사는 시민성 테크놀로지(특히 "빈민"을 임파워함으로써 빈곤과 무기력을 퇴치하려는 시도) 속에서 주체성과 예속성의 내밀한 관계가 어떻게 착근되어 있는지, 그것을 보여주고 있다.

임파워먼트의 정치적 논리

주체성은 잔인하게 억압될 수 있고 실제로 그런 일이 다반사로 일어난다. 또한 주체성을 **촉진**하는 권력도 인자하고 중립적으로 작동하지 않는다. 타인을 임파워하려고 애쓰는 사람은 선량하고 급진적인 의도를 지닐 수 있지만, 그것과는 별개로 임파워 관계는 그 자체로 권력관계이다. 임파워 의지를 비판적으로 검토하려면, 우리는 이러한 사실을 명심할 필요가 있다. 앤 북크맨과 산드라 모르겐은 『여성과 임파워먼트의 정치』에서, "임파워먼트"의 일상적 용법을 다음과 같이 제시하고 있다.

> 우리가 사용하는 용어, 임파워먼트는 넓은 범위의 정치활동을 가리킨다. 이 표현은 우리 사회의 기본적인 권력관계에 도전하는 대중적인 정치동원은 물론이고 개인적인 저항 행위까지 포괄한다······ 여성들이 자신의 무기력에 대한 원인을 자각하고, 자신을 억압하는 구조적 힘을 인식하고, 자신의 삶의 조건을 변혁하려고 행동할 때, 그들의 임파워먼트는 작동하기 시작한다.[11]

위에서 언급하듯이, 임파워먼트의 세 요소(자각, 인식, 행동)는 무기력 상태를 완전한 시민다움, 즉 예속성을 주체성으로 전환하고 있다. 일단 우리는 세 가지 요소를 차례대로 검토해 보자.

첫째, 임파워먼트의 논리는 전형적으로 권력과 무기력을 이분법적으로 구분한다. 재클린 포프의 주장이 대표적이다. 복지권 활동가이자 연구자로서, 포프가 보기에 아프리카계 미국인의 자치 역량은 국가의 침해 때문에 파괴된다. "관료 시스템의 임무는 흑인의 활동과 동요를 억제하고

---

11. Ann Bookman and Sandra Morgen, eds., *Women and the Politics of Empowerment* (Philadelphia : Temple University Press, 1988), 4.

완화함으로써 그들의 문화적 각성과 자조, 정치적 임파워를 배제하는 것이다."[12] 그녀에 따르면, 만일 국가가 공공행정을 통해 침입하지 않았다면, 그래서 흑인 공동체가 식민화되지 않았다면, 정치적 참여는 자발적으로 일어났을 것이다. 한편 포프는 시장을 중시하는 네오콘의 전략과 자신의 의도를 신중히 구별하면서, 민영화가 아니라 공공서비스에 대한 공적이고 민주적인 통제를 요구한다. 그렇지만 양쪽 모두 문제 설정과 전략적 측면에 있어서 대동소이하다. 양자 모두 자율적 통치를 통해 정부 개입을 억제하려고 한다.

포프에 따르면 흑인 공동체는 일단 식민화되면 무조건 "탈정치화"된다. 그렇기 때문에 조직가와 활동가, 공적 계획은 빈민을 능동적 시민으로 개조할 필요가 있는 것이다. 능동적 시민이란 공공서비스 제공자에게 자발적으로 책임을 묻고 또한 그렇게 할 수 있는 사람을 말한다. "공적 부조는 수급자들의 존엄과 자존을 모조리 짓밟고, 그들이 자기 자신을 비하하게 만든다. 또한 공적 부조는 수급권자와 그 자녀들에게 다른 대안은 없다고 단정 짓게 만든다. 그러나

---

12. Jacqueline Pope, "The Colonizing Impact of Public Service Bu-reaucracies in Black Communities," in *Race, Politics, and Economic Development : Community Perspectives*, ed. James Jennings (New York : Verso, 1992), 142.

이것은 거짓에 불과하다."[13] 중요한 것은 **주체의 각성**, 즉 시민의식을 어떻게 임파워하는가, 그것에 어떻게 개입하는가 하는 것이다.

둘째, 임파워먼트 정치에서 좌우파의 대상과 전술이 다르지 않듯이, 우리는 양자의 목표 역시 사실상 구분할 수 없다. 좌파는 진보적인 정치적 변화를 추구하고, 우파는 자본의 경제적 합리성을 위해 정치적 순응을 조장하는가? 사실은 전혀 그렇지 않다. 얼핏 보면, 앞선 인용문에서 좌파의 임파워먼트는 마치 **정치적**으로 보인다. 그리고 정치적 임파워먼트는 정치적 참여와 저항에 따라 평가되는 것 같다. 그러나 이어지는 글에서, 임파워먼트 자체는 권력관계가 아니라 "**도구**"process에 불과하며, 임파워먼트는 정치-권력적 관계가 아니라 "**사회적 관계**"로 등장한다.[14] 이런 식의 규정에서 알 수 있듯이 그들이 보기에 임파워먼트 관계는 권력관계도 아니고 저항과 참여의 터전도 아니다. 그런데 만일 그렇다면 "임파워된" 여성의 주체성은 어떻게 변하는 것일까? 어째서 저자들은 "그런 여성"과 자신을 그토록 분명히 구분하는가? 누가 무기력한 자들에게 힘을 북돋는가? 그것은 권력행사가 아니란 말인가? "무기력한" 여성은

---

13. 같은 책, 143.
14. 강조는 저자.

"임파워된" 여성으로 어떻게 변신하는 것인가?

셋째, 일반적으로 임파워먼트는 개인이 소유한 권력의 양적 증가로 간주된다. 시민성 테크놀로지, 예를 들어 조직 활동가의 "이슈 캠페인", 급진주의자의 "혁명 의식", 사회복지사의 "자립계획", 사회과학자의 "권력이론", 네오콘의 "임파워먼트 존", 여성주의자의 "자부심" 등에서 그 목표는 사람들의 주체성을 동원하고 극대화하는 것이다. 여기에 깔려 있는 전제는 사람들이 자신의 이익에 따라 행동하기에는 신념과 권력, 의식, 활력initiative 등이 부족하다는 것이다. 임파워먼트는 배제와 무기력에 맞서는 수단으로 간주되며, 따라서 그것은 주체의 행위 능력을 구성하는 동시에 변혁하는 통치 방식과 별반 다르지 않다. 여기서 임파워먼트는 주체의 행위 능력을 단순히 증가시키지 않고, 능력 자체를 변경하고 창출한다. 빈곤과의 전쟁을 수행하면서 권력은 "빈민"을 배제하지 않았다. 오히려 "빈민"은 자신의 욕구에 대한 규정과 산출에 참여했다. 그러한 규정 조건을 바탕으로 "빈민"은 자신을 변형했던 것이다. 그래서 나는 다음과 같은 전제에서 출발하고 있다. 즉 "무기력한" 자들은 시민성 테크놀로지가 적용되기 전에는 존재하지 않는다. "무기력한" 사람은 임파워 의지의 목표이면서 동시에 결과인 것이다.

이번 장에서 나는 임파워먼트 자체를 연구 대상으로

삼지 않는다. 또한 이번 장은 임파워 의지가 필연적으로 타락한다고 주장하지 않는다. 임파워 의지는 무조건 해방적인 것도 아니고, 무조건 억압적인 것도 아니다. 임파워 의지는 자유주의 통치술과 복지국가에서 등장하는 전형적인 정치적 합리성이다. 이러한 관점에서 이번 장은 임파워먼트의 관계, 혹은 과업에 초점을 맞출 것이다. 아무튼 임파워먼트 관계는 다음과 같은 네 가지 특징을 지니고 있다.

첫째, 전문지식expertise은 끊임없이 도전받지만, 어쨌든 임파워먼트는 전문지식이 구축하는 관계이다. 여기서 "전문가"는 물론이고 빈민의 지식도 매우 중요하다. 빈민들은 종속된 집단을 대표하는 권위자로 현상하고, 빈곤에 대한 "진정한" 전문가로 기능한다. 그리고 모든 전문지식은 경합적이고, 일상적으로 참조되고, 기록된다. 둘째, 임파워먼트 관계는 일반적으로 한쪽이 다른 쪽을 임파워할 때 촉발된다. 따라서 임파워먼트는 민주주의적으로 해명할 수 없는 권력행사이다. 셋째, 임파워먼트는 임파워되는 쪽의 지식에 달려 있다. 이러한 지식은 권력과 무기력을 다루는 사회과학 모델에서 흔하게 발견되는데, 보통 그것은 임파워된 주체의 자기 고백과 설명을 통해 수집된다. 어쨌든 자기와 타자를 임파워하려는 의지는 일련의 학문분야, 사회서비스, 지역조직, 사회운동, 정치집단으로 침투했고, 그곳에서 새로운 권력관계와 권력개념을 창출했다. 넷째, 임파워먼트 관계는 자발적인 동시에 강제적이다. 이것이 아래에서 자세히 살펴볼 핵심적인 논점이다.

임파워먼트의 정치경제학

가난한 사람의 "무기력"은 무엇을 뜻하는가? 정확히 어떤 종류의 권력이 "임파워먼트"와 관련되는가? 빈곤과의 전쟁은 어떤 종류의 권력을 확산했던 것인가?

비록 단명했지만 지역사회활동계획CAP의 역사는 민주주의 사회에서 권력(과 임파워먼트)이 작동하는 방식을 알려준다. 민주주의 체계가 안고 있는 빈곤과 불평등 문제를 척결할 목적으로, 미국의 존슨 행정부는 빈곤과의 전쟁을 야심 차게 선언했다. 1964년 제정된 〈경제기회법〉15에 의하면, "또 다른 미국"에는 항구적인 불평등이 존재한다고 공표되었고 빈곤 퇴치와 기회 부여를 위한 새로운 프로그램

---

15. [옮긴이] 〈경제기회법〉(Economic Opportunity Act)은 미국의 존슨 행정부(1963~1969)가 사회통합, 특히 빈곤을 추방하기 위한 '위대한 사회' 건설 계획의 일환으로 제정했다. 이 법령에 따라, 아래에서 제시되는 〈빈곤추방법〉(War on Poverty Act), 〈청소년사업법〉(Youth Programs Act), 〈지역사회활동법〉(Community Action Act) 등이 추진되었다.

이 도입되었다. 예를 들어, 직업부대[16], 헤드스타트[17], 노동학업연계 프로그램work-study, 지역사회센터, 빈민지역봉사단[18] 등이 설립되었다. 여기서 도입된 원칙이 "최대한의 참여를 촉진"한다는 정책이며, 그것은 기존에 존재했거나 새로이 창출된 서비스를 조정하고 통제했다. 여러 프로그램

---

16. [옮긴이] 직업부대(Job Corps) 혹은 청소년직업단은 학교 탈락자에게 고용과 직업기술을 제공하기 위한 〈경제기회법〉의 한 부분으로서 1964년에 수립된 연방프로그램을 말한다. 여기서 16~21세의 실업청소년들은 훈련원이나 보호수용소에서 학업과 노동을 병행한다. 직업단은 노동성의 관할 아래, 실제로는 노동성이 지역당국과 사설 기구와 계약하는 형태로 실시되었다. 이 프로그램은 부분적으로 〈시민보호청년단〉(civilian conservation corps, CCC)을 모방했고, 또한 뉴딜 계획에서 영감을 얻었다. CCC는 1930년대 대공황 시절 미 전역의 국립공원 등에서 산림산업을 펼친 청소년 단체이다. 경제위기와 청년실업 해소를 위해, 9년 동안 3백만명 이상이 동원되었다.

17. [옮긴이] 헤드스타트(Head Start)는 1965년 미국 연방정부에서 경제적·문화적으로 불우한 아동들을 위하여 국가적으로 개입하여 만든 유아의 보육 및 교육 프로그램을 말한다. 주목적은 저소득층의 자녀가 초등학교에 입학하기 이전에 그의 가정환경과 발달에 있어서의 결손된 점을 보상하여 중·상류계급의 아동들과 동등하게 학교생활을 시작할 수 있도록 하는 것이다. 이 프로그램은 지역사회와 부모의 참여를 중심으로 진행되며, 의료혜택·사회복지·영양적 혜택 등을 제공하는 저소득층을 위한 포괄적 기획이다.

18. [옮긴이] 빈민지역봉사단(Volunteers in Service to America, VISTA)은 빈민의 자발적 동원을 위한 자원봉사 계획이다. 이것은 린든 존슨 행정부의 반빈곤 정책의 일환으로 경제기회국이 주도했는데, 간단히 말해 해외 자원봉사 프로그램 미국평화봉사단을 모방한 국내용 계획이다. 미국 전역에서 참여한 자원봉사자는 빈민 지역과 취약계층을 대상으로 교육과 직업훈련을 전개했으며, 빈민을 위해 지역의 자원봉사를 촉진하고 민간영역의 헌신을 창출하며 지역의 기관과 단체를 조직하는 임무를 맡았다.

가운데 특히 CAP는 빈곤과의 전쟁에서 뜨거운 감자로 부상했다.[19]

정부가 채택한 전략은 단순히 돈과 직업, 아동 양육을 제공하는 수준을 넘어섰다. 새로운 전략은 재화와 서비스뿐 아니라 권력을 재분배했다. 뒤집어 말해, 빈곤과의 전쟁 배후에는 빈민의 무력감에 대한 나름의 논리가 존재했다. 빈민의 무력감은 자신의 가난이 아니라 권력자의 행동이 만든다는 것이다. 이러한 측면에서는 골수까지 급진적인 사상가조차 별반 다르지 않았다. 그들은 불평등의 원인을 자본가 계급의 착취와 인종주의에서 찾았지만, (재클린 포프가 그랬듯이) 결국에는 빈곤의 원인을 빈민의 (무)행동,

---

19. 지역사회활동계획의 역사에 관한 훌륭한 정리는 다음을 참조하라. Peter Marris and Martin Rein, *Dilemmas of Social Reform : Poverty and Community Action in the United State*s, 2nd ed. (Chicago : Aldine, 1967). 나는 이들의 책에서 많은 역사적 자료와 통찰력을 얻었다. 또한 다음 글을 참조하라. Alan Altshuler, *Community Control : The Black Demand for Participation in Large American Cities* (New York : Pegasus, 1970), *Campaign for Human Development, Poverty In America : A Study of Social Power* (Washington, D.C. : United States Catholic Conference, 1974); John C. Donovan, *The Politics of Poverty* (New York : Pegasus, 1967); Ralph Kramer, *Participation of the Poor : Comparative Studies in the War on Poverty* (Englewood Cliffs, N.J. : Prentice-Hill, 1969); Stephen M. Rose, *The Betrayal of the Poor : The Transformation of Community Action* (Cambridge, Mass.: Schenkman, 1972).

(무)능력, 무기력에서 발견했다.

경제기회국이 발행한 가이드라인에 따르면, "모든 CAP 의 장기 목표는 빈곤으로 고통받는 개인, 집단, 공동체가 자신의 능력을 지속적으로 끌어올려 자신의 문제를 효과적으로 처리하는 것이다. 그렇게 된다면, 외부의 지원은 더 이상 필요하지 않을 것이다. 빈곤은 의존need과 절망, 무력감을 낳고 [이것을 해결해야 빈곤이 해결되기 때문이다]."[20] 빈민은 많은 것을 결핍하고 있기 때문에 도움을 받아야 하지만, 그러한 도움은 자발적 행동을 촉진하는 식으로 제공되었다. 여기서 반反빈곤 프로그램은 무기력의 [이론적] 모델을 현실에 구현했으며, 이 과정에서 권력은 빈민의 주체성을 억압하는 대신에 수단으로 삼고자 했다.

빈곤과의 전쟁을 치루면서, 빈민의 무기력은 객관적 사실이 아니라 주관적 "무력감"으로 상정되었다. 물론 CAP법안은 빈곤의 객관적 원인 — 저임금, 인종차별, 실업, 열악한 보육 등 — 을 인정했으며, 빈곤과의 전쟁은 빈민의 객관적 환경을 개선하는 각종 프로그램을 추진했다. 그렇지만 프로그램의 집중적인 통치 대상은 무기력의 주관적 원인이 되었다. 왜냐하면, 대다수 빈민들이 반反빈곤 정책을 거부하

20. *Office of Economic Opportunity, Community Action Program Guide, vol*, 1 (Washington, D.C. : Office of Economic Opportunity, 1965), 7.

거나 자발적으로 참여하지 않았기 때문이다. 빈민의 "무관심"과 정치적 나태함은 프로그램의 주요 목표로 대두되었고, 심지어는 빈곤의 가장 중요한 원인으로 지목되었다. 그것에 그치지 않고, 무관심과 나태함은 프로그램이 실패한 원인으로 간주되었다.

CAP는 청년동원프로그램Mobilization for Youth을 모델로 삼았는데, 그것은 청소년의 비행을 예방하는 프로그램이었다. 청년동원프로그램의 전투적 책임자, 조지 브래거[21]는 빈민의 주체성을 개혁의 목표로 강조했다. "우리가 보기에, 저소득층의 고립과 무관심은 주로 그들이 느끼는 개인적 무력감 때문에 생긴다 …… 교육과 사회적 학습을 촉진하기 위해서 무력감은 반드시 극복되어야 한다."[22] 가난과 인

---

21. [옮긴이] 조지 브래거(George Brager, 1923~2003) : 콜롬비아 대학의 사회복지학과 교수였고 1981년부터 1986년까지 학장을 역임했다. 브래거는 뉴욕시립 대학에서 사회복지를 전공하고 뉴욕 대학의 인간관계 및 공동체 연구소에서 일하면서 박사학위를 받았다. 브래거는 주로 비행예방과 반빈곤 프로그램의 설계자로 명성을 떨쳤는데, 30년 이상 각종 공공정책 프로젝트를 수행했다. 특히 1960년부터 1965년까지 그는 뉴욕시의 청소년동원계획을 설계하고 운영했다. 이 프로그램은 청소년 비행의 예방과 통제를 목적으로 했으며, 이후 연방정부의 반빈곤 프로그램의 모델이 되었다. 브래거는 조직변화, 개발과 행정, 공동체 조직 분야에서 활동하면서, 약물 방지 프로그램, 정신건강 문제를 다루었고, 교육부와 복지부, 주택부, 경제기회국 등과 협력했다.
22. 조지 브래거의 말은 다음 글에서 인용했다. Marris and Rein, *Dilemmas of Social Reform*, 49.

종차별, 불평등이 청년들을 절망으로 인도했지만, 오히려 절망이 가난의 실질적 원인으로 추정되었다. 포드재단이 전개한 반反비행 캠페인은 확실한 증거를 제공해주었다. 그것의 목표는 청년들 스스로 자신의 이익에 따라 행동하고 스스로를 돕는 데 있었다. 그러나 청년들의 저조한 참여는 이른바 그들의 "무관심"을 입증해주었다.

수많은 조사와 프로그램이 청년들의 주체성을 목표로 삼았고, 여기서 채택된 전략은 향후 빈곤과의 전쟁에서 계승되었다.[23] 요컨대 대다수 비행 청소년과 빈민들이 자발적 프로그램을 거부한다면, 그런 만큼 특단의 조치를 도입해 그들의 임파워를 유도할 필요가 있었다. 개혁주의자들이 직면했던 문제는 "사람들이 자신의 행복을 알아서 계획하도록 유인하는 문제이다."[24] 1962년 CAP의 기금 신청서, 특히 뉴헤이븐 지역은 다음과 같이 안내하고 있다.

도시가 곧 주민이다. 그러나 새로운 직업을 제공해도, 일부 주민은 그것을 무시하거나 오히려 반대하고 있다. 새로

---

23. "비행"의 발명에 관한 초기의 연구는 다음을 참고하라. Anthony Platt, *The Child Savers: The Invention of Delinquency* (Chicago: University of Chicago Press, 1969).

24. Marris and Rein, *Dilemmas of Social Reform*, 24.

운 공공주택을 입안해도, 일부 세입자는 동네를 슬럼으로 만들려고 한다. 새로운 지역 센터를 개소해도, 극히 일부만 센터를 이용하려고 한다. 흥미진진한 교육프로그램을 제공해도, 주민의 참여 부족으로 프로그램은 사라질 지경이다. 결국에 중요한 것은 도시 주민의 심층적인 동기, 태도, 가치에 놓여 있다.[25]

가난한 주민은 개혁 활동에 소극적이었고, 심지어는 자신의 생활개선 사업에도 적극적으로 참여하지 않았다. 이 지점에서 개혁가들이 직면한 문제는 사실상 민주주의 통치의 한계였다. 달리 말해, 주민의 자발적 참여가 없다면 정부는 범죄와의 전쟁을 치를 수도 없고 승리할 수도 없었다.

민주주의 통치의 범위를 확대하려면, 통치화와 개입은 빈민의 참여와 임파워를 겨냥할 수밖에 없었다. 달리 말해, 주체성은 빈민 쪽에서 촉진되고 발휘될 필요가 있었다. 빈민에 대한 임파워 의지, 빈민을 향한 원조 욕망은 빈민의 자조라는 원칙으로 중화되어야 했다. 빈민의 주체성은 자신의 예속성과 균형을 맞출 필요가 있었다. 이제 목표는 임파워 의지를 빈민의 이익과 결합하는 것으로 변했다.

---

25. 인용은 같은 책, 36-37.

피터 바흐래쉬와 동료들이 요약했듯이, "협조적 참여"는 "어떤 집단이 스스로를 도울 생각도 없고 내재적 욕구도 없을 때, 이들을 갱생시키는 효과적인 수단"이다. 빈민을 반빈곤 프로그램의 당사자로 만듦으로써, 민주주의 통치는 그 범위를 확장했다. "여기서 관건은······ 빈민들이 그러한 프로그램을 통해 기득권 감각을 느낄 수 있는가, 그리고 자발적으로 반빈곤 계획을 도입, 개선, 확장하려고 하는지에 달려 있다."[26] 이러한 주장은 어떠한 주체성도 통치보다 앞서 존재할 수 없다는 뜻이 아니다. 그것은 실업자, 청소년, 싱글맘의 역량을 육성함으로써 그들을 마치 정치적 주체, 즉 이해당사자constituency로 변형해야 한다는 뜻이다.

CAP 법안은 빈민의 저조한 참여를 인정하면서, "최대한의 참여"를 목표로 확정했다.

모든 계획과 프로그램의 개발, 실행은 해당 주민이나 집단이 가능하면 최대한 참여함으로써 빈민, 저소득 지역에 기여하도록 설계되었다. 그 목표는 자아의 증진 역량

---

26. Peter Bachrach, Morton S. Baratz, and Margaret Levi, "The Political Significance of Citizen Participation," in *Power and Poverty : Theory and Practice*, ed. Bachrach and Baratz (New York : Oxford University Press, 1970), 206-7.

을 최대한 자극하고 충분히 활용하는 데 있다. 그렇게 한다면, 수급자로 직행할지도 모르는 사람들이 프로그램과 계획을 중요시 여기고 적극적으로 활용하게 될 것이다.[27]

지역사회활동계획에서, 빈민의 "원조"와 빈민의 "자조"는 균형을 추구했지만, 실제로 균형의 달성은 요원한 문제였고 비판과 논쟁의 대상이 되었다.[28] 빈민의 참여 정도가 프로그램의 성공을 갈랐기 때문에, "호객행위"가 유행하고 "인센티브"가 도입되었다. 특별위원회가 시인하듯이, "결정적인 문제는 접근하기 어려운 빈민을 유치하는 데 있다. 마찬가지로 중요한 문제는 유인에 사용된 방법, 그리고 채택된 방법의 효과를 평가하는 일이다."[29]

　피터 마리스와 마틴 라인이 저술한 『사회개혁의 딜레마』는 빈곤과의 전쟁에 관한 설명으로 정평이 나 있다. 그

---

27. Senate Committee on Labor and Public Welfare, Subcommittee on Employment, Manpower, and Poverty, *Economic Opportunity Amendments of 1967*, 90th Cong., 1st sess., 1967, Report 563, 20.

28. 예를 들어, 지역사회활동계획에 관한 다음 글의 설명을 살펴보라. Daniel Patrick Moynihan, *Maximum Feasible Misunderstanding : Community Action in the War on Poverty* (New York : Free Press, 1970). 여기서 모니한은 CAP 조직가의 급진적 아젠다에 알맞도록 빈민들이 조작된다고 주장한다.

29. Office of Economic Opportunity, *Community Action Program Guide*, 1:16.

들은 청소년 비행 프로그램의 가이드라인을 다음과 같이 인용하고 있다. "구체적인 목표를 사전에 설정할 경우, 프로그램은 사람들을 조작한다는 혐의를 받을 수 있고 또한 그렇게 될 실질적 위험을 경계해야 한다. 반대로 특정한 목표를 미리 결정하지 않으면, 부족한 통제력과 무질서한 지휘에서 문제가 생길 수 있고 실제로 프로그램이 좌초할 수 있다."[30] 여기서 추구된 전략은 시민의 주체성과 예속성을 균형 있게 조절하는 것이었고, 그것은 사실상 정치적 합리성을 혁신하는 문제였다. 즉 민주적인 형태의 혁신만이 비참여로 인한 통치화의 위기를 극복할 수 있었다.

빈곤과의 전쟁 기간에, 적어도 세 가지 혁신이 등장했다. 첫째, "빈민"은 통치개입의 표적으로 적출되었고, 빈민의 역량이 계산되어 그들의 "임파워" 정책에 반영되었다. 둘째, CAP는 개입에 적합한 "공동체"의 창출을 도모했다. CAP를 도입한 법률은 공동체의 이해당사자, 예를 들어 빈민, 비행청소년, 사회과학자, 복지대행사, 정부출장소 사이에 권력관계를 분산하고 증식시켰다. 그와 같은 당사자가 없었다면, CAP는 타인에게 권력을 행사할 수 없었을 것이다. (동일한 시도가 경찰 업무를 "협력치안"[31]으로 전환하

---

30. Marris and Rein, *Dilemmas of Social Reform*, 216.

31. [옮긴이] 협력치안(community policing) 혹은 지역사회경찰활동은 경찰

려는 최근의 정책에서 나타난다.) 셋째, 직업적 개혁가들의 역할이 중요해졌다. 이들은 일종의 매개자로서, 시민성 테크놀로지를 적용하고 권력과 무기력에 관한 새로운 이론을 응용했다.

간략히 정리하면, 정부의 개입은 빈민의 무기력과 무관심을 가정함으로써 정당화될 수 있었다. 하지만 그러한 전제는 정부 개입의 정당화 문제를 넘어선다. 심지어는 정부의 빈민 개입을 극도로 경계하던 사람들도 빈민의 주체성을 문제시했다. 그들이 생각할 때, 빈민의 주체성은 급진적인 정치운동을 지체시키는 요인이었다.[32] 톰 헤이든[33]

과 시민의 접촉을 통해 지역사회의 무질서, 범죄, 지역문제 등을 발견하고 해결하는 것을 말한다. 미국의 경우 1994년 〈강력범죄통제에 관한 법률〉(Violent Crime Control and Law Enforcement Act)이 법무부 아래에 지역사회친화치안위원회를 구성하고 협력치안을 강화했다. 협력치안의 핵심은 시민과의 관계에 있다. 그것은 시민과의 상호협력을 통해 치안문제를 공동화하고 나아가 주민 스스로가 경찰활동을 하는 것이며, 이때 지역사회에 대한 정보를 자세히 알고 있는 지역민을 활용한다. 여기서 시민은 지역 주민을 포함한 모든 지역사회 구성원을 말한다. 협력치안은 신좌파의 시민주의와 신보수의 작은정부를 결합한 기획으로, 민주시민의 의무를 협력치안에서 구하는 대신에 그것은 자발성에 기초한다.

32. Tom Hayden, "Welfare Liberalism and Social Chage," rpt. from *Dissent*, in *The Great Society Reader : The Failure of American Liberalism*, ed. Marvin E. Gettleman and David Mermelstein (New York : Vintage, 1987), 487.

33. [옮긴이] 톰 헤이든(Tom Hayden, 1939~) : 68세대를 대표하는 미국의 활동가, 작가, 정치인이다. 그는 반전운동, 시민권운동, 대항문화(counterculture) 운동에 참여했으며, 영화배우 제인 폰다의 전 남편으

을 위시한 급진파들은 민주적인 개혁보다는 혁명적 활동을 중시했다. 헤이든의 관점에서 CAP는 "체제가 지닌 조작과 억압의 힘을 강화시킬 뿐이다."[34] 헤이든이 『항의』*Dissent*에서 주장하듯이, "가난한 사람들이 자신의 공포와 궁지를 극복할 수 없다면, 모든 종류의 빈민 운동은 사라져야 마땅하다······ 오늘날 미국 사회는 의사 결정력에 관한 감각을 파괴하고 있으며, 빈민운동은 모든 사람들에게 동일한 감각을 각성시키고 촉진해야 한다. 운동이 오직 이렇게 조직될 때, 그것은 기득권층의 매수와 통제를 감당할 수 있다. 또한 오직 그렇게 할 때 운동은 활력을 얻게 되고 대

로도 알려져 있다. 그는 1950년대 말부터 〈전미학생위원회〉에 참여하여 인종차별에 반대했으며 1960년대 좌파 학생조직, 〈민주사회를 위한 학생연합〉(Students for a Democratic Society, SDS)에 깊게 관여했고 1962~63년 SDS의 회장을 맡았다. SDS는 참여 민주주의를 옹호했으며, 1960년대 신좌파 운동에 영향을 미쳤다. 헤이든은 1964~68년 뉴저지 뉴어크에서 지역사회 활동을 하면서 1967년 도시폭동을 경험했으며, 1965년 북베트남을 방문하기도 했다. 1968년 민주당이 시카고에서 개최한 국제회의에서, 헤이든은 에비 호프만, 제리 루빈 등과 함께 회의장 밖에서 항의를 주도했으며 선동혐의로 기소되기도 했다. 1970년대 헤이든은 본격적으로 반전 및 평화운동을 전개했으며, 1976년 이후 정계로 진출해서 1988년부터 1992년까지 캘리포니아주 의원을 역임하고 2000년까지 상원직을 유지했다. 무엇보다, 헤이든은 저술활동과 언론활동을 통해 진보적 의제를 공론화하는 데 탁월했으며 대중운동의 대변자 역할을 수행했다. 또한 그는 각종 학교에서 사회운동론을 꾸준히 가르치고 있다.
34. 같은 책, 478.

표자의 분파로 변질되지 않는다."[35] 그러나 급진적인 주장 속에도, 빈민들은 자신의 이익에 따라 스스로를 정치적으로 대변하지 못한다. 왜냐하면 그들은 의사 결정력의 감각이 부족하기 때문이다. 요컨대 자유주의 개혁 진영과 마찬가지로, 신좌파 역시 빈민의 "무관심"을 지속적인 불평등과 가난의 원인으로 인식했다. 반대로 말해, 혁명이든 개혁이든 그 핵심에는 자신의 해방을 추구하는 빈민의 독립적, 자발적 참여가 놓여 있었다.

빈민 범주의 구성

"빈민"은 어떻게 일련의 공유된 문제와 관심을 지닌 집단이 되었는가? "빈민"은 어떻게 통치의 정책적 대상이 되었는가? 무엇 때문에 그들은 인종과 계급 대신에, 혹은 그것에 더하여 스스로를 "가난"하다고 규정했는가? 그리고 어째서 그러한 규정에 따라 스스로를 조직했는가?[36] 앞에서

---

35. 같은 책, 496.

36. 맨해튼 근린지역에 관한 훌륭한 사례는 다음을 참조하라. Ira Katznelson, *City Trenches: Urban Politics and the Patterning of Class in the United States* (Chicago: University of Chicago Press, 1981). 카츠넬슨의 주장에 따르면, 지역사회활동계획 및 그와 유사한 프로그램은 도시의

살펴봤듯이 "빈민"의 자조를 촉진하려면, 먼저 그들에 대한 지식이 필요했다. 그렇지만, 빈민에 대한 진리는 먼저 그들이 하나의 집단으로 구분된 다음에 모습을 드러낼 수 있었다.[37] 빈민에 대한 진리를 말하는 것(특히 빈민 자신이 진실을 고백하는 것)은 정확히는 빈민의 특징, 능력, 욕망을 규정함으로써 그들을 하나의 집단으로 구성하는 활동이었다. 빈곤과의 전쟁이 진행되면서, "빈민"이라는 범주에 포함된 이질적이고 다양한 사람들은 계산 가능하고 인지 가능한 집단으로 변형되었다. 니콜라스 로즈가 언급한 대로, 이들

봉기와 반란에 대응하기 위해 창안되었으며, 실제로 "반란자의 에너지를 흡수했고······ 이들의 저항을 변형시켰으며 이들을 유순하게 만들었다. 위와 같은 제도들이 활용한 방식은 불만에 찬 사람들을 정치적 삶과 [분리하지 않고 오히려] 재접합하여, 이들을 정상적이고, 합법적이며, 예측가능한 정치적 과정의 일부로 편입시키는 것이었다."(179-80). 다만 그가 볼 때 반란을 일으킨 시민을 [체제 내부로] 호선(互選)하는 전략은 계급 정치를 무시할 뿐만 아니라, 시민권[운동]과 블랙파워 봉기자들을 무력화하도록 고안되었다. 이러한 점에서 그와 나는 의견을 달리한다. 카츠넬슨에 따르면, 프로그램의 효과는 정치적 안정성과 봉기자들의 무력화를 가져오는 것이지만, 반대로 "빈민"의 동원은 내가 볼 때 [그러한 규정에 따라] 정치적 갈등을 유발했다. 물론 두 가지 주장은 서로 무관한 것이 아니다.

37. 니콜라스 로즈는 통치가 지식에 의존한다는 사실을 보여주었다. "인구 [혹은 주민]을 통치하려면, 사람들은 그러한 인구를 현실의 일부로 분리하고, 그것에 고유한 특성과 과정을 식별하고, 그것의 특성을 표기, 진술, 기록할 수 있게 만들고, 특정한 설명 방식에 따라 그것을 해명해야 한다. 따라서 통치는 통치 대상을 구체화하는 진리의 생산, 유통, 조직에 의존한다. 그리고 이러한 진리는 통치 대상을 사유하고 계산하고 개입할 수 있게 만든다"[*Governing the Soul : The Shaping of the Private Self* (London : Routledge, 1990), 6].

은 "정치적 주장과 행정적 결정에서 활용될 수 있는"[38] 범주로 가공되었으며, 그 결과 통치 가능한 대상으로 변모했다.

"빈민" 범주가 재도입되었을 때, 그것은 지역, 인종, 종교, 계급으로 찢겨진 정치적 상황 아래, 마치 새롭고도 놀라운 발견처럼 취급되었다. "빈민"은 도시와 촌락을 비롯한 사회적, 지리적 경계를 뛰어넘어 (재)발명된 범주로서, 애팔래치아 지역의 광부, 도시에 사는 한 부모 흑인 가족, 근로빈곤층, 비행청소년, 알코올 중독자, 노년층을 포괄했다. 이러한 정치적 맥락에는 시민권운동, 자유발언free speech, 반전시위 등이 상당한 영향을 미쳤다. 특히 빈민 문제에 관해서는 마이클 해링턴[39]이 중요한 역할을 맡았다. 그는 빈민

---

38. 같은 책.

39. [옮긴이] 마이클 해링턴(Michael Harrington, 1928~1989) : 미국의 대표적인 사회민주주의자, 정치활동가, 정치이론가, 작가였다. 그는 정치학과 교수를 역임했고 라디오 방송의 논평자로 활약했으며, 1970년대 신보수주의(네오콘)라는 표현을 만들어내기도 했다. 해링턴은 아일랜드 이민 가정에서 태어난 독실한 기독교인으로, 〈가톨릭 노동운동〉(The Catholic Worker)에서 일하면서 종교에 대한 환상을 버리고 맑스주의와 사회주의로 전향했다. 그는 전직 트로츠키주의 활동가 막스 샤흐트만(Max Shachtman)이 관여한 〈독립사회주의연맹〉(Independent Socialist League)에 참여했다. 두 사람은 사회주의를 공정하고 완전한 민주주의 사회로 이해했고, 그것은 권위적인 공산주의나 관료적 집산주의로 실현될 수 없다고 주장했다. 간단히 말해, 해링턴의 기본 노선은 반공산당 계열의 급진주의였다. 이후 연맹이 〈사회당〉에 흡수되면서, 해링턴은 당내 지배적 분파로서 1970년대 이후 사민주의로 노선변화를 시도했다. 이후 〈사회당〉은 〈사회민주당〉으로 개명했고, 소수 분파는 미국 〈사회당〉으

을 하나의 집단으로 규명하고 이들의 주체성을 밝히는 데 있어서, 그 누구보다도 뛰어났다. 해링턴은 〈가톨릭 노동운동〉에서 출발한 사회주의자로서, 사실 빈곤과의 전쟁은 그의 베스트셀러 『또 다른 미국』 때문에 박차를 가할 수 있었다. 해링턴이 보기에 모든 빈민은 독특한 문화, 이른바 빈곤의 문화를 공유하고 있었다. "또 다른 미국에 대한 설명에서, 아마도 가장 중요한 분석적 교훈은 가난이 문화를 만들어낸다는 것이다. 가난은 살아가고 느끼는 방식, 곧 문화를 만들어내고, 그러한 문화가 가난을 완성한다."[40] 그러니까, "빈곤의 문화"는 "또 다른 미국"에 적합한 고유한 주체성을 낳았다.[41]

로 남았다.

40. Michael Harrington, *The Other America : Poverty in the United States* (New York : Penguin, 1963), 156.

41. 오스카 루이스의 『산체의 아이들』은 이 당시 '빈곤의 문화'라는 테제를 만들어낸 또 다른 베스트셀러였다[Oscar Lewis, *The Children of Sanchez*, (New York : Random House), 1961]. 이러한 테제에 관한 비판적 설명으로는 다음 글을 참고하라. Carol B. Stack, *All Our Kin : Strategies for Survival in a Black Community* (New York : Harper & Row, 1974). 스택은 가난한 흑인 공동체에서 교환과 도움의 공동체 네트워크를 묘사하고 있으며, 이를 통해 빈민이 무기력하다는 관념의 모순을 드러내고 있다. 그럼에도 불구하고, 그녀는 복지가 의존을 창출하고 유지하도록 작동하며 계급의 이동성을 저해한다고 주장한다. 그것은 복지가 수급자의 묵종을 매수하기 때문이다. "복지 프로그램은 유연한 메커니즘으로서, 이 메커니즘의 작동은 보다 명시적인 가난의 징후를 완화하는 동시에, 이러한 계급의 구성원과 이들의 자유주의적 후견인을 순전히 매수하는 것이

빈민에게 공통 문화가 있다는 관념은 정책 분석을 위한 행정적 범주를 창출했으며, 이 과정에서 주관적 무력감은 매우 이질적인 사람들의 공통된 특징으로 부각되었다. 해링턴이 신중하게 언급했듯이, "어떤 면에서 오늘날 미국의 빈민은 자기 통제력이 없기 때문에 스스로를 도울 수 없는 사람이다."[42] 돌려 말해, 빈민은 자신의 이해관심에 따라 정치적으로 행동할 수 없다는 것이다. 빈곤과의 전쟁은 이러한 논리를 바탕으로 입안되고 실천되었다. 요컨대 빈민의 인구학적 모델에 내포된 전제는 이렇게 정리할 수 있다. 빈민들은 정치적 참여가 부족하고, 공유된 관심도 없으며, 본인의 문제인 빈곤을 해결할 동기도 비어 있다.

빈민에 대한 지식에서 그 핵심은 '빈민들이 무엇을 원하는가', 또는 '가난의 본질과 상태를 그들이 어떻게 규정하는가' 등에 대한 파악이었다. 경제기회국의 책임자 서전트 슈라이버가 주장하듯이, 빈민들은 "교육과 훈련, 체험

다. 그 결과 순응과 침묵이 서서히 나타나는 경향이 존재한다 …… 실제로 [이들 프로그램 – 저자]은 현 상태를 유지하는 기구에 불과했다. 달리 말해 해당 프로그램은 경제적 원칙, 즉 상당한 규모의 유순하고 가난한 계급을 보유할 필요가 있다는 논리를 견고하게 방어하는 장치였다"(128). 여기서 스택은 복지 프로그램이 수급자의 진정한 참여를 배제한다는 의견을 표하고 있다. 하지만 반대로 나는 복지가 작동하려면 특정한 형태의 참여와 행동을 동원해야 한다고 주장한다.

42. Harrington, *The Other America*, 21-22.

과 동기, 확신과 활력, 희망과 자립" 같은 CAP의 요소를 전혀 수용하지 않았다. 그것은 프로그램 설계자들이 뭔가를 놓쳤기 때문이다. 즉, 빈민들은 자신의 욕구를 스스로 규정하지 못했다. "프로그램은 소비자, 또는 빈민까지 도달하지 못하고 실패하고 있다. 따라서 우리는 새로운 시장조사를 도입해야 한다. 시장의 20%에 해당하는 소비자들이 어째서 기존 상품을 멀리하는가, 그것이 밝혀져야 한다. 그렇지만 오직 빈민, 소비자만이 그 이유를 알려줄 수 있다"[43] 시장조사와 소비자의 비유는 얼마간 오해를 불러올 수 있다. 왜냐하면 슈라이버가 반복해서 언급하듯이, 빈민은 국가의 프로그램을 [수동적으로] 소비할 뿐만 아니라, 반反빈곤 활동에 능동적으로 참여하는 개인이자 공동체로서, 자신의 관심과 욕구를 스스로 표현하기 때문이다. 특히 빈민에 대한 전문기술을 설계할 때, 그들의 프로그램 참여는 필수적이었다. "빈민을 위해서가 아니라 빈민과 더불어 계획을 마련하라." 이것은 반反빈곤 시기를 상징하는 표현 가운데 하나였다.

지역사회활동계획은 빈민의 활력을 "극대화하는" 정치적 합리성에 따라 운영되었다. 당연히 이런 식의 극대화는

---

43. Sargent Shriver, "The War on Poverty Is a Movement of Conscience," in Gettleman and Mermelstein, *The Great Society Reader*, 207.

계산되고 평가되고 감독되었다. 자신의 관심에 따라 행동하려는 "빈민"의 의지와 역량은 집중적인 조사와 개입의 대상이 되었고 통치화의 대상이 되었다. 예를 들어, 실제로 빈민은 인종에 따라 분열되어 있었지만, 이 같은 분열은 "또 다른 미국", 즉 행정적, 정책적 논쟁의 통일적 단위로 뭉개졌다. 심지어 해링턴은 빈곤의 문화에 대한 전면전을 옹호하고 나섰다. 반(反)빈곤 캠페인은 "빈곤의 이런저런 특징이 아니라, 새로운 공동체의 건설에서 사고되어야 한다. 새로운 공동체는 현존하는 비인간적 환경을 인간적 조건으로 대체할 것이다."[44] 여기서 해링턴은 개입 가능한 일군의 집단으로 "빈민"을 재창출했으며, 오직 "공동체" 형성을 목표로 단결할 때 "빈민" 스스로 "인간"이 될 수 있었다.

해링턴은 빈민의 이익을 명분으로 이들을 동원하고자 했으며, 복지국가에 대한 빈민의 참여를 극대화하려고 했다. 그렇지만 CAP의 실질적 목표는 빈민 스스로 반(反)빈곤 프로그램을 설계하는 게 아니었다. 중심적인 목표는 빈민을 일군의 집단으로 개조하여, 그들이 자신의 이익에 맞춰 행동하도록 그 욕구와 이해를 주입하는 데 있었다. 급진적인 해링턴과 마찬가지로, 개혁주의자들도 "빈민의 정치적

---

44. Harrington, *The Other America*, 164.

각성"을 촉구하면서 유사한 입장을 견지했다. 이들에 따르면, "반反빈곤 프로그램의 성과에서 정말로 중요한 것은 빈민의 참여 여부가 아니다. 실제로 중요한 것은 이렇게 표현할 수 있다. 해당 프로그램이 빈민들의 이해당사자 느낌을 촉진하는가? 프로그램을 도입, 개선, 확산하려는 그들의 자발적 태도가 강화되는가?"[45]

반反빈곤 프로그램은 빈민들에게 행위의 주도권을 허용하지 않았다. 그럼에도 불구하고, 빈민들의 자유는 억압받지 않았다. 오히려 프로그램은 정치적 주체, 즉 이해당사자처럼 행동하도록 그들을 촉진했다. 개혁가들이 추구했던 전략은 "공동의 목표라는 형식적 표현을 개인의 **자율적** ungoverned 행동으로 구현했고", 개혁가들은 지역사회의 공동체 활동 속에서 그러한 전략을 추구했다.[46] 요컨대, [공동체 시민을 구성하듯이] 빈민을 구성하는 것은 통치에 있어서는 필수적인 요소였다.

분명히 CAP의 수행기관은 빈곤과의 전쟁을 통제하고 관리하기 위해 고안되었다. 하지만 그것은 그 자체로 "빈민을 위해, 빈민에 의해" 설립된 별개의 통치 영역, 즉 작은 국

45. Bachrach, Baratz, and Levi, "Political Significance of Citizen Participation," 206.

46. Marris and Rein, *Dilemmas of Social Reform*, 44.

가public였다. 비록 빈민을 통치하기 위한 공적 장치로 기획되었지만, CAP는 정부가 지배하는 영역이 아니었다. 그곳의 주도권은 빈곤과의 전쟁을 수행한 "지역 연합"에 있었다. 다양한 공사부문 행위자들이 자발적인 협력을 통해 CAP를 통치했던 것이다.[47] 경제기회국에 따르면, "빈곤과의 전쟁은 일종의 가교를 놓는 작업이다. 가난한 사람과 그렇지 않은 사람 사이에, 정부기관과 민간단체 사이에, 전문가와 비전문가 사이에, 유관 기관 사이에, 빈민과 그들의 기회 사이에 우리는 다리를 놓는다. 기회만 주어진다면, 빈민들은 자립적이고 생산적인 훌륭한 시민으로 거듭날 수 있다. 그렇지만 무엇보다 중요한 과업은 가난한 사람들을 상호 연결하는 것이다. 자조의 가치를 공유할 때, 빈민들은 가난에서 벗어날 수 있다."[48]

여기에서 알 수 있듯이, 심지어는 빈민들의 내부 관계까지 조직되고 통치되었다. 어떠한 관계도 내버려 두지 않았다. "자조"는 자율적인 주체들이 모여서 서로를 돕는다는 뜻이 아니었다. 사실상 자조는 정부가 개입하여 상호부조

---

47. Office of Economic Opportunity, *Organizing Communities for Action under the 1967 Amendment to the Economic Opportunity Act* (Washington, D.C. : Office of Economic Opportunity, 1968), 4.

48. 같은 책, 7.

관계를 창출한다는 의미였다. 빈민들이 빈곤의 문화를 공유할 수는 있지만, 그런 경우조차 내부적 관계는 틀림없이 만들어진 것이다. 다시 말해, 그들 사이의 관계는 사실상 통치가 개입한 결과였다. 그렇다면 [빈곤과의 전쟁에서] 빈민들이 자신의 욕구와 맺는 관계는 어땠을까? 그들은 자신의 욕구를 알아서 표현해야만 했고 궁핍의 원인을 스스로 밝힐 수밖에 없었다. 그렇게 할 때 그들 스스로 자신의 욕구를 충족할 수 있다고 간주되었다.

CAP 법안이 설정한 통치 영역은 당연히 "공동체"였는데, 그것은 말 그대로 일련의 관계("가교")를 의미했다. 법안에 따라 창출된 각종 관계는 빈민을 프로그램, 전문가, 기관, 정부와 연결했다. 실제로, 통치 관계는 정부 외부에 위치한 "국지적" [공동체] 관계를 통해 확립되었다. CAP는 통치의 도입을 거부하지 않았고, 오히려 빈민의 참여를 "극대화"함으로써 새로운 영역으로 통치를 확장했다. CAP 법안은 반٭빈곤 활동의 구체적 결정권을 분산함으로써 수많은 국가public를 양산했던 것이다.

그렇지만, 마리스와 라인에 따르면, 권력의 분산은 오히려 갈등을 폭발시켰고 그 때문에 CAP는 급속하게 와해되었다. CAP는 분명한 지지 기반이 없었을뿐더러, 법률이 설정한 "공동체"는 사실상 구현될 수 없었다. 그것은 부분적으로 사회과학자, 지역의 정치엘리트, "빈민들"이 서로의 목표를 놓고 투쟁했기 때문이다. "전문가는 지식을 강조하고, 정치인은 책략을 구사하고, 빈민은 자기주장을 앞세웠다. 또한 CAP 수행기관은 엇갈리는 주장에 맞서 자신의 방안을 관철하고자 했다. 요컨대 전문가, 정치인, 빈민들은 사회정책의 방향을 놓고 반목했던 것이다."[49] 따라서 CAP가 추구했던 "공동체"는 온전히 구현될 수 없었다. 보다 정확히는 공동의 목표가 제대로 도출되지 못했다. 랠프 크레이머가 설명하듯이, "준準공적인 비영리단체로서, CAP는 정당성을 제대로 발휘하지 못했다. CAP는 정치적 목표를 받쳐주는 기반이 필요했지만, 실제로 기반 확보는 제대로 진행되지 않았다. CAP의 표적 집단은 매우 다양했지만, 조직의 자원과 역량은 부족한 실정이었다. 더욱이 CAP는 [정치적이 아니라] 사회사업적 접근을 고집했다."[50]

CAP가 실패한 부분적 원인은 분명히 "공동체"를 결집하지 못했기 때문이다. 그것은 인종, 계급, 전문지식, 이해관계로 분열되어 있었다. 단체장들은 CAP를 반대하려고 워싱턴을 급습했다. 국회의원들도 CAP 활동가를 가만두지 않았다. 그들이 볼 때 활동가는 선동과 시위를 주도했을

49. Marris and Rein, *Dilemmas of Social Reform*, 229.
50. Kramer, *Participation of the Poor*, 265.

뿐이다. 활동가는 국가에서 월급을 받아먹고 배은망덕하게 정부를 위협했다. 후원단체들은 경제기회국의 책임자, 슈라이버를 대놓고 공격했다. 결론적으로, '위대한 사회'가 고안한 반▷빈곤 프로그램은 대부분이 철폐되었다. 헤드스타트와 노학연계 프로그램은 살아남았지만, CAP는 골골하다가 어느 순간 사라졌다. 1967년까지 CAP 지원금은 점차 줄어들었고, 1969년에는 연방기금이 취소되었다. 총알이 떨어진 빈곤과의 전쟁은 더 이상 빈민의 "참여를 극대화"할 수 없었다.

그럼에도 불구하고, CAP는 완전히 실패하지 않았다. 그것은 임파워먼트 논리를 창출하는 데 성공했으며, 민주적인 통치의 한계를 극복하고 확장하는 모델을 확립했다. 임파워먼트 논리는 국가나 공식적인 통치기구 외부로 통치 관계를 확장하고 분산함으로써, 이익집단의 다원주의를 뛰어넘을 수 있었다. 특히 CAP에서 등장한 통치 관계는 프로그램이 사라진 이후에도 살아남았다. 분명히 말하지만, 갈등이 존재한다고 해서 우리는 그것을 프로그램의 실패로 간주할 수 없다. 왜냐하면 권력과 저항의 충돌은 불안정 상태를 유발하며, 그러한 상태에서 권력관계가 작동하기 때문이다. CAP의 경우도 다르지 않았다. CAP는 빈민에 대한 직접적인 원조를 삼가려고 세심하게 노력했다. 왜냐하면, 직접적인 원조는 빈민을 "의존적으로" 만들었기 때문이다. 따라서 중요한 것은 빈민의 주체성을 예속성과 조절하는 문제였다. 푸코가 언급했듯이, "탈출의 시도, 즉 반항의 계기가 없다면, 권력관계는 존재할 수 없을 것이다."[51] 마찬가지로 빈곤과의 전쟁에서, 민주주의 통치의 한계는 짐작건대 전례가 없을 정도로 도전받았다. 일선 관료, 활동가, 급진분자에게 위임된 기관들은 곳곳에서 반란의 조짐을 보였고, 그 대부분은 단순한 우려에 그치지 않았다.

그러나 통치는 시민권운동과 반전운동, 전문가와 빈민의 대항적 요구를 애써 억압하지 않았다. 통치는 이들의 요구, 특히 권력의 재분배에 대한 요구를 국지적 층위에서 형성된 통치 관계와 결합했다. 통치 관계, 혹은 과업이 다양한 관계 속에서 증식했다. 요컨대 통치 관계는 "빈민"과 프로그램 사이, "빈민"과 "빈민" 사이, "빈민"과 그들의 상상된 "공동체" 사이, 빈민과 그들의 자아 사이에서 번식했다. 크래이머가 언급하듯이,

경제기회국이 더 이상 빈민의 참여를 명령하거나 촉진하

---

51. Michel Foucault, "The Subject and Power," in *Michel Foucault : Beyond Structuralism and Hermeneutics*, 2d.ed., ed. Hubert L. Dreyfus and Paul Rabinow (Chicago : University of Chicago Press, 1983), 225.

지 않아도, 짐작건대 다시는 과거로 회귀할 수 없을 것이다. 빈민의 참여라는 관념은 오늘날 광범위하게 확산되어, 심지어는 블랙 파워Black Power나 "브라운 파워"Brown Power에 대한 요구와 결합하고 있다……왜냐하면 지금은 현장에 정통한 지지층이 존재하기 때문이다. 예전까지 그들은 비전문가였고 단순한 참가자였고, 보조 관리자였고 소수 인종의 지도자였다. 하지만 이제 그들은 과거의 모델에 호소하면서, 빈민을 위해서가 아니라 빈민과 **함께** 계획을 추진하도록 요구하고 있다.[52]

여기서 말하는 모델은 빈민 스스로가 계획과 입안에 참여하고 의사결정과정에 개입하도록 설계되었다. 즉 빈민의 자치는 생산적 통치와 연결되었고, 이를 통해 민주주의 개혁의 한계는 극복될 수 있었다.

권력의 조작과 운용

1966년 다원주의 정치학자 그랜트 맥코널은 민주주

52. Kramer, *Participation of the Poor*, 247.

의 개혁의 원칙과 한계를 이렇게 언급했다. "수많은 사람들이 각자의 주장을 펼치기 시작한 다음부터, 그들은 각자의 결사체에 모여 자발적인 합의를 도출할 필요가 있었다. 그러고 나서 통치 체제는 그들의 자유롭고, 비공식적이고, 협력적인 의사결정을 승인할 수 있었다. 이런 식으로 통치 체제는 강제 없이 자유민의 목적을 성취했던 것이다."[53] 맥코널은 자유민주주의 통치는 시민의 주체성과 대립하기보다는 그것을 통해 작동할 때 가장 효과적이라고 생각했다.

통치와 권력에 대해, 푸코와 다원주의는 권력의 다원성을 공통적으로 인정한다. 그렇지만 유사성은 거기까지다.[54] 다원주의 관점은 통치 관계를 자발적 동의와 강제의 **양자택일**로 간주한다. 통치는 시민의 자발적이고 자율적인 주체성을 통해 작동하거나, 아니면 시민의 주체성을 강제하고 억압하는 식으로 작동된다. 앞서 인용한 여성주의자 사례와 마찬가지로, 다원주의자 역시 권력과 무기력, 주체

---

53. 그랜트 맥코널은 다음 글에서 인용했다. Althshuler, *Community Control*, 77.

54. 푸코주의 권력 개념과 다원주의 개념 간의 유사성은 (과장된 면이 없지 않으나) 다음을 참고하라. Fred Dallmayr, *Polis and Praxis : Exercise in Contemporary Political Theory* (Cambridge, Mass. : Mit Press, 1984).

성과 예속성, 강제와 동의를 날카롭게 구분하고 병립시킨다. 여기서 대립쌍은 통치가 구성하는 배타적 효과처럼 간주된다. 반대로 푸코가 제시한 권력관은 자유민주주의 사회에서 주체성과 예속성, 즉 시민과 주체를 분명히 구별하지 않는다.

나아가 푸코의 통치성 개념을 통해, 우리는 권력 관계를 창출하고 통치를 실현하는 두 가지 요건을 알 수 있다. "[첫째] (권력이 행사되는) '타자'는 반드시 능동적인 사람으로 인정되어야 하고, 또한 끝까지 그렇게 남아 있어야 한다. [둘째] 권력 관계에 직면해서, 대응, 도전, 승리, 창조할 수 있는 장場이 충분히 개방될 수 있다."[55] 이러한 맥락에서 빈민은 전형적인 "타자"에 해당한다. 애초부터 (좌우파에 상관없이) 빈민은 스스로 행동하지 못하고, 아무런 이해관심이 없으며, 자신의 무력함을 깨닫지 못했다. 그래서 빈민의 임파워가 필요했던 것이다. 이를 통해, 그들의 행동이 변화할 수 있었고, 권력관계와 통치는 그들에게 확장될 수 있었다. 결과적으로 권력의 분산과 참여의 촉진은 반反빈곤 정책의 초석이 되었다. 그런데 "빈민"을 유인하고 변화시키려면, 그보다 먼저 필요한 게 있었다. 그들은 일종의 군대

---

55. Foucault, "The Subject and Power," 220.

처럼 조직되어야 했다. 빈민은 단일한 대오로 무장한 집단처럼 구축되었다.

맥코널이 보기에 통치가 작동하려면, 사람들의 행동은 비통치 영역, 즉 시민사회에서 출현한 유기적이고 공유된 이해관심을 좇아야 한다. 그런데 반대의 상황이 벌어지면 어떻게 되겠는가? 사람들이 각자의 결사체로 모이지 못한다면 어떻게 되는가? 적어도 빈민들처럼 무관심하다면 어떻게 해야 하는가? 그때에도 통치 활동은 두 손 놓고 있어야 하는가? 물론 그렇지 않다. 실제로 통치개입은 사람들이 결집할 수 있는 기회를 창출한다. 그렇지만 다원주의 입장에서는 이러한 현상을 설명하지 못한다. 내가 볼 때, 통치 행위는 정치적으로 참여하고 행동하려는 욕망, 관심, 의지를 촉발하는 것이다. 통치 관계의 확립에서 가장 먼저 요구되는 것은 가난하고 무력한 자들을 행동하는 주체로 재구성하는 일이다. 간단히 말해, 빈민은 임파워먼트의 논리에 따라 행동하도록 육성되어야 한다.

사실 많은 사람들이 우려한 것은 빈민의 무관심과 무대책이 아니라, 오히려 빈민의 능동성에 있었다. 예를 들어, 폭력적인 시위, 흑인 민족주의, 시민권운동, 학생운동 등은 백인들이 향유하던 강고한 권력구조의 위협으로 간주되었다. 앞 장에서 살펴봤듯이, 사무엘 헌팅턴은 민주주의 체제의 실질적 위협은 "민주주의의 쇄도", 즉 과잉이라고 믿었다. 그렇다면 운동이 격렬하게 분출하던 환경에서, 빈민의 "무기력"을 주장하는 것이 어떻게 가능했을까?

첫째, 비참여의 측정은 빈곤 퇴치의 계획 과정에서 핵심 과제로 부상했다. CAP에 적극적으로 관여했던 개혁주의 사회과학자, 피터 바흐래쉬와 모튼 바래츠는 "2차원적 권력"을 개념화하고 측정하면서 일어나지 않은 행위와 사건, 즉 "비참여", "비사건", "비결정"을 기준으로 삼았다.[56] 무엇보다 그들은 비참여에 천착했는데, 그것은 빈민들이 빈곤 퇴치 프로그램에 참여하지 않았기 때문이다. 하지만 그들은 사전에 예측된 선별적 방식으로 비참여를 측정했으며, 개혁 캠페인의 표적 집단만 참여 여부를 조사했다. 예를 들어, 백인 중간계급 여성도 권력과 참여가 부족했지만, 이들은 프로그램의 대상이 아니었다.

둘째, 1장에서 설명했듯이, 급진 진영의 학자들은 권력과 무기력을 설명할 때 두 가지 관점을 견지했다. 하나는 이데올로기 조작 때문에 빈민들이 자신의 객관적인 이해

---

56. Peter Bachrach and Morton S. Baratz, "The Two Faces of Power," *American Political Science Review* 56(1970) : 947-52. [여기서 '비사건'은 간단히 말해 권력층이 사건을 사건으로 만들지 않고 배제하거나 전치하는 전술을 말한다. ― 옮긴이]

관심과 반목한다는 것이고, 다른 하나는 [권력층의] 비결정과 행동억제non-action 전술 때문에 빈민들이 배제된다는 시각이다.[57] 대체로 정치학자들은 권력자의 행동을 가시화하고 그것에 책임을 부여하는 방법을 모색했지만, 사실상 그들은 빈민의 주체성에 개입하는 수단을 개발하고 운영하는 데 복무했다. 정치학자들은 권력 이론을 동원해 임파워의지를 증명하는 동시에, 임파워의 논리와 정책에 따라 빈민을 파악하고 동원하려고 했다. 사회과학에서는 권력이론을 매개로 권력의 분산과 분권이 참여의 극대화와 연결되었고, 빈민의 주체성은 예속성과 결합되었다. 빈민은 자기를 통치하는 주체로서 자발적으로 예속되었다.

다원주의 관점에서 비참여는 [대중의] 무기력보다는 동의를 뜻했지만, 급진파 사회과학자들은 비참여, [혹은 참여 배제]와 무기력의 관계를 입증하려고 했다. 그렇게 함으로써, 그들은 다원주의 관점을 반박하는 동시에, 노골적인 불평등이 존재함에도 정치적 갈등이 부족한 상황을 설

57. 예를 들어 다음을 참조하라. John Gaventa, *Power and Powerlessness: Quiescence and Rebellion in an Appalachian Valley* (Urbana: University of Illinois Press, 1980); David Couzens Hoy, "Power, Repression, Progress : Foucault, Lukes, and the Frankfurt School," in *Foucault : A Critical Reader*, ed. David Couzens Hoy (Oxford : Basil Balackwell, 1986); Peter Miller, *Domination and Power* (London: Routledge, 1987).

명할 수 있었다. 급진적 학자들은 갈등을 억제하고 빈민의 정치 참여를 배제하는 은밀한 조작 수단을 폭로하고자 했다. 아무튼 좌우파의 논쟁 과정에서, 빈민의 (비)참여는 빈곤과 정치의 문제만큼이나 사회과학의 방법론적 쟁점으로 부상했다.

바흐래쉬와 바래츠는 "참여의 극대화"의 관점에서 CAP의 성과를 측정하기 시작했다. 그들의 목표는 참여의 측정과 평가에 있었지만, 실제로 문제시한 것은 참여의 **결핍**이었다. 결국에 그들이 개발한 장치는 비참여와 무기력을 측정하고 평가하는 방법이었다. 임파워먼트 논리에서, 비참여는 권력 관계가 존재한다는 지표로 간주되었다. 말하자면 권력에 대한 사회과학의 조작화[58]는 권력을 실행에 옮기는 수단이었다.

앞에서 설명했듯이, "빈민"의 참여와 구성은 민주주의

---

58. [옮긴이] 사회과학 영역에서, 조작화(operationalization)는 엄밀하게 말해 추상 개념을 구체적으로 규정하고, 규정된 개념을 측정해서 수치화하는 작업을 말한다. 예를 들어, '갈등'이라는 개념은 몇 가지 방식으로 정의될 수 있는데, 그 가운데 하나로 '갈등'을 잠정적으로 규정한 다음에, 그것을 설문문항 몇 가지로 제시할 수 있을 것이다. 그리고 제작된 설문지는 응답자들의 답변(매우 그렇다, 그렇다, 그렇지 않다 등)에 따라 통계적 수치로 변환할 수 있는 것이다. 여기서 저자는 권력 개념의 조작적 정의와 측정 자체가 권력을 실천에 옮기는 수단이자 전술이라고 주장하는 것이다.

개혁의 한계를 극복하는 수단이었다. 빈민을 "임파워"하여 참여시킨다는 명분으로, CAP는 권력을 재분배했으며 권력 행사의 새로운 무대("공동체")를 창출했다. "공동체", 혹은 지역사회는 새로운 영역으로 권력을 분산하고 통치 관계를 확장함으로써 등장할 수 있었다. 빈민의 확장된 주체성과 예속성을 조절하기 위해, CAP는 독특한 혁신을 창출했는데 우리는 다음 절에서 이것을 살펴볼 것이다.

빈민의 무장

반드시 누군가는 빈곤과의 전쟁에서 등장한 시민성 기술과 새로운 권력론을 적용할 필요가 있었다. 그들은 타인의 행동을 촉진하는 전문가 집단을 가리켰다. 마리스와 라인이 주장했듯이, "CAP의 모든 혁신 가운데, 가장 중요한 사실은 전문적인 개혁가를 양산한 것이며 또한 그들의 활동에 적합한 조직구조를 창출한 것이다."[59] 전문적인 조직가-개혁가는 완전히 새로운 인물상이 아니었다. 우리는 그들의 역사적 선배를 쉽게 찾을 수 있다. 미국만 해도 더글

---

59. Marris and Rein, *Dilemmas of Social Reform*, 222.

라스[60], 아담스[61], 앨린스키[62]는 물론이고 테네시강유역개

---

60. [옮긴이] 프레드릭 더글러스(Frederick Douglass, 1817~1895) : 미국의
    이론적, 실천적인 노예해방론자, 여성인권 옹호론자이다. 그는 흑인 노예
    로 태어나 탈출한 다음, 1841년 노예제 반대대회에서 연사로 명성을 날
    렸고 미국 및 세계 각국으로 강연을 다녔다. 1845년 첫 번째 자서전, 『미
    국인 노예 프레더릭 더글러스의 생애』(*Narrative of the Life of Frederick
    Douglass, an American Slave*)는 발간되자마자 커다란 반향을 얻었지만,
    도망노예 신분이 노출되어 영국으로 건너가 활동했다. 1846년 자유민이
    된 이후, 더글러스는 1848년 미국 최초의 여성인권대회에 참여하고, 이후
    흑인 해방을 주장하는 신문 『북극성』(*The North Star*)을 발행했다. 당시
    그의 입장은 단순한 도덕적 원칙에서 벗어나 정치적 수단을 통한 노예해
    방을 주장했고 남북전쟁 시기에는 링컨의 고문을 맡아 각종 연설을 벌이
    는 한편 흑인 부대의 편성을 책임졌다. 그는 1877년 콜롬비아에서 연방
    경찰서장이 되었으며, 1881~86년 치안판사, 1899년 아이티 공사로 임명되
    어 미국에서 고위직에 임명된 최초의 흑인이었다.
61. [옮긴이] 제인 아담스(Jane Addams, 1860~1935) : 미국의 사회운동가,
    사회학자, 평화주의 기독교 활동가이다. 그녀는 니콜라사 머리 버틀러와
    함께 아동과 여성의 8시간 노동준수, 여성의 지위 향상, 이민여성에 대
    한 보호, 최초의 소년재판소 설립 등의 공로로 1931년 노벨평화상을 수
    상했다. 1881년 락포드 대학을 졸업하고 1889년 시카고 슬럼가에서 절
    친한 친구이자 여성주의자 엘렌 게이츠 스타(Ellen G. Starr)와 함께 미
    국 최초의 사회사업관 〈헐하우스〉를 설립했다. 〈헐하우스〉는 매주 2천
    명을 수용할 수 있었고 성인을 위한 야간학교, 유치원, 아동클럽, 자선식
    당, 미술관, 카페, 체육관, 수영장, 음악학교, 출판사, 도서관, 작업장 등을
    갖춘 대규모 시설이었다. 한편 그녀는 1915년 〈국제여성자유연맹〉의 이
    사장을 역임했으며, 시카고학파 사회학의 형성에도 이론과 방법 측면에
    서 기여했다.
62. [옮긴이] 솔 앨린스키(Saul Alinsky, 1909~1972)는 미국의 급진주의 공동
    체활동가, 빈민운동가, 저자이다. 그는 근대적인 공동체 조직운동의 아버
    지로 일컬어지며, 『급진주의자를 위한 규칙』(아르케, 2008)은 급진적인
    풀뿌리 운동의 고전으로 남아있다. 1930년대 초반 시카고 대학에서 고
    고학과 범죄학을 공부한 다음, 대공황 시기 앨린스키는 미국의 산업별노
    조에서 노동조합활동가로 진입했고 1940년을 전후로 시카고의 노동자

발공사[63] 같은 공공사업이 존재한다. 그렇지만, 빈곤과의 전쟁에서 등장한 혁신은 과거와는 달리 독특한 측면이 있었다. 그것은 전문지식과 행동주의, 권력이론을 특별하게 조합하고 배치했다. 특히 CAP 조직가들은 빈민에 대한 "원조"와 "자조"를 전국적인 수준에서 연결했다.

그렇지만, 임파워먼트 논리에 따라, 사회과학자와 조직

공동체활동가로 변신했다. 이때부터 그는 빈민과 목소리 없는 자들, 권력 없는 자들의 불만을 결합하여 집합적인 활동으로 이끌 목표를 가지고 슬럼 지역을 조직했다. 또한 앨린스키는 시카고 지역의 성공을 바탕으로 전국적인 조직화를 시도했고 그 범위도 흑인 빈민지역까지 확대했다. 1950년대 후반부터는 미국 민권운동의 핵심 지도자로 활동하며 1960년대 말부터는 중산층을 중심으로 미국 민주주의를 개혁하려고 노력했다. 앨린스키가 후대에 끼친 영향은 숫자로 환원할 수 없을 정도인데, 특히 그는 수많은 공동체활동가, 노동운동가, 시민단체활동가 등을 훈련시켰으며 1960년대 풀뿌리 사회정치 운동의 방법과 이론을 제공했으며, 심지어는 힐러리 클린턴이나 버락 오바마도 그를 추종했다.

63. [옮긴이] 테네시강유역개발공사(Tennessee Valley Authority, TVA) : 미국의 대공황 시기 시행된 뉴딜정책의 대표적인 사업이다. 1929년 발발한 대공황에 이어 1932년 집권한 프랭클린 루즈벨트는 당시 약 1천 5백만 명에 달하던 실업자 구제를 위해 몇 가지 공공사업을 기획했는데, 그중의 하나가 테네시 계곡에 댐을 건설하는 대규모 토목사업이었다. 테네시 계곡은 앨러바마, 미시시피, 켄터키, 조지아, 노스캐롤라이나, 버지니아 등 7개 주를 포괄하는 광범위한 지역이었다. 미국 의회는 1933년 TVA의 설립을 인가했으며, TVA는 댐건설뿐만 아니라 내륙수운, 도로건설, 홍수조절, 전력공급, 경제개발, 고용정책 등 다목적 사업을 추진했으며, 노동운동과 노동권을 확립하고 노동자를 훈육하는 효과도 발휘했다. TVA는 단기 사업이 아니라 2차 세계대전 이후 현재까지 유지되고 있으며, 50개 이상의 댐을 비롯한 화력발전소, 핵발전소 등을 운용하고 있다.

가는 그 스스로 권력을 행사할 수 없었다. 모든 프로그램은 참여의 "극대화"를 추구했지만, 이에 대한 평가와 실험은 빈민 자신에게 맡겨졌다. 바흐래쉬와 바래츠, 마가렛 레비가 설명하듯이,

빈곤 문제에 효과적으로 침투하려면, 전문가는 적어도 형성기 동안은 현장을 장악할 정도로 통제력을 행사해야 한다. 그것의 목적은 (규정된 한계 안에서) 일련의 "적절한" 정책 옵션을 선택하고 실험과 혁신을 추진하는 것이다. 그렇지만, 궁극적으로 전문가는 자신을 쓸모없게 만들어야 한다. 전문가는 현장의 참여자 집단에서 생기는 리더를 지지하면서 뒤로 물러서야 한다.[64]

사회과학자와 프로그램 조직가는 원격적으로 통치했지만, 궁극적으로 통치는 자율적 통치로 전환되어야만 했다. 그리고 그렇게 할 때, 사회 개혁가는 "쓸모없어"지는 것이다. 달리 말해, 통치 활동은 분명히 전문가들이 맡아 수행했지만, 그들의 과업은 이중적이었다. 전문가들은 자신의 지식과 권한을 활용하여, 한편으로는 권력의 재분배 방식을 지

---

64. Bachrach, Baratz, and Levi, "Political Significance of Citizen Participation," *Power and Poverty*, 207.

속적으로 실험하고 평가하면서, 다른 한편으로는 빈민들의 참여를 끊임없이 독려했다. 그들의 활동과 주체성은 권력과 임파워에 관한 특정한 모델에 맞춰 조절되었다. 빈민에 대한 진리 주장은 그들을 "임파워"하는 테크놀로지, 즉 정치적 참여를 극대화하는 실천과 결합되었다. 그리고 빈민에 대한 진리 주장은 빈민 자신의 진리 주장을 포함했다. 빈민은 자기 자신의 이해와 욕망을 스스로 깨닫고 [고백해야만] 했다.

거듭해서 말하지만, 자유주의 통치술에서 도움을 주는 자와 도움을 받는 자의 권력 관계는 완전히 뒤집힌다. 예를 들어, 헤이든을 추종하는 "급진적인" 조직가들은 자신의 의지와 권력을 포기하고, 대신에 내가 임파워 의지라고 부르는 것을 강조한다.

중요한 것은 사람들이 자신의 가치와 존엄을 이해하도록 촉진하는 조직화 방법이다. 이러한 작업은 조직화의 기본 요소로서 "물질적 이슈", 가령 높은 집세, 투표권, 비포장 도로 등에 의존하고 있지만, 여기서 차츰 벗어나서 개인의 생활 관련 이슈로 움직여 나간다. 조직가는 공동체 안에서 많은 시간을 보내고, 사람들에게 귀를 기울이며, 그들 자신의 아이디어를 끄집어낸다. 또한 조직가는 자신에게

해결책을 의존하는 사람들의 태도를 단념시킨다.[65]

CAP 법안에는 조직가의 역할을 빈민한테 맡기는 정책이 포함되어 있었고, 이것을 근거로 연방정부는 자금을 지원할 때 조직가와 책임자의 정치적 참여를 명확히 제한했다. 정치적 활동이 일절 배제된 전문적인 조직가들은 타인을 프로그램의 지지층으로 양성하는 역할을 수행했다. 임파워먼트의 주입은 자연스럽게 "자기 임파워먼트"가 되도록 설계되었다. 요컨대 전문적인 개혁가, 민간 재단, 자발적 단체는 비통치적인 통치 수단이었고, 이것은 예나 지금이나 별반 다르지 않다.

권력의 주체

일반적으로 정치권력은 야만적인 지배와 노골적인 강제를 통해 명시적으로 현상한다. 내가 권력의 생산적 측면을 강조한다고 해서, 그러한 사실을 무시하지는 않는다. 다만 정치권력이 노골적으로 설칠 경우, 우리는 그것의 존재

---

65. Hayden, "Welfare Liberalism," 496.

를 쉽게 알아차릴 수 있다. 예를 들어, 1960년대 빈곤과의 전쟁이 한창 중일 때 연방수사국FBI과 주州방위군은 저항적인 목소리와 조직을 진압하고 나섰다. 당시에는 반전시위, 〈블랙팬더〉[66], 민권 시위, 인종반란이 폭발적으로 분출했다. (대체로 은밀하게 계획되고 실행되었지만) 노골적인 억압과 국가폭력은 매일 같이 저녁 뉴스를 장식했으며, 묘하게도 그것은 베트남에서 증가하던 폭력과 병치되었다. 최근만 해도 중남부 LA에서 경찰과 주방위군은 억압적 수단을 동원해 작전을 전개하고 있다. 오늘날 이주민 문제뿐

---

66. [옮긴이] 〈블랙팬더〉(Black Panther Party, BPP)는 휴이 뉴튼, 바비 실 등의 주도 아래 1966년부터 1982년까지 활동한 전투적인 흑인 해방운동 조직이다. 이들은 블랙파워를 지원하는 동시에 흑인의 자기 방어, 즉 무장투쟁을 지지했던 혁명적 사회주의자, 맑스주의자, 흑인 민족주의자 등으로 구성되었다. 블랙팬더는 1966년 오클랜드에서 결성되어, 1967년 기관지『블랙팬더』(The Black Panther)를 발행했고, 1968년부터 전국적인 영향력을 행사했다. 1969년 전성기 회원 수는 거의 1만 명에 달했으며 기관지는 25만 부를 발행했다. 1960~70년대 민권운동과 급진적 분위기를 타고, 〈블랙팬더〉는 1960년대 반문화운동의 아이콘으로 부상했다. 초기의 흑인 민족주의는 인종적 배제가 없는 사회주의로 변화했고, 빈곤 등 실질적인 생활 문제의 해결을 위한 다양한 공동체 사회 프로그램[이른바 십계명(Ten Point Program)]을 고안하고 가동했다. 그러나 '폭력적인' 대중적 이미지 탓에 블랙팬더의 기층활동은 흔히 간과되었다. 당시 미국 정부와 보수층, 특히 FBI는 이들을 국가 내부에서 안보를 위협하는 적으로 규정했으며, 블랙팬더를 와해시키기 위한 각종 공작, 감시, 폭력, 미디어 조작 등이 시도되었다. 이와 같은 외부의 공격과 내부의 정치적이고 폭력적인 분열, 조직원들의 불법 행위(예를 들어 마약거래) 등으로 〈블랙팬더〉는 1970년대 점차 쇠락하게 되며, 1980년경에는 고작 27명에 불과했다.

만 아니라, 투옥률 또한 확대일로에 있으며 사형집행 역시 증가하고 있다. 심지어 억압적인 권력 형태는 매우 교묘한 술수를 부리고 있다. 예를 들어, 경찰은 공공장소에서 잠자는 홈리스에게 딱지를 발부하고, 부패한 경찰은 가난한 여성과 마약 중독자를 끈질기게 갈취한다. 여기서도 우리는 억압적 권력을 손쉽게 확인할 수 있다.

대다수 좌파들이 볼 때 CAP는 국가에 대한 정당한 반대를 완화하고, 호선互選하고, 억압하고, 침탈할 목적으로, 정부가 조작한 장치였다. 그러나 이러한 관점에는 "빈민"에 대한 독특한 전제가 깔려 있다. 즉, "빈민"은 호선될 만큼 객관적 이해관심을 갖고 있다.[67] 그러나 내가 보여준 대로, "빈민"은 하나의 집단으로 구성된 이후에나 자신의 이해관심을 가질 수 있다. 알다시피 "빈민"의 구성은 빈곤과의 전쟁이 감행된 이후에나 가능했다. 따라서 통치는 빈민을 억압한 게 아니라, 욕망과 권력을 가진 집단으로 "빈민"을 형성했다. 통치가 개입하기 전에는 "빈민"은 광범위한 의미에서 이질적인 집단이었고, 분리되어 있었고, 반목하기 일쑤

---

67. 예를 들어 다음을 참고하라. Francis Fox Piven and Richard A. Cloward, *Poor People's Movements : Why They Succeed, How They Fail* (New York : Vintage, 1979). Francis Fox Piven and Richard A. Cloward, *Regulating the Poor : The Functions of Public Welfare* (New York : Pantheon, 1971).

였다. 그들은 애팔레치아 지역[68]의 광부였고, 도시의 싱글 맘이었고, 글을 모르는 사람이었다. 그들은 남부 출신의 흑인 비숙련 이주민이었고, 마찬가지로 남부 지역의 [인종적, 종교적] 근본주의자였다. 그들은 노인이었고, "비행" 청소년이었고, 실업자였다. 혹자는 사람들이 자신에게 최선인 이해관심을 스스로 알지 못한다고 생각할 수 있다. 그러나 이러한 주장은 정치적으로 상당히 의심스럽다. 또한 혹자는 이해관계 덕분에 사람들이 분열하지 않고 결합한다고 생각할 수 있다. 그러나 이러한 주장도 증명된 적이 없다. 그럼에도 불구하고, 엘리트 관점은 임파워 의지 아래 숨어서 타자한테 최선인 것을 안다고 주장한다. 그러면서 엘리트 관점은 임파워 의지의 실패를 무시하고 그것의 반동적 성격을 용인한다. 분명히 말하지만, 임파워먼트는 권력 관계이고 통치 관계이다. 임파워먼트는 선의로 활용되는 만큼이나 악의적으로 이용될 수 있다.

빈곤과의 전쟁에 관한 다른 비판적 접근과 비교할 때,

---

68. [옮긴이] 애팔래치아 지역은 미국의 동부를 남북으로 관통하는 산맥과 그 일원을 말한다. 이 산맥은 뉴욕주, 펜실베이니아, 버지니아, 테네시, 조지아, 앨라배마 등지를 지나가며, 원래는 주요 탄광지역이자 농업지역이었다. 이른바 뉴딜 정책 시기 테네시강 유역개발이 진행된 곳이기도 하다. 미국 내에서 이 지역은 시골 이미지와 낙후 지역으로 굳어져 있고, 전형적인 이농향도의 저소득 지역이다.

여기서 내가 전개한 논변은 많은 차이가 있을 것이다. 빈곤과의 전쟁에서 주요 목표는 동요하는 빈민을 억제하거나, 급진적인 민권운동과 학생운동을 억압하고 호선하는 것이 아니었다. 정반대로 CAP는 갈등을 평정하기보다는 창출했다. 빈곤과의 전쟁은 잘못된 호칭이 아니었다. 그것은 도시의 빈민을 창출하는 동시에, 그들과의 대결에서 승리하고자 했다. 그렇지만, 전쟁을 공표했던 법률은 어떠한 공권력도 지휘하지 못했다. (최근의 다른 전쟁들과 마찬가지로) 빈곤과의 전쟁은 갈등에 개입하기 전에, 그보다 먼저 적을 무장시켜 동원해야만 했다. 달리 말해, 빈곤과의 전쟁에서 작동한 권력은 빈민의 행동이 아니라, 빈민의 활동 의지를 결정했다.

4장

내부로부터의 혁명

자기통치와 자존감

어떻게 질서는 고독 속에서 전복될 수 있는가?

— 귀스타브 드 보몽[1] ·알렉시스 드 토크빌 —

여성주의 일각에서 글로리아 스타이넘 때문에 논란이 일고 있다. 그녀의 베스트 셀러, 『자부심, 내부로부터의 혁명』이 문제였다. 그것은 여성주의자를 집합적인 정치적 전선이 아니라 사적 생활로 후퇴시키기 때문이다.[2] 디드리 잉글리쉬의 의구심이 전형적이다. "충격적이게도 임파워 치료가 대의명분을 대체하고 있다. 개인 회복의 모델이 사회 혁명의 전략적 비전을 거의 찬탈하고 있다."[3] 비판자들은 고독한 개인이 현존하는 질서를 어떻게 전복할 수 있는지 그것을 의심한다. 사실상 그들이 토크빌을 충실히 되풀이하기 때문에, 나는 이번 장에서 토크빌의 질문을 파고들 생각이다. 그러나 그보다 앞서 우리는 자부심 운동이 자아와 사회질서를 어떻게 연결하는지 살펴볼 것이다. 아마도 토크빌이라면 양자의 연결을 "연대의 과학"science of association

---

1. [옮긴이] 귀스타프 드 보몽(Gustave de Beaumont, 1802~1866) : 프랑스의 치안판사, 교도소개혁가, 정치인으로, 토크빌과 함께 미국을 9개월간 여행하고 『미국의 민주주의』를 집필했다. 토크빌과 공화주의자로서 공감대를 형성하면서 프랑스 의회에서 토크빌을 후원하기도 했으며, 루이 나폴레옹의 경쟁자였고 공화정을 방어하려 했던 카베냐크 편에서 활동했다. 1851년 12월 쿠데타로 카베냐크가 망명한 다음, 보몽은 모든 공직 생활에서 물러났다. 그 후에도 보몽은 토크빌의 저술 출간을 지원했으며, 토크빌 사후에는 그의 유고와 전집을 수습했다.

2. Gloria Steinem, *Revolution from Within : A Book of Self-Esteem* (Boston : Little, Brown, 1992).

3. Deidre English, review of *Revolution from Within* by Gloria Steinem, *New York Times Book Review*, February 2, 1992, 13.

으로 설명했을 것이다. 여기에 걸려 있는 질문은 현실의 "혁명을 내면에서" 촉발할 수 있는가, 이렇게 요약할 수 있다. 비판자들이 염려하는 지점은 스타이넘의 자부심 운동이 여성주의의 집합적 행동과 적대를 고독, 즉 자아성찰로 대치하는 것이다. 이럴 경우, 정치적인 것이 개인적인 것으로 후퇴한다고 그들은 비판한다.

잉글리쉬가 보기에, "현실의" 정치는 사생활에서 일어나지 않으며, 진정한 정치적 저항은 개인의 자아가 아니라 사회의 전체 질서를 겨냥해야 한다. 비판자들은 자부심 운동이 여성주의의 정치적 무력화를 암시한다고 해석하면서 그것을 공격했는데, 자부심 운동은 "개인적인 것이 정치적인 것이다"를 문자 그대로 해석했다는 것이다. 그러나 나는 정반대로 주장할 것이다. 비판자들은 슬로건을 문자 그대로 수용할 필요가 있다. 그렇게 할 때, 우리는 정치적인 것이 자아의 층위에서 어떻게 구축되는지 이해할 수 있다. 자부심 운동은 "현실" 정치의 문제를 회피하지 않는다. 대신에 자부심 운동은 그러한 문제를 다룰 수 있는 층위를 변형시킨다.

내가 볼 때 자부심은 사실상 사적인 것이 아니다.[4] 스

---

4. Nikolas Rose, "Beyond the Public/Private Division : Law, Power, and the Family," *Journal of Law and Society* 14 (Spring 1987) : 61-76. 로즈는

타이넘의 책에서 정치적으로 중요하고 또한 놀라운 사실은 그녀의 혁명적 주체성이 도달한 지점이 아니다. 주체성의 목적지는 개인적일 수도 있고 정치적 전선일 수도 있다. 오히려 중요한 사실은 자부심이 사회적 관계와 정치적 과업으로 변모한 것이다. 자부심 운동은 스타이넘의 비판자들이 비난하듯이 설익은 여성해방의 전략이 아니라, 그 이상의 뭔가를 내포하고 있다. 자부심 운동은 기존의 정치와 권력을 있는 그대로 방기하지 않는다. 자부심 운동은 "자부심이라는 상태"를 창출하고, 새로운 정치질서를 건설하고, 일련의 새로운 사회적 관계를 구축하려고 시도한다.

자부심 운동의 원조는 1983년에 설립된 〈캘리포니아 태스크포스〉California Task Force to Promote Self-Esteem and Personal and Social Responsibility(이하 〈태스크포스〉)였다. 〈태스크포스〉는 자부심을 촉진하고 개인과 사회의 책임을 증진하기 위한 임시 조직이었다. 이 단체는 (앞에서 시민성 테크놀로지라고 불렸던) 프로그램의 보급을 공언했는데, 그것은 범죄와 빈곤에서 젠더 불평등에 이르는 사회적 문제를 일종의 사회적 혁명을 통해 해결하고자 했다. 여기서 사회 혁명은 자본주의, 인종주의, 불평등이 아니라 자아의 양태를 겨

___

여성주의자들의 비판이 공/사 구분에 기초하고 있다는 한계를 훌륭히 보여주고 있다. 여기서 전개되는 나의 주장은 로즈의 설명에 빚지고 있다.

냥한 것이다. 우리가 우리 자신을 다스리는 방식 말이다.

스타이넘의 베스트셀러는 자부심 운동에서 그 일부에 불과하다. 자부심 운동은 온갖 전문가, 정책, 사회복지사, 풀뿌리 활동가들과 연루되어 있다. 예를 들어 〈태스크포스〉가 대표적이다. 캘리포니아 의회는 제3,659호 법안에 따라 〈태스크포스〉를 설치했다. 법안을 살펴보면 오늘날 사회적 문제는 통제 불능의 상태에 빠져 있고 민주주의의 안정성을 심각하게 위협하고 있다.[5] "정부와 전문가는 우리를 위해 이러한 문제를 해결할 수 없다. 해결의 실마리는 우리가 각자가 개인적, 사회적 책임을 수용하고 '자부심'을 고양할 때 출현할 것이다.[6] 여기서 자부심 운동은 이중적 운동으로 제시된다. 첫째, 그것은 일종의 사회운동으로 요청된다. 왜냐하면 정치와 복지국가는 한계에 달했고, 미국의 민주주의는 실패했으며, 통치는 갈등을 조정할 수 없기 때문이다. 둘째, 자부심 운동은 "혁명적" 운동이다. 그것의 목표는 새로운 정부가 아니라 새로운 정치적 영역, 정치의 새로운 영역, 자아의 새로운 통치술을 창출하는 것이다. 자부

---

5. California Task Force to Promotion Self-Esteem and Personal and Social Responsibility, *Appendixes to "Toward a State of Esteem"* (Sacramento : California Department of Education, 1990), 102.

6. 같은 책, vii-viii.

심 담론에서 통치의 문제는 자아 통치의 문제로 나타난다.

해방적 치료

자부심 담론에서 자아의 실현은 사회적 의무로 변신한다. 자아실현은 일종의 혁신으로서, 자신의 자아와의 관계를 통치할 수 있는 과업으로 전환한다.[7] 그리고 자아실현은 더 이상 개인적이거나 사사로운 목표가 아니다. 주창자들에 따르면, 우리 자신이 자부심을 목표로 수용할수록 우리는 사회에 헌신할 수 있고, 사회문제의 비용을 줄일수 있으며, "진정한" 민주주의를 가져올 수 있다. 요컨대, 오늘날 "통치력의 위기"는 자아를 통치할 수 있는 시민의 역량으로 해결될 수 있다. 물론 그러한 역량은 사회과학과 복지전문가의 손길을 따라 인도되어야 한다.

〈태스크포스〉가 보고한 주요 결론을 인용하면, "자부심은 **사회적 백신**으로 가장 유력한 후보이다. 자부심은 우리의 임파워와 책임감을 고취하고 다양한 유혹에 맞서는 주사를 놓는다. 예를 들어, 우리는 범죄와 폭력, 약물 남용,

7. 같은 책, 22.

청소년 임신, 아동학대, 만성적인 복지의존, 학교 중퇴를 피할 수 있다. 21세기를 향해 가는 지금 우리 주^州와 미국에서 개인적, 사회적 질병이 창궐하고 있으며, 그 중심에는 자부심 부족이 도사리고 있다."[8] 자부심은 팔뚝에 한 방 맞는 주사가 아니라, 일종의 "해방적 치료"처럼 제시된다. 치료의 완수를 위해서는 사회문제에 대한 접근이 완전히 전환되어야 한다. 즉, "모든 캘리포니아 주민"이 동원되어야 한다. 심지어 주창자들은 달 착륙이나 원자력의 발견에 준하는 노력을 요구한다.[9] 과학적 혁신은 사회의 안정성을 해쳤지만, 놀랍게도 자아의 새로운 과학은 사람들의 심리 상태에서 해방의 희망을 발견한다. 특히 해방의 씨앗은 도시의 가난한 유색인, 앞서 열거한 "사회적 질병"의 온상들이 품고 있다.

자부심은 특정한 형태의 자아를 생산하는 기술이다. 그것은 이언 해킹이 말하듯이 "인간을 창출하는" 실천적 기술이다.[10] 자부심은 우리 자신을 존중하는 방법 — 우리

8. 같은 책, 4.

9. 같은 책, vii.

10. Ian Hacking, "Making Up People," in *Reconstructing Individualism: Autonomy, Individuality, and the Self in Western Thought*, ed. Thomas Heller, Morton Sosna, and David E. Wellbery (Palo Alto, Calif.: Stanford University Press, 1986). 예를 들어 California Task Force, *State of Esteem*에 추천된 다음과 같은 도서명을 고려해 보자. Stewart Em-

자신을 가늠하고, 계산하고, 측정하고, 평가하고, 훈육하고, 판단하는 기술 — 에 관한 독특한 지식이며, 바로 이러한 측면에서 자부심은 테크놀로지라 할 수 있다. 특히 자부심은 문학적인 테크놀로지와 닮아 있다. 대체로 "자아"는 텍스트를 접하거나 사적인 내러티브를 말하고 쓰는 과정에서 출현한다. 스타이넘은 이러한 기법을 "문학치유"bibliotherapy라고 칭한다. 우리는 "문학치유"를 익혀서 우리 자신에게 적용하거나, 자부심 "증진"을 위한 수많은 기관, 협회, 프로그램에 참여할 수 있다. 〈태스크포스〉와 스타이넘은 각종 참고문헌과 함께 프로그램의 편람을 제시하고 있다. 심지어 치료효과는 자료의 짜깁기만 잘해도 발생한다.

자부심 운동의 한 가지 목표는 가능하면 많은 사람들의 참여를 끌어내는 것이다. 그리고 그 수단은 자부심 결핍과 투쟁한 내면의 스토리를 경청하는 것이다. 캘리포니아 의회에서 활약했던 존 바스콘첼로스가 주장하듯이, 〈태스크포스〉를 설립하기 위한 자신의 노력은 "개인적 투쟁에서" 비롯되었다. 그는 "성공 가도를 달린 듯이 보여도, 사실

ery, *Actualization : You Don't Have to Rehearse to Be Yourself* (New York : Irving, 1980); Morris Roseberg, *Conceiving the Self* (Melbourne, Fla. : Robert E. Krieger, 1979); Virginia Satir, *People Making* (Palo Alto, Calif. : Science & Behavior Books, 1988).

은 자부심을 높이려고 분투를 삼켰다." 또한 자부심에 대한 그의 헌신은 자신의 경험에서 출발했다. 주 정부의 예산은 "너무 늦게 집행되었고 그나마 너무 부족했다. 그것으로는 고통으로 허덕이는 우리의 이웃을 부양하고/하거나 회복시킬 수 없었다."11 마찬가지로, 스타이넘은 자신의 자부심 부족을 자신의 여성주의 경력에서 찾는다. 그녀는 자부심[운동]에 대한 자신의 몰입을 여성주의 정치의 한계와 결부시킨다.

자부심 프로그램의 또 다른 목표는 사회적 이익의 관점에서 참여자가 자신의 개인적 이야기를 서술하고 말하는 것이다. 이와 같은 내러티브를 거쳐, 우리는 개인의 구체적인 생활과 그것의 향상이 전체 사회의 이익과 어떻게 연관되는지 깨닫게 된다. 예를 들어, 스타이넘이 주장하듯이 십 대 소녀는 임신에 대한 솔직한 사연과 감정을 스스로 표현함으로써, 임신을 예방할 수 있다.12 말하자면, 자신의 사적인 이야기를 쓰는 과정에서, 소녀들은 자신을 통치하고 다스리는 자아를 구축하게 된다.

그렇지만 자부심 증진의 노력은 시민을 종속시키는 방식이다. 그러한 노력은 자부심이라는 목표와 그것의 바람

11. California Task Force, *State of Esteem*, ix.
12. Steinem, *Revolution from Within*, 29.

직한 사회상을 시민들이 "지향하도록" 만들거나 "따르게" 해준다. 우리는 자부심이라는 사회적 목표를 수용함으로써 우리 자신을 통치할 수 있게 만든다. 푸코를 인용하면, 자부심은 "자아의 테크놀로지" 그 이상도 그 이하도 아니다. 앞에서 푸코가 설명하듯이, "우리는 개인을 겨냥한 일련의 정치적 테크놀로지를 통해, 우리 자신을 하나의 사회로 이해하고, 나아가 사회 전체, 민족, 국가의 성원으로 거듭난다."[13] 자부심 증진이라는 개인적 목표는 아동학대, 범죄, 복지의존이라는 사회적 목표와 확고히 연결된다. 그러니까, "내부로부터의 혁명"을 겪은 사람들은 시민다운 행위를 수행한다. 이들은 프로그램에 자발적으로 참여할 뿐만 아니라, 무엇보다도 자아의 이미지를 가다듬고 개선한다. 또한 자부심 [운동]은 개인들의 행동과 참여를 언제나 요구한다. "캘리포니아 주민 모두는 각자의 시민권을 책임감 있게 행사해야 한다. 그렇게 한다면, 우리의 민주주의 체제와 사회는 앞으로도 영원할 것이고 또한 성공할 것이다."[14]

여기서 시민다움은 자신의 자아에 대한 관계와 직접적

---

13. Michel Foucault, "The Political Technology of Individuals," in *Technologies of the Self*, ed. Luther H. Martin, Huck Gutman, and Patrick H. Hutton (Amherst, Mass.: University of Massachusetts, 1988), 146.

14. California Task Force, *Appendixes*, 102.

으로 결부된다. 왜냐하면 "책임감 있는 시민이 되는 것은 개인적이고 사회적인 책임감의 함양에 달렸기" 때문이다.[15] 중요한 것은 개인이 자신의 자아를 책임지고 통제하는 것이다. 우리는 후견적 권력(사회복지사, 치료사)과 권력의 테크닉(사회프로그램, 부모학교)을 자발적으로 자신의 자아와 결합해야 한다. 자부심 증진은 우리의 자아를 통치하는 기술이고 우리 자신을 평가하고 지배하는 시민성의 기술이지만, 그렇다고 경찰, 의사, 감시인을 요구하지는 않는다. 그러나 권력이 방기되는 것은 아니다. 개입하고, 평가하고, 존중하기 위해 자아를 따로 분리함으로써, 우리는 자아를 실천의 영역으로 가져온다. 결국에 우리는 우리 자신에게 권력을 행사하는 것이다.

자부심 운동의 입장에서, 사회는 자부심 없는 사람들로부터 보호되어야 한다. 자아실현과 사회개선을 결합하지 못한 수많은 사람들이 "사회문제"로 취급받아 재분류되었다. 그들은 "자부심 부족"으로 진단받았고 "반反사회적 행동"으로 비난받았다. 달리 말해, 사회적 이익이라는 명분이 한바탕 휩쓸고 지나갔다. 사회복지사를 비롯한 각종 전문가(자선활동가, 정책 전문가, 공중보건 전문가, 정치인

---

15. California Task Force, *State of Esteem*, 22.

등)는 목청을 높였고, 사회과학자들은 사회적 욕구의 으뜸가는 전문가로서 기회를 놓치지 않았다. 전체 사회의 이익을 대변한다는 집단들이 후견적 권력을 완전히 장악했다. 대표적으로 『자부심의 사회적 가치』는 사회의 복리 향상을 공언하고 있다.[16] 그렇지만 [아무리 사회 전체를 위한다고 해도] 후견적 권력은 [사회 전체가 아니라 특정한] 타자를 동원할 때만 실행될 수 있다.

분명히 밝혀두자면, 국회의원과 사회복지사를 비롯한 전문가들은 해방적 치료라는 미명 아래 노골적인 강제와 가혹한 수단을 적용한다. 나는 이러한 사실을 폄하할 생각이 전혀 없다. 실제로 법원은 매 맞는 여성들의 임파워와 자부심을 명분으로 걸핏하면 치료 프로그램을 강제한다. 자녀의 양육이 확실해질 때까지, 소년법원이 관할하는 엄마들은 부모학교와 집단치료 등을 "이수해야" 한다. 게다가 위탁양육기관은 언제든지 강제적인 수단으로 전환될 수 있다. 그곳에서 사회와 법률, 자선활동가는 엄마들의 적정 행동을 촉진한다고 주장하지만, 실제로는 강제적인 기제가 작동하고 있다. 아이를 데려간다는 위협은 강제적 수

---

16. Andrew Mecca, Neil Smelser, and John Vasconellos, eds., *The Social Importance of Self-Esteem* (Berkeley : University of California Press, 1989).

단 가운데 초보적인 것에 불과하다.

그렇지만 여성들은 협박이 없어도 대체로 설득되고 있다. 그들은 알아서 자신을 "임파워"한다. 이 경우에 통치행위는 우리 자신에게 행하는 것이지, 권력자가 우리에게 지시하는 그 무엇이 아니다.[17] 말하자면 우리가 언제나 이미 실천하고 있는 자아의 통치는 너무나 과소평가되고 있다. 민주주의 통치, 정확히는 스스로의 지배는 주체성을 스스로 인식하고, 분간하고, 다스리는 시민의 능력에 달려 있다. 달리 말해 시민의 능력이란 자기 자아의 주재자가 되는 역량을 말한다. 또한 정치적으로 유능한 자아를 형성하는 시민적 역량은 주체성과 시민성을 구성하는 테크놀로지에 달려 있다. 그리고 테크놀로지는 개인의 목표와 욕망을 사회의 질서 및 안정과 연결하는데, 이것은 결국 주체성을 권력과 연결하는 것이다.[18] 주체성과 예속성의 경계는 내가 나의

---

17. 니콜라스 로즈는 주체성의 통치가 중앙집권화된 권력에는 적합하지 않다고 주장한다. "오히려, 주체성의 통치는 일련의 복잡하고 이질적인 테크놀로지가 증가하면서 형성되었다. 이들 테크놀로지는 중계 장치로 기능하면서 정치, 과학, 자선활동, 전문직업의 권위자들이 지닌 다양한 목표를 개인의 관념 및 욕망과 일치시켰으며, 또한 이들 다양한 목표를 우리 각자가 갈망하는 자아와 조응시켰다"(*Governing the Soul : The Shaping of the Private Self* (London : Routledge, 1990), 213].

18. 다음 글을 참고하라. Michel Foucault, "The Subject and Power," in *Michel Foucault : Beyond Structuralism and Hermeneutics*, 2d ed., ed. Herbert L. Dreyfus and Paul Rabinow (Chicago : University of Chicago

자아를 정복할 때 서로 교차된다. 활동가든 전문가든 개혁가들이 제시하는 목표는 특정한 관념의 사회적 선으로 포장되며, '내'가 개인적 목표를 그들이 제시한 목표와 일치시킬 때 주체성과 예속성은 서로 교차한다. 이런 식으로 자부심이라는 규준은 주체성을 권력에 연결한다. 니콜라스 로즈를 인용하면, 자부심은 "주체를 종속에 옭아맨다. 왜냐하면 종속은 우리 자신의 자발적 선택처럼 현상하기 때문이다. 복종은 마치 우리의 자유의 문제처럼 나타난다."[19]

자부심 운동을 매개로, 자기지배와 민주주의에 대한 요구는 정치적 제도와 경제적 관계를 넘어서까지 확장된다. 즉 참여, 임파워먼트, 집합행동이라는 정치적 목표는 자아의 영역으로 침투한다. 이러한 맥락에서 스타이넘은 여성주의의 슬로건을 뒤집는다. "개인적인 것이 정치적"이다. 하지만 그만큼이나 "정치적인 것은 개인적인 것이다." 또한 니콜라스 로즈가 증명하듯이, (자부심 증진처럼) 오늘날의 정치적 테크놀로지는 특수한 종류의 자유를 제공한다. 새로운 자유는 "사회적 억압에 대한 해방"을 약속하는 대신에 "자율적 의식에 심리적 제약을 가함으로써, 우리로 하여금 합리적 변화를 자발적으로 따르게 만든다. 자유의

Press, 1983).

19. Rose, *Governing the Soul*, 256.

성취는 슬로건이나 정치적 혁명의 문제가 아니라, 우리의 주관적이고 사적인 실체, 즉 자아를 느리지만 꾸준히 세공하는 과업이 된다. 이 과정에서 심리에 대한 전문지식은 가이드 역할을 수행하고 있다.”[20]

자부심이 약속하는 해방은 개인과 자아와의 관계 안에서 비롯하지만, 자아에만 한정되지 않는다. 자부심은 개인과 더불어 사회의 민주적인 발전을 위한 토대로 단언된다. “해방적 치료사”의 전문적 후견 아래, 자부심 [운동]은 사회적 관계의 총체적 변화를 증명하며 그러한 변화를 가져오는 새로운 전략들을 집약하고 있다.

자부심 상태의 확립

〈캘리포니아 태스크포스〉는 주州의회의 의뢰를 받아 광범위한 문헌 조사에 착수했다. 그들의 연구 목적은 여섯 가지 사회문제와 “자부심”의 관계를 탐색하는 것이다. 여섯 가지 문제란 “만성적인 복지의존”, 알코올 중독과 약물남용, 범죄와 폭력, 학력부진, 청소년 임신, 아동 학대였

---

20. 같은 책, 213.

다. 하지만 〈태스크포스〉의 회원인 사회학자 닐 스멜서 Neil Smelser가 고백하듯이 사회과학자들은 자부심 부족을 사회문제의 원인으로 입증하지 못했다. "매우 일관된 보고들에 따르면······[독립변수] 자부심과 예측변수[즉, 사회문제] 사이에서 상관관계는 [통계적으로] 엇갈리거나, 유의하지 않거나, 전혀 관계가 없었다."[21] 이처럼 자부심 결핍과 사회문제는 "모호한" 관계를 보임에도 불구하고,[22] 〈태스크포스〉는 추가 연구에 필요한 기금을 공개적으로 요구했다. 실제로 〈태스크포스〉에 관여한 회원과 사회과학자는 현존하는 문제와 그 처방을 규명하지도 않았고, 경험적으로 확증하지도 않았으며, 심지어는 설명하지도 않았다. 대신에 그들은 부재하는 것을 측정하려고 시도했다. 연구의 초점은 자부심의 부족이 사회문제와 갖는 관계(없음)으로 이동했다.

---

21. Mecca, Smelser, and Vasconellos, *Social Importance of Self-Esteem*, 15.

22. 같은 책. "(적어도, 앞서 묘사한 직관적으로 올바른 모델을 충실히 따르는 우리가 볼 때) 이 책의 모든 장(章)에서 실망스러운 측면 가운데 하나는, 자부심과 그것의 결과[변수]의 관계가 지금까지의 조사에서는 매우 낮다는 사실이다." 놀랍게도, 여기서 자부심은 실제로는 아무런 관련이 없음에도, "그것의 결과[변수]"와 연결되고 있다. [통계적으로 상관관계가 유의하지 않는다면, 보통은 자부심과 '그것의 결과변수'는 일단 관계가 없다고 봐야 한다. — 옮긴이]

〈테스크포스〉는 최종 보고서에서 코빙턴Covington 교수의 말을 인용하고 있는데, 자부심은 "우리를 보다 완전한 인간으로 고쳐시킨다. 과학적 조사의 대상이자 동시에 행위의 동력으로써, 자부심은 탁월한 메타포이다. 자부심은 여분의 의미로 가득 차 있는 상징이며, 한 사람의 인간으로서 우리가 무엇이 될 수 있는지 그것을 상상하게 해준다."[23]

자부심의 결핍을 "발견"함으로써, 사회과학자들은 "자부심의 상태"라는 감지할 수 있는 환상을 창출했다. 여기서 우리는 사회과학을 일종의 생산적 과학으로 간주할 수 있다. 그러니까, 사회과학이 생산하는 지식, 측정, 자료는 시민의 주체성뿐만 아니라 통치적 관계를 구축한다. 자아를 측정하고, 평가하고, 존중하는 방법을 고안함으로써 사회과학은 사실상 자아를 생산하고, 자아를 개혁 프로그램과 사회적 이익이라는 가상과 연결한다. 간단히 말해, 사회과학은 이전까지 아무것도 없던 곳에다가 일련의 사회적 관계와 인과관계를 구성한다.

사회과학의 도구화는 자기통치의 역량을 갖춘 자아를 창출했지만, 이것은 분명히 과학을 벗어난 기획이었다. 종국에는 사회과학자들 스스로가 [과학적인] 증명의 중요성

---

23. California Task Force, *State of Esteem*, 44.

을 폐기한다. "우리의 목표는 자부심과 강력 범죄의 인과성을 암시하는 '자명한' 사례를 수집하고 구축하는 것이다. 공공 정책은 다른 영역처럼 최종적인 증명을 기다리지 않는다 …… 우리는 자부심의 중요성을 수세적으로 옹호할 필요가 전혀 없다."[24] 그들의 전투 목표가 '자명한' 사례를 수집하는 데 있다면, 그래서 이미 '자명한' 사례가 존재한다면, 사회과학은 어째서 필요한 것일까? 또 증거수집에 필요한 추가 자금은 어째서 필요한 것인가? 그것도 사회과학 연구의 탈을 쓰고 말이다. 내가 볼 때, 이에 대한 정답은 사회과학 연구의 생산적 역량 때문이다. 사회과학 연구야말로 주체를 자부심이 결핍된 존재로 생산하며, 결핍된 주체의 진리를 표현할 수 있는 용어를 가공할 수 있다. 결과적으로, 사회과학 연구는 저러한 진리에 따라 주체를 조율하는 정책 수단을 확립한다. 피에르 부르디외를 인용해서 말하면, 종교를 믿듯이 자부심의 해방적 특성을 공언(고백)함으로써, 전문가들은 자부심을 하나의 직업(소명)으로 전환시켰다.[25]

---

24. Thomas Scheff, Suznnne M. Retzinger, and Michael T. Ryan, "Crime, Violence, and Self-Esteem : Review and Proposals," in Mecca, Smelser, and Vasconellos, *Social Importance of Self-Esteem*, 179.

25. Rose, *Governing the Soul*, 256.

사회복지와 관련된 연구자와 기관들은 자부심 운동에서 높은 수익을 올리고 있으며, 그 결과 새로운 프로그램은 대폭 확산되고 있다. "임파워먼트"와 "자부심"은 비정부단체의 강령과 기금 신청서에서 거의 의무적으로 등장한다. 그렇다고 해서, 자부심 옹호자들이 1990년대 버전의 복지 뚜쟁이는 아니다(물론 그들을 이렇게 묘사할 수 있는 상당한 증거들이 존재한다).[26] 한편으로, 복지기관의 직접적인 경제적, 직업적 이해관계를 지나치게 강조하면, 오히려 오해가 발생할 수 있다. 프로그램 책임자와 연구자는 자부심 운동의 고조로 한몫 챙길 수 있겠지만, 그것은 사람들이 자기 자신을 어떻게 자부심 부족으로 인식하는지, 그리고 왜 그렇게 하는지 하는 것을 충분히 설명할 수 없다. 다른 한편으로, 이데올로기적 설명 역시 부분적이다. 자부심 프로그램은 (빈곤, 성차별, 인종차별 같은) "진정으로" 근본적인 원인을 모호하게 하거나 무시하지 않는다. 자부심 운

---

26. 이에 대해서는 2장에서 논의한 테레사 푸니첼로의 주장이 대표적이다. 비록 그녀가 빈민을 통치하는 방식으로 사회복지를 파악하지는 않지만, 사회과학 종사자와 소득 재분배의 관계를 분명히 주장한다. 『친절의 독재』[The Tyranny of Kindness: Dismantling the Welfare System to End Poverty in America (New York: Atlantic Monthly Press, 1983)] 38쪽에 따르면, "사람들을 팔아먹는 이른바 전문화 현상이 정부 계약 아래 엄청나게 팽창했다. 모든 빈곤 문제와 관련하여, 자기 안위를 걱정하는 전문직은 빈곤을 뿌리 뽑기보다는 그저 상황 개선만 추구한다."

동은 이데올로기 수준에서 이해되지 않으며, 그것은 모종의 계략이나 미약도 아니고 악의적인 음모도 아니다. 대신에 자부심 운동은 통치의 일종이다.

사회과학자들이 폭력과 자부심의 인과성을 발견하지 못했지만, 양자의 관계는 법률을 비집고 들어갔다. 앞서 인용한 것처럼 제3,659호 법안은 〈태스크포스〉의 설립으로 이어졌는데, "〈범죄 억제와 폭력 예방 위원회〉Commission on Crime Control and Violence Prevention의 과학적 조사에 따르면, 반사회적인 폭력 행위는 자부심 결핍과 분명한 상관관계를 보여준다. '폭력적인 범죄자와 만성적인 범죄자의 경우, 자부심은 부족하게 나타나고, 자아 이미지는 부정적이거나 부도덕하며, 불신감이 높게 조사되었고, 무력감은 심각할 지경이다.'"27 〈태스크포스〉는 지식의 조작 및 응용 방법을 범죄학 영역에서 빌려왔다. 추가 연구에 필요한 기금을 요청하면서, 〈태스크포스〉는 〈범죄예방위원회〉의 모델을 채택한 다음 그것을 "시민들의 노력"에 적용했다.

자부심의 새로운 테크놀로지는 부분적으로 범죄 예방과 죄수 감독의 기술에서 탄생했다. 이것은 쉽게 간과할 수 없는 논점이다. 유혈 충돌이 발생했던 아티카교도소 폭

---

27. California Task Force, *Appendixes*, 104.

동[28]을 분석하면서, 일부 연구자들은 교도관의 자부심 하락을 원인으로 꼽았다. 교도관의 권한 감소가 자부심 부족으로 이어졌다는 것이다. 그런데 연구자들은 분석 과정에서 정책적 함의로 갑자기 비약한다. 그들은 교도관과 죄수의 관계를 고객과 직원, 의사와 환자, 교사와 학생, 부모와 자녀 간의 관계와 등치시킨다.[29] 주체성의 새로운 기법, 즉 자부심은 전체 사회와 그것의 모든 "사회적 문제"를 포괄하여 적용된다. 전체 사회는 평가되고, 추산되고, 수량화되고, 측정되는 개인들로 분해되고 사회는 자부심이 부족한 시민들로 환원된다. 간단히 덧붙이며, 임파워먼트와 자부심은 사회운동에서 유래한 표현이다. 이것 역시 대단히 중요한 논점이다. 분명한 사실은 자부심 담론이 해방과 훈육을 결합하고 있으며, 결합의 양태는 내가 제시한 것보

---

28. [옮긴이] 아티카교도소봉기(Attica prison riot)는 1971년 9월 9일, 뉴욕주에 위치한 아티카 교도소에서 일어났다. 봉기는 다른 교도소에서 탈출한 흑인 죄수, 조지 잭슨(George Jackson)의 사망으로 촉발되었으며, 죄수들은 정치적 권리와 생활 조건 개선을 요구했다. 급진적인 교도소 개혁가였던 조지 잭슨은 8월 21일 캘리포니아의 샌 퀸틴 교도소를 탈출했고, 6명의 교도관에 의해 총격으로 사망했다. 아티카교도소에서 약 1천여 명의 죄수들이 반란을 일으켰고 교도소를 점령한 다음 42명의 인질을 잡았다. 이후 4일간의 협상으로 당국은 28개의 요구사항에 동의했지만, 면책 특권을 허용하지 않았고 진압 끝에 39명의 사망자가 발생했다. 이 가운데 10명은 교도관과 교도소 직원이었다.

29. Scheffe, Retzinger, and Ryan, "Crime, Violence, and Self-Esteeem," 192-93.

다 훨씬 복잡해 보인다. 그렇지만 여기서는 간략히 두 가지만 언급하고 넘어가자.

첫째, 이른바 복지의존, 알코올 중독, 청소년 임신은 폭력, 아동학대, 불법적인 약물남용과 나란히 병리화되고 범죄화된다. 예를 들어, 이러한 시도는 복지수급자의 "낮은 자부심"을 특정한 결격 사유와 연결함으로써 완성된다. 복지수급자는 정치적으로 무기력하고, 자신의 역능을 끌어올리지 못하고, "책임감 있는 시민답게" 사회적 의무를 행하지 못한다. 〈태스크포스〉가 보고하듯이, 복지수급자는 자부심이 부족하기 때문에 사회에 대한 책임을 방기한다. 자부심 부족의 증거는 무엇인가? 그들이 수급비로 먹고산다는 사실 자체가 증거이다. 둘째, 범죄자와 "반反사회적 행위"를 억압하는 대신에 관리하고, 제어하고, 개선하는 지식이 이제는 전사회로 확산되고 있다. 그러니까, 복지수급자와 알코올 중독자에게 적용되는 자기 통치의 기술이 범죄 분야의 노골적인 감시 및 통제 기술을 대체하고 있다.

〈태스크포스〉에 따르면, "사회적 백신"은 사회의 모든 부분에 적용되어야 한다. 가족과 직장, 정부 등 사회의 모든 영역은 자부심의 원칙에 따라, 그리고 개인적·사회적 책임을 중심으로 통합되어야 한다. "새천년에는 국가의 모든 행정부문과 프로그램이 사람들을 임파워하고 자아의 실현과 자립을 촉진할 것이다……모든 시민(과 비시민)은 정치적 과정에 온전히 참여할 책임을 자각할 것이며, 그/녀는 모든 상황과 관계마다 자신이 타자에게 끼치는 긍정적 효과를 깨달을 것이다."[30] 여기서 미래를 마치 현재처럼 묘사하고 있지만, 어쨌든 자부심 담론의 목표는 공정하고 민주적인 사회를 구축하는 것이다. 우리는 무리해서 주의주장을 펼칠 필요도 없고, 타인에게 우리와 보조를 맞추라고 설득할 필요도 없다. 단지 자부심만 증진하면 그것으로 충분하다. 자부심은 우리 자신에 대한 떳떳함과 관련되는 것이다. 자부심의 확립은 통상적인 공론장이나 연설과는 아무런 관련이 없다. 자부심은 자기 자신과 자아의 내적 대화에서 생성될 수 있다.

결론적으로 감방에서 전체 사회까지, 모든 곳에서 고립된 개인은 사회적이고 민주적인 혁명을 개시할 수 있다. 스타이넘이 보기에, "자부심은 국가nation의 운명만큼이나 개인의 삶에도 관여한다. 자기혐오는 지배나 피지배의 욕구로 귀착될 뿐이다. 시민들이 자신의 양심을 제외한 모든 예속을 거부할 때, 그들은 국가를 변화시킬 수 있다. 간단히

---

30. California Task Force, *State of Esteem*, 12.

말해, 자부심은 모든 현실 민주주의, 그것의 토대이다."[31] 결국 정치권력은 자부심과 조응할 수 있다는 말이다. 이 지점에서 우리는 토크빌의 질문으로 되돌아갈 수 있다. 고독한 개인이 기성 체제를 어떻게 전복할 수 있을까? 계속해서 토크빌의 답변을 살펴보자.

새로운 정치과학

푸코와 여성주의는 사람들이 어떻게 자기 자신을 섹슈얼리티와 젠더의 주체로 인식하는지, 그것을 각각 보여주었다. 동일한 맥락에서, 사람들은 자기 자신을 민주적인 시민적 주체로 인식하도록 훈련받고 결국에는 자아를 통치하게 된다. 계보학적 작업이 섹슈얼리티와 젠더에 대한 담론과 기술을 보여주듯이, 우리는 시민-주체의 형성과 그들이 사회체제와 맺는 관계를 역사적으로 서술할 수 있다. 그런데 토크빌은 푸코와 여성주의가 고심하지 않았던 문제를 다음과 같이 제기했다. 민주사회에서 권력과 시민성, 주체성은 독특하게 편성되는데, 그것은 무슨 까닭에 그렇게

---

31. Steinem, *Revolution from Within*, 9-10.

되는가? 통치 행위는 민주사회에서 어떻게 자기 통치의 문제로 전환되는가?

19세기 동안 시민의 자아통치 능력은 자치의 문제와 맞물려 극적으로 변화했다(2장). 미국의 경우, 독재정과 민주주의를 구별하면서 토크빌은 심각한 난제에 부딪혔다. 민주적 자치는 주체성의 발휘 이상으로 무언가를 요구했다. 그것은 자아의 종속 또한 수반했던 것이다.

겉으로 볼 때 민주주의는 정치적 신민을 해방했고, 그들은 하룻밤 사이에 정치적 시민으로 변신했다. 정의상 타인의 지배에 종속된 시민이 존재한다면, 그런 사회는 그 자체로 민주주의가 아니다(1장에서 우리는 토크빌식 이분법, 즉 시민/주체의 한계를 검토했다). 『미국의 민주주의』 1권에서 토크빌이 주장하듯이, 민주주의 아래 시민은 자치에 관여하고 직접적으로 통치에 참여한다. 따라서 그들은 예속을 거부해야 하지만, 토크빌은 놀라운 사실을 발견했다. 시민의 주체성이 그들의 예속성과 분명하게 구별되지 않았다. 『미국의 민주주의』 2권을 끝마칠 때까지, 토크빌은 민주주의와 그것의 독재적 경향을 구별하지 못했으며 대중의 주권과 그들의 종속을 구분할 수 없었다.

토크빌에 따르면, 민주주의도 독재처럼 고립되고 무력한 시민들에게 의존했다. 먼저 독재하에서, 주체들은 순전히 자유롭지 않기 때문에 고립되었다. 민주주의에서는 개인의 평등과 자유가 확보되었지만, 오히려 그것 때문에 시민들은 고립되고 무력해졌다. 그들은 비록 자유로웠지만, 고립된 개인으로서 상대적으로 미약했다. 그래서 민주주의는 다수의 힘을 토대로 자신의 권력과 안정을 확보했다. 즉 자치를 실현하려면, 시민들은 통일적으로 행동하고, 힘을 뭉쳐 권력을 행사하고, 민주정의 독재적 경향을 억제할 필요가 있었다.

민주주의에서 개인의 평등과 자유는 우위를 다툴 수 없는 필수 조건이다. 그러나 두 가지 조건이 양립하면서 다수의 결합은 심각한 곤경에 빠졌다. 토크빌이 언급하듯이, "평등이 보장된 시대에는 그 누구도 자신의 권력을 타인에게 선뜻 양도하지 않는다. 또한 그 누구도 동료로부터 실질적 후원을 당당히 요구할 수 없다. 결과적으로 각자는 자유롭지만 동시에 취약하다. 우리는 두 가지 조건을 혼동하지 않으면서도 별개로 다루지 않아야 한다. 이들 [상충하는] 조건이 민주주의 아래 시민들을 극단적인 모순으로 몰아넣기 때문이다."[32] 여기서 대두한 문제는 자유로운 시민들이 사회의 생존과 번영을 어떻게 수용하고 그것에 참여하

32. Alexis de Tocqueville, *Democracy in America* (New York : Harper Perennial, 1969), 672.

는가 하는 것이었다. 그러나 이것은 간단히 해결될 문제가 아니었다. 아무튼 「자유의 제도가 유발한 개인주의, 이에 맞서는 아메리카」에서, 토크빌은 나름대로 해결책을 제시했다. 그가 보기에, 독재에 맞서는 유일한 안전장치는 정치적 자유, 즉 결사의 자유에 있었다. 결사의 자유는 시민들에게 자유에 대한 훈련과 감각taste을 제공하고, 또한 자율적으로 통치하는 능력을 배양했기 때문이다.

그러나 민주주의도 독재처럼 시민들이 자신의 정치적 자유를 방기하는 특성이 있었다. 게다가 정치적 자유는 그것을 사용하지 않을수록 독재에 대한 저항력을 상실했다. "평등은 사람들을 응집하는 대신에 나란히 병렬하고, 독재는 그들을 분리하기 위한 장벽을 세운다. 독재는 사람들을 서로 이간질하고 공적 가치를 무시하도록 조장한다."[33] 토크빌이 생각할 때, 경찰과 국가는 노골적인 지배와 강제를 통해, 시민들의 행동을 억제할 뿐이지 능동적인 협력과 참여를 끌어내지 못했다. 반면에 민주적인 통치행위는 (억압적인 대신에) 생산적인 통치 양식에 의존하지만, 이것은 국가의 통제를 벗어나 있었다.[34] 토크빌은 민주주의를 촉진하는 동시에 통제하기 위해서 "새로운 정치과학"을 요구했

33. 같은 책, 510.
34. 같은 책, 91.

다.[35] 민주적인 참여는 자명하지도 않았고 저절로 일어나지도 않았다. 민주적인 참여는 촉진되고, 장려되고, 인도되고, 지도되어야 했다. 이러한 목표 아래, 새로운 정치과학은 시민성과 참여의 테크놀로지를 고안하고 발전시켜야 했다.

각자의 자유로 인해 개인들은 서로 분리되어 있기 때문에, 그들은 인위적으로 창출된 연대, 이른바 연대의 지식이 필요했다. "민주주의 사회에서, 연대에 관한 지식은 모든 지식의 모체이다. 다른 모든 지식은 연대의 지식이 발전하는 정도에 달려 있다."[36] 과거 한때 결사체는 무질서의 원흉으로 간주되었지만, 민주주의 아래 결사의 자유는 법적으로 인정되었다. 그러나 그것만으로는 충분하지 않았다. 시민들이 자신의 정치적 자유를 방기해버리면, 법적인 권리는 민주주의 체제를 온전히 보장할 수 없었다. 이러한 맥락에서, 자치를 실현할 수 있는 시민적 역량이 통치의 화두로 등장했던 것이다.

간단히 말해, 독재와 무질서의 위협은 고삐 풀린 무도한 자들이 아니라, 무감각하고 무관심한 사람들 때문에 발생했다.[37] "고립되고 나약한 시민들은 연대를 통해 쟁취할

---

35. 같은 책, 12.
36. 같은 책, 517.
37. 같은 책, 510.

수 있는 권력을 사전에는 분명히 알지 못한다. 시민들은 그러한 권력을 목도한 다음에야 비로소 이해할 수 있다."[38] 긴급한 과업은 시민들의 행동을 형성하는 기법이었다. 우선적으로, 그들은 모이는 방법부터 배워야만 했다. 그것은 스스로 결집하고 통일적으로 행동하는 방식을 말하며, 이것은 연대의 과학을 통해 성취될 수 있었다. 다음으로, 시민들 스스로 그와 같은 행동을 욕망할 필요가 있었다. 토크빌은 이러한 욕망을 "계몽된 자기이익", "올바로 인식된 이해관심"으로 불렀다. "오래된 전통적 결속이 사람들을 더이상 결합하지 못할 때, 만일 우리가 다음과 같이 사람들을 설득하지 못한다면 다수의 협력은 불가능할 것이다. 모든 사람이 자신의 활동을 다른 사람의 활동과 자발적으로 결합할 때, 그것이 각자의 사적 이익에 부합한다고 말이다."[39] 말하자면, 시민들을 설득해서 그들이 자신의 사적 이익과 운명을 사회의 그것과 자발적으로 결합할 때, 민주주의는 강제력에 의존하지 않고도 안정될 수 있었다.

토크빌에게 있어서 시민적 덕목을 향한 공화주의적 열정 — 개인의 사욕을 극복하고 공동의 이익을 취한다는 관점 — 은 "계몽된 자기이익"에 따라 품행을 지도하는 규율

---

38. 같은 책, 521.
39. 같은 책, 517.

로 대체된다. 나아가, 민주적인 정치 행위는 시민과 사회를 결합한다는 "일반 원칙"에 따라 판단되었다. "올바로 인식된 자기이익의 원칙은 일상에서 약간의 사소한 희생을 가져올 수 있지만, 그렇다고 커다란 피해를 요구하지 않는다. 물론 그러한 원칙이 사람들을 저절로 고결하게 만들 수는 없겠지만, 만일 훈육을 통한다면 고결하고, 온화하고, 온건하고, 신중하고, 절제된 시민들이 수없이 자라날 것이다. 훈육은 개인의 의지를 곧바로 함양할 수는 없지만, 개인의 습관을 확립함으로써 부지불식간에 의지를 고결하게 만든다."[40]

토크빌은 감옥에 관한 연구를 통해 규율과 계몽된 자기이익을 발견했다. 다른 논자들이 지적했듯이, 토크빌이 보기에 감옥의 규율은 고결한 인간을 만들진 못해도 선량한 시민을 "조형"할 수 있었다.[41] 그렇지만 민주주의의 통치 모델은 교도소의 그것으로 대체되지 않는다.[42] 특히 교도

---

40. 같은 책, 527.

41. 토마스 덤은 미국에서 민주주의 시민성의 훈육적 기원을 구체적으로 보여주고 있다. Thomas Dumm, *Democracy and Punishment: Disciplinary Origins of the United States* (Madison: University of Wisconsin Press, 1987). 또한 다음 글을 참조하라. Roger Boesche, *The Strange Liberalism of Alexis de Tocqueville* (Ithaca, N.Y.: Cornell University Press, 1987), 229-59.

42. 피터 밀러의 언급처럼, "교정 권력은 규준적인 규칙을 전체 사회 조

소는 민주주의가 아니라 독재를 위한 완벽한 모델로 작동할 수 있다. 토크빌이 독재와 민주주의 사이에서 유사성을 발견했지만, 실제로 그가 자임했던 과업은 독재에 맞서 동원할 수 있는 민주적인 요소의 발견이었다. 그러니까, 평등의 조건 때문에 토크빌이 교도소의 테크닉을 자발적 관계로 확장하지만, 그것은 자율적인 권력 관계를 독재와 대항시키기 위해서였다.

토크빌의 주장에 따르면, 독재와 민주주의 그 어느 쪽도 제도와 법률에 따라 성립하지 않았다. 민주주의는 독특한 종류의 사회로서, 그것의 독재적 경향은 통치 제도가 아니라 통치 테크닉이 좌우한다. 민주주의의 조건, 즉 개인의 평등과 자유는 민주적인 시민들의 모순적 기질로 고착되었다. 그들은 한편으로는 자신의 독립을 위해 통치받길 싫어했고, 다른 한편으로는 독재적인 권위자가 나타나면 무력하게 굴복했다. "그러나 단언컨대 무질서는 민주주의 시대를 괴롭히는 최악의 질병이 아니다. 실제로 평등은 두 가지 경향을 낳는다. 하나는 사람들을 곧바로 독립시켜 순식간에 무질서 상태로 몰아갈 수 있다. 다른 하나는, 보다 느리고 은밀하지만 그만큼 확고하게, 사람들을 노예상

___

직에 가져다주었지만, 그렇다고 해서 그것이 배타적인 모델은 아니다."[*Domination and Power* (London : Routledge, 1987), 201].

태로 이끌고 간다. [문제의 질병은 이 두 번째 경향이며, 따라서 노예를 시민으로 만드는 테크닉이 요구된다.]"[43]

결과적으로 토크빌의 새로운 정치과학에서 그 초점은 정치적 제도가 아니었다. 중요한 것은 사회의 자발적 관계 속에서 민주적인 자유와 시민의 권력을 보존하는 문제였다. 비록 그 목적은 정치적이지만, 시민이 습득해야 할 유대 관계는 정치적이 아니라 사회적(즉 결사적)이었다. 19세기에는 사회과학의 탄생과 함께, 사회적인 것이 출현하고 있었고, 연대 관계의 육성은 정치적인 것, 즉 국가로부터 벗어난 "사회적인 것"을 배경으로 삼았다. 본래 [자발적] 결사체는 다리를 건설하고, 예술과 과학을 증진하고, 사업을 추진할 목적으로 결성되었지만, 그것은 개별 시민들의 욕망과 목표를 사회의 이익이라는 관념과 연결하는 데 유용했다. 노골적인 강제나 국가의 집권적 개입이 없어도, 자발적 단체는 시민의 통합과 사회의 안전을 도모할 수 있었다.

이렇게 볼 때 민주주의는 정치에 대한 관념을 변화시켰다. 정치적 활동은 본래 (사생활과 대립하는) 공적 생활이었지만, 이제는 사회의 생존과 삶의 문제로 변모했다. 민주주의는 개인이 시민으로서 공동으로 행동할 때, 즉 연대할

---

43. Tocqueville, *Democracy in America*, 667.

경우에만 제대로 작동할 수 있다. 이것이 민주주의의 필수 조건이라면, 우리는 그것을 어떻게 충족할 수 있을까? 처음에 토크빌은 공화주의 테제를 반복했다. "공동의 문제가 공적으로 다루어진다면, 개인들은 곧바로 명확한 사실을 알게 될 것이다. 즉 생각했던 것보다 자신들이 동료에게서 자유롭지 못하고, 그들의 도움을 얻기 위해서는 보통은 자신이 그들을 도와야 한다고 말이다."[44] 그렇지만 공화정과 달리 대중 민주주의에서 공통의 공적 영역은 분명한 한계를 노정했다. 체제의 안정을 위해서는 시민들이 서로를 도와야 했지만, 공적 영역은 모든 사람의 욕구를 허용하지 못했다. 공화정에서 자치는 제한된 공적 영역 안에서 전개되는 한시적 활동이며, 공적으로 (공유된) 주요 사안만을 다룰 수 있었다. 단적으로 말해, 자유와 정치는 제한된 공적 영역 안에 국한되었다. 반대로 민주정에서, 민주적인 자유와 그에 따른 자치 활동은 특정한 영역에 고착되지 않고 오히려 확산되었다. 민주주의 아래 자유와 자치는 다양한 결사체 속에서, 그리고 개인의 능력과 행위 속에서 추구되었다.

공화정에서 시민의 자치 능력을 뒷받침했던 제도들은

---

44. 같은 책, 510.

민주주의가 대두하자 작동불능에 빠졌다. 공화정에서 공적 생활은 공동의 복리를 다루긴 했지만, 사실상 공적 영역은 남성 재산 소유자와 군인에게 국한되었다. 토크빌이 주장하듯이, 미국의 민주주의를 입법한 사람들은 공적 영역의 한계를 명확히 알고 있었다. 공적 영역은 고립된 시민들에게 상호 의존의 중요성을 각성시킬 수 없었다. 이에 따라 통치는 [공적 영역을 넘어] 사회 전체로 확장될 필요가 있었고, 시민들이 알아서 조직하고 통치하는 장소들이 구축되었다.

사회적인 자발적 결사체는 정치의 무능력을 해결했다. 이를 통해 통치는 시민들의 활동으로 침투하는 동시에, 그들이 스스로 행동하게 만듦으로써 권력의 범위를 확대했다. 토크빌이 반문하듯이, "미국에서 시민들은 결사체를 통해 온갖 사소한 일을 수시로 처리하고 있다. 도대체 어떠한 정치권력이 그렇게 할 수 있겠는가?"[45] 결론적으로, 결사체는 통치의 범위를 비통치적 관계로 인위적으로 확장했다.

그렇다면, 독재와 민주주의는 어떤 측면에서 다른가? 둘의 차이는 정치나 제도에 있지 않고 개인과 사회 간의 관

---

45. 같은 책, 515.

계에 있었다. 이번에도 토크빌은 미국을 보고 충격을 받았는데, 그곳에는 공식적인 정부의 노골적인 권력이나 개입이 존재하지 않았다.[46] 심지어 토크빌은 경외감을 넘어 그곳에서 위협감을 느꼈다. 그것은 시민들이 비가시적인 통치행위에 복종했기 때문이다. "아무리 생각해도, 사상 초유의 새로운 억압이 등장해 민주주의를 위협하고 있다…… 그런데 아무리 노력해도, 머릿속에 떠오른 모든 생각을 하나의 단어로 묘사할 수 없었다."[47] 토크빌은 딱히 마땅한 표현이 없어서 새로운 억압을 "독재"라고 명명했는데, 그것은 ─ 사회의 명예, 이익, 지혜와 권력을 명분으로 ─ 개인보다 사회를 우위에 두는 사태였다. 그런데 독재는 통치의 과잉이 아니라, 과소에서 생기는 위협이었다. "그러니까 매개적 권력이라는 관념이 약화되고 마침내 사라진다. 특정한 개인이 태생적 권리를 가진다는 관념은 사람들의 심중에서 급격히 소멸한다. 대신에 전체 사회를 전능하고 유일한 권위로 간주하는 생각이 그 자리를 차지한다."[48] 그때 통치권은 정부와 개인이 아니라 전체 사회로 이전되고, 사회는 "시민들을 보호하고 지도할 권한과 함께 책임까지" 부

---

46. 같은 책, 72.
47. 같은 책, 691.
48. 같은 책, 669.

여받았다.[49]

통속적인 해석에 따르면, 토크빌은 개인의 주체성, 행동, 독립을 위협하는 다수, 즉 사회의 독재에 반대했다. 그러나 그가 볼 때, 민주주의 통치에서 개별적인 시민은 집합적인 사회와 대립하지 않았다. 사회에는 국가와 달리 강제적인 권력이나 수단이 없었다. 민주주의에서 독재의 위협적 경향은 폭압, 지배, 강제적 순응이 아니라 부드러운 비가시적 복종에서 생겼다. 결사체의 후견적 권력은 시민들이 주체적으로 계몽된 자기이익에 따라 행동하게 만들었지만, 극단적으로는 그들을 완벽한 예속 상태로 이끌 수 있었다. "개인 각자는 스스로를 어떻게 구속하는가? 그것은 모든 사람이 특정한 개인이나 계급이 아니라 사회가 구속한다고 생각할 때 등장한다."[50] 결국에 시민들은 전체 사회의 요구에 예속되었다. 어떠한 속박이나 강제력 없이, 시민들은 스스로 알아서 사회의 손아귀에 조용히 안겼으며 사회의 이익을 위해 동원되었다.

결사체의 후견적 권력은 정치적 자유의 표면적인 형태와 손쉽게 결합될 수 있었다. 왜냐하면 시민들을 구속하는 것이 특정한 계급이나 폭군이 아니라 전체 사회였기 때문

---

49. 같은 책.
50. 같은 책, 693.

이다. 사회는 다른 무엇보다 초월적인 존재였다. 개별 시민은 다수, 즉 사회와 대립하지 않았고 오히려 훈육과 결사를 통해 인위적으로 다수에 결합되었다. 따라서 민주주의를 독재와 구별하는 것은 후견적 권력의 양적인 증가가 아니라, 그러한 권력이 개인의 자발적 행동을 얼마나 증진하는지 그것에 달려 있었다. 다시 말해, 민주주의를 보장하는 것은 스스로 통치할 수 있는 시민의 사회적 구성에 존재했다. "따라서 우리는 무질서나 독재가 아니라, [자기 자기에 대한] 무관심을 경계해야 한다. 무관심은 우리 서로를 완전히 분리할 수 있다."[51] 더욱이 자기 지배는 사회생활의 사소하고 평범한 일상 속에서 작동하고 [그래서 독재로 흐를 수 있었다]. "복종은 사소한 일을 통해 일상적으로 작동하며 모든 시민에게 골고루 다가간다. 이러한 복종은 사람들을 절망 상태로 몰아붙이지 않지만, 그들을 끊임없이 좌절시켜 결국에는 자유 의지의 사용을 단념하게 만든다."[52]

---

51. 같은 책, 736.
52. 같은 책, 694. [토크빌에게 모든 사회적 조건의 평등을 지향하는 것, 즉 민주주의적 경향은 신의 섭리이자 역사적인 필연이다. 특히 평등의 상태는 전체 인구가 자유를 실현할 수 있는 조건을 확산하지만, 평등에 대한 열정은 사회의 곳곳에 침투한 지배적 정념으로서 평등을 위해서는 자유를 포기하고 평등과 양립할 수 있는 독재정을 수용하게 만든다. 토크빌은 사람들이 자유 속에서 평등을 추구하지만 그것이 불가능하면 차라리 노예 상태의 평등을 원한다고 언급한다. 또한 민주주의적 자유는 개인주

의적 고립을 촉진함으로써 노예상태로 사회를 이끌 수 있다. 이상적인 민주주의 아래 인민은 모두가 평등하고 자유로운 상태에서 평등한 권리를 가지고 정부에 참여하지만, 문제는 인민이 시민적 덕목을 가지고 공동의 관심사인 정치에 참여한다는 보장이 없는 것이다. 오히려 근대사회의 평등은 정치적 자유와 무관하게 정치(적 자유)가 끝나는 지점, 즉 시민사회라는 일종의 직업적 영역에 기반한 시민적, 사회적 평등이며 그곳에서 사람들은 물질적 목표를 향유하고 자신에게 몰입한다. 따라서 사회구성원들은 서로를 결합하는 유대가 없는 상태에서 병렬된다. 이러한 개인의 취약한 고독, 고립 상태가 강화될수록 국가는 사회에 대한 영향력을 높이며 그에 비례해서 시민은 획일적인 하찮은 존재로 전락할 수 있다. 그렇지만 토크빌은 민주주의에 대한 정의를 명확히 하지는 않았고, 그것의 의미를 대략 두 가지 방식으로 사용했다. 하나는 인민의 정부라는 정치체제의 측면이고 다른 하나는 민주주의를 지향하는 평등의 조건으로서 사회상태(social state)를 뜻하며 이것은 일종의 사회적 사실을 가리킨다. 특히 토크빌은 후자의 측면을 강조하면서 그러한 사회적 상태 위에 어떤 정치체제가 성립하는가에 천착했다. 토크빌이 볼 때 평등에서 출현하는 정치체제는 크게 보면 모순적인 두 가지로 갈라지는데, 그중 하나는 자유가 확보되는 민주정(민주적 자유)이고 다른 하나는 전제정, 혹은 노예의 민주정(민주적 전제)이다. 후자는 극단적인 평등의 정신이 규율화된 민주주의를 버리고 타락한 민주주의로 향하는 경향, 독재나 폭정의 경향을 띤 것을 말한다. 사실 독재는 조건의 평등이 산출한 자유롭지 못한 민주주의 사회를 가리키며, 이곳에서는 동질화된 대중이 사소한 쾌락을 추구하고 심지어는 선량한 가장, 정직한 상인, 존경받는 지주 등의 사적인 덕성이 존재할 수 있다. 하지만 동질적 사회에서는 훌륭한 시민, 혹은 공적인 덕성으로 무장한 인민이 사라지고 전제주의가 등장하고, 다수라는 명분을 동원한 소수파의 지배와 여론 독점이 가능하다. 간단히 말해, 다수의 독재(횡포)는 사회의 일반적인 규범이나 여론으로부터 소수와 개인이 이탈하는 것을 억압하는 상태를 가리킨다. 이것은 다수와 소수라는 단수한 양적인 의미가 아니라 평등주의와 개인주의가 내포한 사회적 습속과 개인적 기질, 특히 물질적 애착에서 발생하는 것이다. 그렇기 때문에 극단적인 평등의 정신 아래 시민들은 정치를 전문적인 정치인과 관료들에게 위임하고, 이에 비례하여 매개적인 결사체는 와해되고 국가의 권한은 신장되고 갈수록 개인은 국가에 의존하게 된다. 여기서 평등과 다수

의지의 복원

그렇지만 토크빌은 민주주의가 내포한 독재적 경향을 과대평가했다. 그것은 시민성 테크놀로지를 고안했던 사회과학과 사회개혁가의 성취를 그가 과소평가했기 때문이다. 예를 들어, 구스타프 드 보몽과 함께 그는 미국의 교도소 개혁가들이 약간 미쳤다고 생각했다. "이들에게 자선활동은 일종의 직업이 되었으며, 그들은 교도소 체계에 대한 편집증에 빠져버렸다. 그들은 교도소 시스템을 모든 사회악의 치유책으로 보는 것 같다."[53] 마찬가지로, 오늘날

라는 명목으로 국가가 사회생활의 일상적 영역까지 관리하는 부드러운 전제정이 출현할 수 있다. 이러한 지배는 결코 억압적이고 고통스럽지 않고 학교의 교사처럼 군림하면서 인간을 사적이고 사소한 쾌락에 빠뜨리고 결국은 대중을 우중으로 만든다. 덧붙이자면, 토크빌은 이러한 독재 형태를 설명하면서 푸코처럼 사목권력을 예로 들고 있으며 온화한 가부장적인 권력형태를 언급하고 있다. 이에 대한 주된 해결책은 바로 또 다른 민주주의의 조건, 즉 (정치적) 자유에서 출현한다. 새로운 정치학, 연대의 과학은 개인의 개성을 촉진하고 고립을 극복하도록 시민의 이해관심과 습속을 주입하고 민주주의에 적합한 민주정을 건설하는 기술이다. 결사체(매개적 권력)은 고립된 개인의 허약함을 극복하고, 개인주의를 완화하고, 시민적 책임감과 공적인 삶을 교육하고, 사적 이익과 공적 이익을 결합하게 해준다. 그러나 여전히 남는 문제는 자유로운 다수의 결합이 정치적 자유가 아니라 시민적 평등, 즉 다수의 폭정으로 흐를 위험이 언제나 존재한다는 것이다. ─ 옮긴이]]

53. Gustave de Beaumont and Alexis de Tocqueville, *On the Penitentiary System in the United States and Its Application in France* (Carbondale: Southern Illinois University Press, 1964), 80.

자부심은 개혁가들의 **편집증**을 상징하고 있다. 최근 들어 자부심은 민주주의 사회를 통치하는 혁신적 수단으로 부상했다.

자유주의 통치술은 개량과 개선을 거듭해 왔고 시민성 테크놀로지는 장구한 역사를 지니고 있다. 이러한 맥락에서 자부심 운동은 하나의 계기에 불과할 것이다. 민주주의는 시민성 테크놀로지에 전적으로 의존하는데, 특히 그러한 기술은 사회운동, 공공정책조사, 인간발달에 관한 학문 등에서 발명된다. 시민-주체의 형성은 주체성 테크놀로지를 요구하며, 그것의 목표는 행복하고 능동적이며 참여적인 민주주의 시민을 생산하는 것이다. 주체성 테크놀로지는 대체로 의회 안에서 가공되지 않는다. 그것은 사회과학, 압력집단, 사회복지의 담론과 치료기법 등에서 출현한다. 또한 이들 기술의 공통된 목표는 시민들이 자신의 주인으로 행동하게 만드는 것이다.

민주주의 통치가 지배력의 한계를 드러낸다고 간주되면, 그 순간 사회 개혁이 추진된다. 앞에서도 말했지만, 민주주의 통치는 자발적으로 권력에 복종하는 시민들에 달려 있다. 예를 들어, 캘리포니아 정부는 가정, 직장, 학교에서 민주화를 실천하라고 권고한다. "가정과 학교, 직장에서 민주화가 촉진되면, 누군가의 권위는 줄어들고 무책임이 조장되지 않겠는가? 가끔은 그렇게 느낄 수 있을 것이다. 그러나 진정한 민주주의는 우리 모두가 자기 수양에 참여하고 개인적, 사회적 책임을 다할 때 제대로 작동한다."[54]

물론 모든 사람이 "백신을 맞을" 리 없을 것이다. 짐작건대, 자부심이 부족한 자들은 학대와 배회, 강탈을 반복할 것이고, 그렇지 않더라도 사회 조직에 질병을 일으킬 것이다.[55] 여기서 자부심은 만병통치약으로 제시된다. 그것은 마치 1970년대의 "긍정적 사고", 1980년대의 "임파워먼트", 1990년대의 "진취성"enterprise을 떠올리게 한다. 그렇다고 우리가 전능한 치유 국가의 시대에 산다거나, 완전한 예속상태에 포섭된 것은 아니다. 우리는 여전히 시민이기 때문이다. 하지만 많은 사람들이 세상에 대한 무력감을 자부심 결핍 탓으로 돌리고 있다. 최근 들어서는 글로리아 스타이넘이 대표적이다. 미국을 대표하는 여성단체 〈전국여성연맹〉National Organization for Women, NOW의 대변인으로서, 그녀는 자신의 정치 경력과 여성주의 운동의 실패를 자부심 부족 탓으로 설명하고 있다.

---

54. California Task Force, *State of Esteem*, 37.

55. 이브 코소프스키 세지윅이 볼 때, 중독은 이처럼 주체의 결핍에 기초한 병리화된 정체성을 생산하는 현상이다. 다음 글을 참조하라. Eve Kosofsky Sedgwick, "Epidemics of the Will," in *Zone 6 : Incorporations*, ed. Jonathon Crary and Sanford Kwinter (New York : Urzone, 1992).

자부심은 시민들이 스스로 채택해야 한다. 이번 장에서 검토했던 캘리포니아 정부의 보고서처럼, 국가의 공문은 그 자체로 시민-주체를 창출하지 못한다. 치료사와 어머니, 정치인들도 마찬가지다. 그들이 시민들에게 자부심이라는 백신을 아무리 접종해도 시민-주체를 창출하지 못한다. 자부심은 시민들이 자발적으로 활용하는 기술로서, 그러한 테크놀로지의 계보에서 하나의 계기에 불과하다. 민주주의의 안정성은 자기의 통치에 달려 있으며, 그렇기 때문에 개인의 자아에 대한 관계는 정치적인 관계라 할 수 있다. 실제로, 자아에 대한 관계는 위로부터 설계된 강압, 강제, 사회적 통제보다는, 자발적인 자아의 테크놀로지에 의존한다.

그렇지만 스타이넘은 물론이고, 자부심의 주창자들이 간과하는 것이 있다. 그들은 사생활이 얼마만큼 권력관계의 산물인지, 혹은 그것이 얼마만큼 통치되는지 이해하지 못한다. 그들은 사생활 자체를 통치영역으로 파악하지 않는다. 스타이넘이 귀를 기울이라고 가르치는 "내면의 목소리"는 순수하고 직접적인 자의식의 울림이다. 요컨대 그녀는 여성의 본질적인 주체성을 전제한다. 그녀에게 여성의 주체성은 권력에 의해 형성되고 구성된 산물이 아니라, 권력에 의해 방해받거나 억압된 본성이다. 스타이넘은 주체성과 예속성의 모호한 경계를 이해하지 못한다.

하나의 사회운동으로서, 자부심은 주체성과 권력을 결합한다. 여기서 "임파워된" 사람은 권력자와 말끔히 구별될 수 없다. 결정적으로 자부심 운동은 새로운 형태의 통치를 확산한다. 새로운 통치에서는 공적인 것과 사적인 것, 정치적인 것과 개인적인 것이 명확히 분리되지 않는다. 양자를 구별하는 식의 비판은 새로운 통치 방식을 적절히 평가할 수 없다. 달리 말해, 자부심 운동의 비판자들은 너무도 많은 요소를 무시한다. 여전히 그들은 권력과 저항을 개인과 집단, 공과 사, 정치와 개인 등 이분법적으로 사유하고 있다. 이런 식으로 접근하면 우리는 (불평등, 빈곤, 인종주의와 더불어) 권력관계가 얼마만큼 시민을 형성하는지 이해할 수 없다. 실제로 시민은 임파워, 자율성, 자부심 따위를 창출하는 전략과 기술의 산물이다. 물론 외적인 권력이 자아의 영역에 영향을 미치지만, 우리도 역시 예컨대 자부심 운동처럼 자조의 모델에 따라 우리 자신을 통치한다. 이언 해킹이 언급하듯이, 비판자들은 "내면의 독백, 즉 내가 내게 하는 말을 간과한다. 이들은 자기 규율, 곧 내가 내게 가하는 행위를 방기한다. 따라서 이들은 주체성의 영원한 심장부를 그냥 지나친다."[56] 덧붙이면 비

---

56. Ian Hacking, "Self-Improvement," in *Foucault : A Critical Reader*, ed. David Couzens Hoy (Oxford : Basil Blackwell, 1986), 236.

판자들은 자기통치, 즉 우리가 스스로를 다스리는 방법을 고려하지 않는다.

토크빌은 미국의 시민들이 보편적인 "조건의 평등"을 공유함으로써, 정치적 안정성을 창출했다고 여겼다. 그 이후의 역사가 증명하듯이, 사회는 인종, 계급, 젠더의 불평등으로 심각하게 분열되었지만, 정치적 안정성은 비교적 공고하게 유지되었고 공공연한 저항은 대체로 사라졌다. 공개적인 갈등이 없다는 특징과 함께, 우리는 또 다른 사실에 주목해야 한다. 사회과학은 생산적 학문으로서 민주주의 통치에 복무하고 있다. 특히 사회과학은 (저항의 소멸, 사회운동의 공백, 인종·계급·젠더 의식의 결핍, 자부심의 부족 등) 부재하는 무언가를 가공한다.

이번 장에서 나는 오늘날의 "자부심 상태", 즉 자아에 기초한 새로운 정치질서를 역사적으로 검토했다. 현시점에서 판단할 때, 자부심은 여성주의의 정치적 의지를 개인의 치유로 전환하지 못할 것이다. 게다가 이미 자부심은 "진취성"enterprise, "공동체", 반ᵇ인종주의라는 새로운 **편집증**으로 대체되고 있다. 자부심 운동의 역사가 보여주는 것은 다름이 아니라 자기 통치가 민주주의의 조건이라는 사실이다.

5장

복지의 여왕

숫자를 통한 통치

복지수급자는 국가 권력의 노골적인 협박과 지배를 받아왔고, 스스로의 정치적 대표와 참여에서 배제되었다. 그러나 수급자 여성은 신민이자 동시에 군주였다. 레이건 시절 이른바 복지의 여왕[1]은 복지체계를 지배했다. 그녀는 기발한 사기행각으로 시스템을 농락했다. 달리 말해, 그녀는 사기꾼이자 협잡꾼이었고 알거지를 도우려는 납세자의 호의를 "악용"했다. 니체가 주장하듯이, 주체는 스스로 책임질 수 있을 때 비로소 주체로 탄생한다.[2] 그런데 복지의 여왕은 아주 독특한 방식으로 책임의 주체가 되었다. 그녀는 숫자의 주체로 탄생했고 또한 복지 케이스 자료에 적용된 혁신적인 감사監査 기법의 주체였다. 이러한 관점에서, 그녀는 레이건 시절이 아니라 1970년대 등장한 테크닉의 산물이었다.

여태까지 나의 주장에 비추어 볼 때, 복지의 여왕이 군

---

1. [옮긴이] 아래에서 자세히 설명되겠지만, 복지의 여왕(welfare queen)은 복지 수급자 여성을 비하하는 경멸적 표현이다. 사기나 조작을 통해 납세자의 세금을 과도하게 뜯어먹는 몰염치한 수급자를 가리킨다. '복지사기'라는 표현과 체계적 사기는 1960년대 초기에 등장해서 『리더스 다이제스트』 같은 대중매체를 통해 확산되었다. 이 표현은 1974년경에 최초로 등장했으며, 레이건 대통령이 1976년 대선 기간 동안 그 용어를 전유해서 복지국가를 공격하는 데 애용했다. 그 이후로 가난한 수급자를 공격하고 낙인찍는 표현으로 고착화되었고, 수급자 가운데 흑인 여성이 많았으므로 성적, 인종적인 편견을 조장했으며, 아직까지 미국인의 일상 용어로 사용된다.

2. Friedrich Wilhelm Nietzsche, *On the Genealogy of Morals*, ed. Walter Kaufman (New York : Vintage, 1967), 45 [프리드리히 니체, 「도덕의 계보」, 『선악의 저편·도덕의 계보』, 김정현 옮김, 책세상, 2002].

주이자 신민이라는 것은 그녀가 자유민주주의 아래 전형적인 시민-주체라는 뜻이다. 흔히 세간에서는 그녀를 복지국가의 자유주의 실천이 아니라, 이데올로기와 인종차별의 편협한^{illiberal} 산물로 간주된다. 그렇기 때문에 그녀를 시민-주체라고 하는 주장은 생소하게 보일 수 있다. 그렇지만 자유민주적 시민-주체가 언제나 동일하지는 않으며, 복지의 여왕처럼 그들은 다양한 형태로 존재할 수 있다. 복지의 여왕은 분명히 한 가지 사례에 불과하다. 복지국가를 옹호하는 입장에서, 비판적 학자들과 복지활동가들은 흑인의 복지 여왕을 일종의 "신화"로 간주한다. 여기서 "신화"는 수급권자와 흑인 여성에 대한 대중적 편견을 조장함으로써, 복지국가의 과도하고 징벌적인 관행을 정당화한다. 예를 들어, 루시 화이트가 언급하듯이, "근대의 정치문화에서 '복지사기꾼'은 전통적인 표현이었다. 그것은 복지에 대한 양가적 태도, 사실상은 혐오를 드러내는 지배적 테마였다. '사기꾼'은 '전형적인 복지수급자'를 부정적 이미지로 포장하는 동시에 정당화 기제를 작동시켰다. 이에 따라 정교한 제도가 도입되어 자격 심사를 감독하고 수급자 명단을 줄일 수 있었다."[3] 그럼에도 불구하고, "신화"의 해부는 단순

---

3. Lucie White, "Subordination, Rhetorical Survival Skills, and Sunday Shoes : Note on the Hearing of Mrs. G.," *Buffalo Law Review* 38 (Winter

히 복지 여왕의 허상을 폭로하는 것, 그 이상을 내포한다.

1980년대 선거 캠페인에서 보수주의자들은 이렇게 외치곤 했다. "복지체계의 사기와 낭비, 남용을 축출하자!" 그것은 복지의 여왕을 고발하는 주문呪文이었다. 말하자면, 수급권자가 시스템을 "속여먹고" 복지국가를 망가뜨렸기 때문에 그 책임을 지란 뜻이다. 복지권의 옹호자들이 주장하듯이, 복지수급자는 손쉬운 먹잇감이었다. 1970년대 시민권운동이 부상하고 복지계획이 확충되자, 우파의 반격은 강도를 더해 갔고 이 과정에서 수급권자는 희생양이 되었다. 그런데 많은 사람들 가운데 하필이면 빈곤 여성들이 선택된 까닭은 무엇인가? 왜냐하면 그들은 스스로를 대변할 수 없었기 때문이다. 또한 그렇기 때문에 빈곤 여성은 1980년대 재정 위기가 터지면서 만만한 제물로 전락했던 것이다.

복지권 옹호자들에 따르면, 복지의 여왕에 대한 공격은 자신을 대표할 수 없는 무기력에서 비롯했다. 그들은 레이건 정권과 수급권자의 이해관심이 충돌한다고 전제했다. 레이건은 복지프로그램을 후퇴시킬 작정이었고, 수급자는 반대로 그것을 요구했다는 것이다. 예를 들어, 피번

1990) : 37.

과 클로워드가 주장하듯이 레이건 정권은 부양아동가족부조AFDC의 대상자를 표적으로 삼았다. "노인이나 장애인 청구자와 달리, AFDC의 수급자는 미조직 상태에 있으며, 그래서 고발을 당해도 그들은 효과적으로 대응할 수 없다……그들에 대한 선별적 공격은 궁극적으로 마이너리티를 타격하는 것이다."[4] 여기서 복지의 여왕은 책임의 주체, 즉 시민으로 묘사되지 않는다. 그들은 스스로 목소리를 내지 못하고 정치적 무대에 나서지도 못하기 때문에 희생양이 될 뿐이다.

이러한 주장은 대다수 독자들에게 매우 친숙할 것이다. 그러나 나는 니체가 옳았다고 본다. 즉 주체는 스스로 책임을 질 때 비로소 주체가 된다. 복지의 여왕이 희생양이 되었던 사태는 그녀의 무기력이나 종속 때문이 아니었다. 오히려 복지의 여왕은 주권과 책무의 주체로 거듭날 때 비로소 출현할 수 있다. 실제로 그녀는 수량화될 수 있고 계산될 수 있는 시민-주체로 표상되고 구성되었다. 우리는 그러한 관점에서 복지의 여왕을 설명할 필요가 있다. 비록 레이건 정권이 비만에 빠진 복지국가의 책임을 그녀에게

---

4. Fancies Fox Piven and Richard A. Cloward, "The Contemporary Relief Debate," in *The Mean Season : The Attack on the Welfare State*, ed. Fred Block et al. (New York : Pantheon, 1987), 48.

전가했지만, 실제로 그녀의 출현 조건은 그보다 훨씬 앞서 확립되었다. 그것은 카터 정부에서 도입된 새로운 감사기법과 케이스 평가기준이었다.

다시 말해, 이번 장은 피번과 클로워드, 화이트가 제시한 주장을 완전히 뒤집을 것이다. 내가 볼 때 복지의 여왕이라는 신화, 즉 일종의 고정 관념은 과도하고 징벌적이긴 하지만 그만큼이나 생산적인 복지 실천의 산물이다. 정형화stereotype는 복지 관행을 정당화하거나 합법화하지 않는다. 반대로 복지 실천이 고정관념을 정당화한다.

내가 해석을 역전시킨 까닭은 전략적 이유 때문이고, 니체를 간접적으로 참조하는 까닭은 철학적이 아니라 정치적 이유 때문이다. 복지권운동과 그 전략가들은 오래전부터 복지 여왕에 대한 인종차별과 편파적 재현에 대항해왔다. 그들은 복지의 여왕에게 자기 자신을 대변하라고 요청하고, 또한 그녀들이 동료와 함께 자신의 이해관심에 따라 행동하라고 요구했다.[5] 그런데 비판자들은 그들이 폭로

---

5. 많은 글들이 복지권운동의 전략을 다루었다. 역사적 설명 가운데 유용한 논의는 다음을 참고하라. Frances Fox Piven and Richard A. Cloward, *Poor People's Movements: Why They Succeed, How They Fail* (New York: Vintage, 1979); Milwaukee County Welfare Rights Organization, *Welfare Mothers Speak Out: We Ain't Gonna Shuffle Anymore* (New York: Norton, 1972); Mimi Abromovitz, *Regulating the Lives of Women: Social Welfare Policy from Colonial Times to the Present*

하려는 복지 여왕의 신화를 똑같이 동원하고 있다. 그들은 정치적 배제라는 사실에서 출발해 복지개혁을 논하고 있으며 복지체제에 빈곤 여성의 목소리를 싣자고 주장한다. 그렇지만 복지의 여왕은 이미 주어진 것으로 전제된다. 그녀는 주어진 "사실"로 취급될 뿐이다. 모든 인과론적 설명은 동일한 실수를 반복하고 있으며 비판적 접근이라고 해서 결과는 크게 다르지 않다. 인과적 설명은 복지 체계와 신화적 형상(흑인의 복지여왕)을 대립시키고, 후자를 부지불식간에 "사실"의 자리에 놓는다.

반대로, 인과순서를 뒤집으면 ─ 여기서 내가 하듯이 ─ 허구를 진실로 오인할 위험이 있다. 하지만 그러한 위험은 무릅쓸 만한 가치가 있다. 다시 말하지만 그것은 전략적 이유 때문이다. 복지권운동의 또 다른 전략은 "권력자에게 진실을 따지는" 것이다. 즉 공중에게 사실을 교육하면, 복지의 여왕이라는 신화가 없어진다는 것이다. 나중에 자세히 살펴보겠지만, 그러한 전략은 실패할 수밖에 없다. 복지의 신화에 대한 반대 증거를 아무리 긁어모아도, 재현의 정치

(Boston : South End Press, 1988); Jackie Pope, "Women in the Welfare Rights Struggle : The Brooklyn Welfare Action Council," in *Women and Social Protest*, ed. Guida West and Rhoda Louis Blumberg (New York : Oxford University Press, 1990), 57-74.

는 꿈쩍도 하지 않는다. 수급권자 모두가 사기꾼은 아니라고 주장할 때, 우리는 두 가지 지점에서 실패하고 만다. 첫째, [정말로 사기가 만연할 수밖에 없었다.] AFDC는 일부 주州에 거주하는 공공주택 주민을 제외하면 1980년대 동안 거의 교부되지 않았고, 그것도 그럭저럭 연명할 만큼만 지급되었다. 그렇기 때문에 복지사기를 조사하는 사람들은 수급자들이 약간만 양호해 보여도 사기를 의심할 수밖에 없었다. (이 같은 사실은 1997년에 와서야 간신히 알려지게 되었다.6) 둘째, 복지 여왕의 결백을 주장하는 것은 그녀를 등장시킨 조건, 즉 복지의 규정을 완화하지 않고 오히려 강화시킨다. 이것은 서론에서 묘사한 것과는 약간 다르긴 하지만, 그것과 매우 밀접한 딜레마라 할 수 있다.

그렇다면, 우리는 복지의 여왕이 신화라는 사실을 어떻게 설명해야 하는가? 단적으로, 그녀는 계산을 통해서 설명될 수 있다. 신화적인 여왕은 숫자를 통해 현신한다. 중요한 것은 그녀를 구체적 존재로 구현했던 수량화 조건을 검토하는 작업이다. 우리는 그녀의 형상을 표면대로 묘사

---

6. Kathryn Edin and Laura Lein, *Making Ends Meet : How Single Mothers Survive Welfare and Low-Wage Work* (New York : Russell Sage Foundation, 1997). 상당히 기묘하게도 (실은 내 주장에 비춰볼 때 예측할 수 있지만), 에딘과 라인의 작업은 복지수급자에 호의적이다.

하는 게 아니라, 존재 자체의 형성을 고민해야 한다. 정형화된 복지의 여왕 — 흑인이고 게으르고 성욕이 과도하고 교활한 여성 — 이 비록 정치적으로 저항할 수 있겠지만, 그들이 올바른 노선에 따라 그렇게 한다고 우리는 장담할 수 없다. 그런데도 사람들은 변함없이 다음과 같은 식으로 주장한다. 민주주의 정치는 복지 사기꾼을 배제하고, 미디어는 그들을 인종적으로 정형화하고, 정치인은 그들을 희생양으로 만든다. [그래서 우리가 사실을 폭로하고 교육하면 그들이 저항할 것이라고 생각한다.] 그러나 이러한 주장을 맹목적으로 추종하면, 우리는 신화적 여왕의 출현 조건이 인종, 계급, 젠더, 친족이 아니라 그녀의 책임에 있다는 사실을 놓치게 된다.

젠더와 여성주의 정치를 분석하면서, 주디스 버틀러는 주체와 권력의 이중적 관계를 이렇게 언급하고 있다. "여성들이 어떻게 하면 언어와 정치에서 온전하게 재현(대표)될 수 있을까? 이러한 질문은 뭔가 많이 부족해 보인다. 권력을 통한 해방을 추구할 때, 먼저 여성주의 비판은 권력의 구조가 '여성'이라는 범주, 즉 여성주의의 주체를 어떻게 구성하고 제약하는지 이해할 필요가 있다."7 물론 복지수

7. Judith Butler, *Gender Trouble : Feminism and the Subversion of Identity* (New York : Routledge, 1990), 2 [주디스 버틀러, 『젠더 트러블』, 조현

급자는 스스로 (또는 그들의 이름으로) 필요에 대한 규정과 제공에 자발적으로 참여할 수 있다. 낸시 프레이저는 이러한 투쟁을 "욕구에 대한 해석의 정치"[8]라고 불렀고 많은 논자들이 수급권자의 전향적인 참여를 주장했다. 그러나 버틀러와 니체를 참조할 때 자발적 참여의 독려는 복지에 대한 비판과 단순히 등치될 수 없다. (오늘날 직업훈련이 AFDC 등 국가의 복지 프로그램을 대체하고 있는데, 우리는 직업훈련에 관해서도 똑같이 말할 수 있다.) 수급자들이 자신의 이익에 따라 행동하고 스스로를 정치적으로 대변하라고 요구하기 이전에, 우리는 통치 과업이 "복지의 여왕", 즉 복지의 주체를 어떻게 생산하고 제약하는지, 그것을 고민해야 한다.[9]

실제로 복지의 여왕은 스스로 복지의 규칙을 반박하거

준 옮김, 문학동네, 2008].

8. Nancy Fraser, "Struggle over Needs : Outline of a Socialist-Feminist Critical Theory of Late-Capitalist Political Culture," in *Women, the State, and Welfare*, ed. Linda Gordon (Madison : University of Wisconsin Press, 1990), 199-225.

9. "지배의 관계"(relations of rule)는 도로시 스미스(Dorothy Smith)의 표현이며, 다음 글에서 인용하였다. Chandra Mohanty, Cartographies of Struggle : Third World Feminism and the Politics of Feminism, in *Third World Women and the Politics of Feminism*, ed. Mohanty, Ann Russo, and Lourdes Torres (Bloomington : Indiana University Press, 1991). 모한티는 장소(location)의 정치가 전략적인 방식으로 재현과 정체성의 정치를 대체할 수 있다고 주장한다.

나 거부할 수 있다. 그러나 복지의 여왕을 범주적 "사실"로 전제하고 자신의 권익을 주장하고 자신의 관심에 따라 행동하라고 그녀에게 요구한다면, 우리는 그나마 살아있는 저항의 가능성을 놓칠 수 있다. 3장과 마찬가지로 이번 장에서 주장하듯이, 복지수급자를 동원하려는 비판적 전략은 권력의 주체-효과를 생산하는 지배적 관계에 저항하지 않는다. 오히려 비판적 전략은 권력의 주체-효과를 전형적으로 활용하고 있다.

더욱이 비판적 전략은 수급권자를 생산하는 권력의 전략적 장에서 오히려 그들을 몰아낸다. 수급자는 (〈자선조직협회〉의 가정 조사원이 빈민을 대하듯이) 공적인 정치 영역으로 내몰린다. 자유주의 복지국가를 비판하는 자들은 습관처럼 정치적인 것을 국가 자체로 환원한다.

민주사회의 보장

복지사기의 용의자들은 자유주의 국가보다는 사회 복지의 주체였다. 특히, 그들은 가계자산조사의 적격기준과 관련되었다. 복지의 여왕은 헌법에 의한 정당한 법적 절차보다는 행정 절차에 속한 주체였다. 달리 말해, 그녀는 시민권보다는 행정 과실$^{error\ rate}$과과 관련된 주체였다. 그녀는 편법적으로 "자격이 없는데도" 보조금을 타 먹었고, 복지당국은 다양한 기법을 동원해 사기를 찾아 나섰다. 통계학, 회계학, 자료 통합[10], 고발 전화, 비용-편익분석이 활용되었고, 여기서 등장한 정치적 합리성은 "낭비, 사기, 남용, 과실"의 관점에서 빈곤 여성의 시민성을 통치했다.[11]

일반적인 시민들과 달리, 수급자 여성에게 자유는 종속을 위한 조건이 아니었다. 단지 자유는 AFDC의 수혜 자격을 가리켰고 적격성은 수량화되고 계산되었다.[12] 요컨대 복지수급자는 시민권의 유무가 아니라 가계자산조사에 따라 자격을 획득했고, 그때 적격 여부는 계산 테크닉이 결정했다. (이것은 자유가 양화될 수 없다거나 계산될 수 없다

---

10. [옮긴이] 자료 통합(data matching)은 제3자에게 제공받은 정보를 통합해서 세무 조사나 감사에 적용하는 기법을 말한다.

11. "낭비, 사기, 남용, 과실"은 1978년 개최된 한 회의에서 등장했다. 그것은 당시 보건교육후생부장관 조셉 칼리파노가 제시한 "위기"를 구성하는 요소였고, 각각의 요소는 동일한 중요성을 지녔다. 이에 대해서는 다음을 참조하라. U.S. Department of Health, Education, and Welfare, *Conference Proceedings, The Secretary's National Conference on Fraud, Abuse, and Error : Protecting the Taxpayer's Dollar* (Washington, D.C. : Department of Health, Education, and Welfare, 1979).

12. 자유와 자유주의 통치에 관해서는 다음을 보라. Thomas L. Dumm, *Democracy and Punishment : Disciplinary Origins of the United States* (Madison : University of Wisconsin Press, 1987). 또한 *Michel Foucault and the Politics of Freedom* (Thousand Oaks, Calif. : Sage, 1996).

는 뜻이 아니라, 단지 그 수량화와 계산이 덜 가시적이란 말이다). 복지수급자가 처음부터 존재한 것이 아니라, 먼저 적격 기준이 복지의 관련 규정을 확립하고 이에 따라 수급자의 독립된 범주가 출현했다. 오직 그러고 나서, [개별] 수급자는 적격 기준에 따라 통치될 수 있었다.

그렇지만, 단일한 범주적 실체는 순전히 숫자의 산물이 아니었다. [숫자는 복지에 대한 주체의 강제적 자발성으로 보충되었다.] 숫자의 획일성은 빈민 여성의 삶이나 연대를 있는 그대로 표현하지 못한다. 루시 화이트는 복지사기로 고발당한 AFDC의 수급자, 미세스 지Mrs. G.의 생활을 이렇게 묘사한다. "그녀는 프로그램이 부과하는 조건에 삶을 맞추었다. 그녀에게 주어진 선택지는 그것밖에 없었다." 그녀는 복지의 규칙에 "찬성하도록 강제"되었다.13 일반적인 자유민주주의 통치와 마찬가지로, 복지 역시 자발적인 동시에 강제적이다.

수급 지원자는 행정 규칙에 "자발적으로" 복종하는 대신 현금과 바우처, 서비스를 제공받았지만, 그 즉시 그녀는 자신의 선택을 제약하는 딜레마double-binds에 빠졌다. 무엇보다 그녀는 헌법적 권리와 보조금welfare check을 교환할

---

13. White, "Subordination," 43.

수밖에 없었다. 더욱이 행정적인 법률과 절차는 그녀의 공적이고 정치적인 행위뿐만 아니라 일상적 행위까지 제한했다. 그녀는 평범한 일상을 마음대로 결정하고 처리할 수 없었다. 그녀는 어디서 누구와 살 수 있는지, 어디서 무엇을 구입할 수 있는지, 누구를 믿을 수 있는지 따위를 일일이 조사받았다.

복지사기에 대한 조사는 몇 가지 특징이 있었다. 첫째, 일반적인 흉악범죄를 다루는 절차와 달리, 대부분의 조사와 고발은 형사법정에서 처리되지 않았고 정당한 법절차의 원칙을 무시했다.[14] 무죄가 아니라 유죄 추정이 만연해 있었고, 수급자 자신이 행정심판을 통해 무고를 입증해야만 했다. 누구나 인정하듯이, AFDC의 보조금은 가족의 생활비로 턱없이 부족했는데, 수급액은 연방 정부가 고시한 빈곤선의 70%를 넘지 못했다. 따라서 조사원들은 수급자가 그런대로 먹고산다면 무조건 협잡을 의심했다.

둘째, 사기 조사는 일반적으로 행정 부분에서 수행되었다. 본래 사기 사건은 형사사법기관에 배당되었지만, 과밀한 업무 때문에 행정부로 이관되었다. 그런데 행정 조사

---

14. 다음을 참조하라. Robert W. Collin and Willa M. Hemmons, "Equal Protection Problems with Welfare Fraud Prosecution," *Loyola Law Review* 33 (Spring 1987) : 17-49.

는 변호사 선임권을 보장하지 않았고, 증거의 원칙rules of evidence이나 최종적인 권한을 명확히 규정하지 않았다. 사기 사건은 언제든지 지방 검사에게 넘겨질 수 있었다.

셋째, 사기 조사는 대부분의 주州에서 수많은 기관과 사람이 언제든지 시도할 수 있었다. 주 정부의 고발전화는 완전한 익명을 보장했으며 누구나 마음대로 이용할 수 있었다. 집주인은 물론이고 변심한 애인, 양육비를 떼먹은 남편, 집배원 등 신고자는 제한이 없었다. 또한 각종 부처를 통합한 컴퓨터 심사는 적격 소송에 참석하라는 공문을 쏟아냈다. 아동보호기관은 조사를 명분으로 수급자를 으박지르면서, 치료과정에 대한 동의를 얻거나 아이를 데려가곤 했다. 심지어 대합실에는 사기를 고발하라는 포스트가 붙어 있었다. 복지사기에 대한 의심은 일반적인 적격심사뿐만 아니라, 후속적인 확인조치에서 끈질기게 반복되었다.

넷째, 사기 조사는 각급 기관과 정부에서 임의로 진행될 수 있었다. 심지어 카운티[15]는 민간 조사원을 고용할 수 있었다. 사기 판정이 확정되고 초과급여가 환수되면, 민간

---

15. [옮긴이] 카운티(county)는 미국의 행정단위로 한국의 구(區)에 해당하지만, 직접적으로 비교하기는 어렵다. 몇 개의 카운티가 한 주를 구성하고 있으며, 카운티 아래 몇 개의 시가 포함된다. 예를 들어, LA카운티 아래 LA시가 속하는 식이다.

조사원은 환급액 가운데 일정분을 수수료로 챙겼다. 그렇다면 이렇게 질문을 던질 수 있을 것이다. 수급권자의 체계적 고통은 누구의 책임인가? 여기서 우리는 그들을 괴롭히는 권위 계통을 확정할 수 없다. 권력은 수많은 장소에서 행사되고 있었다. (서론에서 검토했듯이, 특정한 권위자가 숨어서 쓰레기통을 잠그지 않았다.)

복지사기는 가난한 여성을 국가와 연결하기보다는 데이터베이스와 연결했다. 데이터베이스는 "시스템 통합"의 관점에서 각종 기관의 컴퓨터를 연결하고 결합했다. 예를 들어, 국세청 정보는 노령 및 장애인 생활보조, AFDC, 노동성의 자료와 통합되었고 심지어는 주 정부의 복권 정보와 연결되었다. 사실 복지사기 행정은 수급자를 훈육하기 위한 전략이 아니었다. 그것은 수급자가 아니라 시스템, 즉 통제 불능의 복지 프로그램을 평정하고, 단속하며, 평가하고, 통제하는 전략이었다. 그럼에도 불구하고, 숫자를 통한 [시스템의] 통제와 "낭비, 사기, 남용, 과실"의 전략적 탐색은 수급자에게 엄청난 훈육적, 생산적 효과를 가져왔다. 먼저 그들은 적격 기준에 따라 통일적 범주, 즉 복지 수급자로 실체화되었다. 그리고 나서 복지의 규정은 수급자로서 그들의 적격성 유지를 규제하고 조절했다.

신화의 여왕

적격 기준이 복지수급자를 단일한 집단으로 산출했다면, 어째서 수급권자, 특히 "복지 사기꾼"은 흑인으로 정형화되었던 것인가? 복지의 규칙은 "흑인의 복지 여왕"이라는 신체에 어떻게 각인되었을까? 인종차별적, 성차별적 표현이 어째서 반복되는가? 놀랍게도 복지사기에 관한 정부문서와 전문자료는 인종적 차이를 전혀 언급하지 않았다. 또한 회계 기법에 관한 혁신은 "복지사기꾼"을 딱히 인종별로 겨냥하거나 계산하지도 않았다.

이른바 정형적 이미지는 대중의 마음속에 복지와 인종을 등치시킨다. 대중적인 정형화 측면에서, 로널드 레이건이 창조한 명시적, 암묵적 주장은 전설로 칭할 만하다. 레이건은 노골적인 천박함을 자랑하면서 복지를 원색적으로 비난했는데, 여기서 복지는 자본주의가 유발하는 불평등의 해법이 아니라 원흉으로 둔갑했다. 레이건이 날조한 이야기는 "복지의 난맥상"을 지적한 다음, 이를 척결하기 위해 납세자의 과감한 봉기를 요구했다. 워니마 루비아노가 언급하듯이, 레이건이 지어낸 악담은 모든 수급자를 흑인으로 치환하고 사기꾼으로 만들었다. 여기서 복지와 인종에 관한 "실제" 사실은 그다지 중요하지 않았다. 오히려 레이건이 말하는 신화야말로 현실을 창출했다. "국가의 보호가 필요한 모든 아동이 흑인은 아니다. 또한 보호가 필요한 원인도 [복지가 아니라] 가난과 실업 때문이다. 그러나 이러한 사실은 중요하지 않다. 정말로 중요한 것은 미디어가 강제로 퍼붓는 이미지에 있다. 대중의 심중에는 복지의 여왕이라는 이미지가 울려 퍼진다. 그리고 그녀는 언제나 흑인이다."[16]

루비아노와 마찬가지로, 흑인의 복지 여왕은 내 생각에도 실존하지 않았다. 그녀는 픽션이고 앞으로도 그럴 것이다. 정확히 말해 그녀는 픽션을 통해 현실로 창조된 것이며, 정형성과 일치하는 "실제" 여성은 존재하지 않는다. 루비아노가 옳다면, 여왕에 대한 미디어 재현은 신화에 불과하다. 만일 그렇다면 우리는 어떠한 전략을 취해야 하는가? 루비아노가 주장하듯이, 우리가 다루고 있는 재현의 정치는 진실이 통용되지 않는다. 그럼에도 불구하고, 여전히 우리는 진리로 무장한 채 신화와 싸우고 있다.

내가 볼 때, 진리의 정치보다 중요한 것은 여왕의 표출된 형상이 아니라, 그녀의 실체화 조건을 탐구하는 것이다.

---

16. Wahneema Lubiano, "Black Ladies, Welfare Queens, and State Minstrels: Ideological War by Narrative Means," in *Race-ing Justice, En-Gendering Power: Essays on Anita Hill, Clarence Thomas, and the Construction of Social Reality*, ed. Toni Morrison (New York: Pantheon, 1992), 340.

이데올로기의 희생양이자 허구적 인물로서, 복지의 여왕은 인종적인 창작물이지만 그만큼이나 전략적인 구성물이다. 또한 그녀의 인종적이고 젠더화된 실체는 허구적인 내러티브와 수사학적 전술의 산물이지만 그만큼이나 숫자의 효과라고 할 수 있다.

숫자는 복지수급자의 삶을 기록하는 동시에 이들을 행동하게 만드는 테크닉이다. 니콜라스 로즈가 지적하듯이, "숫자는 단순히 미리 존재하고 있는 현실을 기록하지 않는다. 숫자는 현실을 구성한다."[17] 그렇다면 행정적 결정은 어째서 숫자에 기초하는 것일까? 단순히 그것은 정치인과 납세자의 인종차별 때문인가? 오히려 회계 기법이야말로 그것이 셈하는 "현실"을 형성하지 않는가? 전략적 입장에서 판단할 때 루비아노의 주장은 타당해 보인다. 즉 진리를 무기로 신화를 무시하는 전략은 무익할 뿐이다. 대신에 나는 신화적 여왕, 즉 구성적 범주에 관한 기원적 서사를 새롭게 제시할 것이다.

복지의 여왕을 구성하고 실체로 만든 정책은 레이건의 레토릭보다 훨씬 먼저 나타난다. 신화의 출발점은 레이건도 아니고 미디어도 아니었다. 복지 체계는 가난한 흑인 여

---

17. Nikolas Rose, "Governing by Numbers; Figuring Out Democracy," *Accounting, Organization, and Society 16*, no. 7(1991): 673-92.

성을 대놓고 공격하지 않았다. 대신에 복지 행정은 "시스템 통합"을 명분으로 "낭비, 사기, 남용, 과실"을 공략했다. 먼저 선언된 것은 복지의 여왕이 아니라, 복지 국가와 민주 사회를 위협하는 일련의 위기였다. 복지의 여왕은 그다음에 신화로 구성되었고 수급자들의 삶을 직접적으로 통치하기 시작했다. 실제로 AFDC의 수급자는 1960년대 들어 급격히 증가했는데, 곧바로 의회는 대책을 타진하고 나섰다. 1972년 〈합동경제위원회〉 산하 재정소위원회는 "공공 복지의 위기"를 선언했다. 위원회의 입장에서 복지체계는 "행정적 악몽"이었고 "혼란과 비효율, 무질서"를 양산하고 있었다.[18]

이처럼 최초의 위기는 닉슨 정권에서 발견되었고, 그 해결책으로 품질관리가 부상했다. 에블린 브로드킨과 마이클 립스키가 지적하듯이, 품질관리는 수치를 제어할 목적으로 도입되었다. 애초의 목표는 적격성 판단에서 과실율의 통제였지만, 품질관리는 수급자의 숫자를 간접적으로 감소시켰다.[19] 브로드킨이 보고하듯이, 예산관리국의

---

18. 이는 다음 글에서 인용했다. Evelyn Z. Bordkin, *The False Promise of Administrative Reform : Implementing Quality Control in Welfare* (Philadelphia : Temple University Press, 1986), 25.

19. Brodkim, *False Promise*; Michael Lipsky, "Bureaucratic Disentitlement in Social Welfare Programs," *Social Service Review*, 58 (March

"관료들은 보건, 교육, 복지 관련 예산을 샅샅이 검토했다. 현행 법률이 허용하는 수준에서, 그들은 '통제되지 않는' 수급권을 제어하려고 노력했다. 여기서 명시적 목표는 과실의 비율, 즉 사고율이었다. 건당 사고율은 정부의 부적절한 관리를 뜻했지만, 예산을 분석하는 쪽에서는 그 이상을 의미했다. 그것은 연방 정부의 불필요한 현금 흐름을 가리켰다."[20]

이어지는 카터 정권도 "시스템 통합의 확대" 정책을 고수했다. 다만 카터는 [복지사기의] 일소를 복지의 위기가 아니라 "민주주의의 위기"와 결부시켰다. "이 정권은 국가 프로그램의 낭비와 사기에 대한 전쟁을 선포했다······우리의 목표는 단순한 절세가 아니라 오늘날의 핵심적 과업을 지향한다. 우리는 자유로운 사람들과 그들의 정부 사이에 신뢰를 회복하고 재건해야 한다. 양자의 신뢰가 없다면 민주주의는 무너질 것이다."[21] 카터가 언급하듯이 "민주주의의 위기"는 원칙적으로 정치적 위기였지만, 간접적으로는 복지

1984): 3-27.

20. Brodkim, *False Promise*, 30.

21. 지미 카터의 말은 다음 글에서 인용했다. John A Gardiner and Theodore R. Lyman, *The Fraud Control Game : State Responses to Fraud and Abuse in AFDC and Medicaid Programs* (Bloomington: Indiana University Press, 1984), 2.

와 연관되었다. 실제로 "전체 연방 예산 가운데 수상쩍거나 밝혀진 손실, 즉 사기, 남용, 과실로 인한 부분은 사소할 수 있다. 하지만 평범한 시민이 받는 세금고지서와 비교할 때, 손실액은 상상을 초월할 정도이며 그 때문에 사람들이 낙담하는 것이다."[22] 이 부분에서 카터는 정치적인 "민주주의의 위기"를 숫자의 위기로 전환시켰다. 이를테면 낭비, 사기, 남용, 과실 때문에 전체 재정이 손해를 입었고, AFDC의 수급자는 급증했으며, 납세자의 조세 저항이 폭증했다. 하지만 민주적인 통치는 사람에 대한 직접적 개입이 아니라 시스템에 대한 통제였고, 그것은 새로운 감사監査 기법을 통한 원격적인 통치였다.

카터가 임명한 사람들이 고안한 전략은 복지사기를 처벌하는 대신에, 사기의 만연이라는 신화를 축출하려고 했다. 카터는 그러한 신화가 "프로그램의 도덕성"을 위협한다고 느꼈다. 실제로, 조셉 칼리파노가 지휘한 행정 개혁에는 명확한 목표가 존재했다. 그것은 복지사기에 연루된 수급자가 소수에 불과하고 위기는 낭설에 불과함을 입증하는 문제였다. "사기, 남용, 과실"에 관한 전국회의에서, 칼리파노는 기조연설을 통해 이렇게 언급하고 있다. "약간에 불과

---

22. 같은 책, 10.

하지만 사기꾼과 협잡꾼들이 존재합니다. 우리는 이들이 도움이 절실한 사람들을 강탈하지 못하도록 막아야 합니다. 그래서 각종 프로그램이 통제되어야 하는 거죠. 그렇게 한다면 프로그램의 파괴자들이 없어질 겁니다."[23] 복지 행정의 도덕성을 입증할 목적으로, 칼리파노는 수급자에 관한 계산 기법을 적극적으로 도입했다.

품질관리의 혁신이 추진되고 10년쯤 지났을 때, AFDC의 자격심사는 요구조건을 또다시 강화했다. 수급권자는 증명사진을 제출했고 경우에 따라서는 지문이 추가되었다. 거주 증명은 두 가지 서류를 요구했으며, (갓난애를 포함한) 모든 가족은 사회보장번호를 신고해야만 했다. 또한 출생 신고서가 첨부되었고 학교출석도 확인되었다. 립스키는 품질관리 정책의 순효과를 "관료제에 의한 권리박탈"로 요약했다.[24]

새로 도입된 복지의 규정에서, 품질관리 검사는 무작위로 시행되었고 사기와 과실에 대한 적격성 검사는 사전에 실시되었다. 또한 복지사기에 대한 처리는 형사고발보다는

---

23. Department of Health, Education, and Welfare, *Conference Proceedings*.

24. 다음 글을 참조하라. Lipsky, "Bureaucratic Disentitlement." 또한 Brodkin, *False Promise*.

행정심판을 우선시했다. 배심 재판과 징역형 대신에, 대부분의 수급자는 복지기관이 지급한 "초과분"을 환급했으며 게다가 벌금까지 물었다. 심지어 수급자들은 사기 의도를 해명할 기회조차 없었다.[25] 다시 말해, 그들은 복지기관이 저지른 실수까지 뒤집어썼다.[26] 요컨대 복지사기에 대한 예방 조치, 즉 복지의 관련 규정을 변화시킨 전략들이 이같이 선행했기 때문에, 레이건의 공세는 실제로 작동할 수 있었고 복지사기는 실제 "현실"로 가공될 수 있었다.

브로드킨이 주장하듯이, 정치적 위기를 숫자의 위기로 전환하고 위기를 정치적인 것에서 행정 영역으로 옮김으로

---

25. 행정 심판에 대한 세밀하고 주목할 만한 설명은 다음 글을 참조하라. White, "Subordination". 여기서, 화이트의 글을 알려준 오스틴 사랏 (Austin Sarat)에게 특별한 감사를 표한다.

26. 예를 들어, 가디너(Gardiner)과 리먼(Lyman)은 『사기통제의 게임』 (*Fraud Control Game*, 1981)에서 다음과 같이 보고하고 있다. 형사사법 제도를 우회하기 위해 "행정적 조치"가 사용되곤 했는데, 결과적으로 수급자가 반환해야 하는 초과 보조금에다가 25%에 달하는 벌금이 행정 적으로 부과될 수 있었다. 수급자는 모든 보조금을 반환해야 하는 동 시에 벌금이나 초과지급액에 대한 이자까지 지불해야 했다. 심지어, 기관의 착오로 초과지급액이 지불되고 사기 행위가 입증되지 않아도 똑 같이 처리되었다. 다음 글 역시 참고하기 바란다. General Accounting Office, *Benefit Overpayment : Recoveries Could Be Increased in the Food Stamp and AFDC Programs* (Washington, D.C. : U.S. General Accounting Office, 1986). 이 보고서는 사기에 대해 형사고발보다는 (심 지어 기관의 오류로 인한 경우에도) 행정적인 변제를 촉구해야 한다고 주장하고 있다.

써, 복지 관료들은 위기를 "탈정치화"하는 데 성공했다. 그들은 정책의 문제를 의회 밖으로 끌고 나가서 회계사와 경영자의 손에 넘겼다.[27] 그러나 투표보다 숫자가 중시된다고 해서, 우리는 그러한 변화를 정치와 갈등, 지배와 무관하다고 말할 수 없다. 오히려 니콜라스 로즈는 수치와 민주주의 정치를 관련시킨다. "숫자는 단순히 정치에서 '사용'되는 게 아니라, 정치적인 것과 기술적인 것의 경계를 재구축한다."[28] 복지사기를 잡는 전략은 권력의 행사를 "탈정치화"하지 않는다. 정반대로 그것은 권력을 생산할 수 있는 기회와 방법을 제공한다.

셸던 월린에 따르면, 공적이고 논쟁적인 이슈가 행정과 관료의 영역으로 넘어가는 것에는 독특한 [탈]정치적 동기가 숨어있다. "복지 프로그램의 가변성은 다른 뜻이 아니다. 그것은 특정한 정치적 계기에 따라 프로그램이 확장될 수도 있고, 대폭 수정될 수도 있고, 역전될 수도 있고, 완전히 폐기될 수도 있다는 뜻이다. 이러한 가변성 속에서 상호 보완적인 두 가지 현상, 즉 유연한 권력과 유순한 시민이 등장한다."[29] 이것을 달리 표현하면, 관료제의 확장은 [정치

---

27. Brodkin, *False Promise*.

28. Rose, "Governing by Numbers," 678-79.

29. Sheldon Wolin, "Democracy and the Welfare State : The Political and

적 권력이 아니라) 재량적 권력을 확대하고 [그에 적합한 주체가 출현한다는] 뜻이다. 하지만 정확히 반대로 말해야 한다. 오히려 복지가 헌법보다는 행정법에 기초하기 때문에, 즉 정부의 권한이 재량적이기 때문에, 셸든이 칭하는 "유연한 권력" ─ 푸코식대로 생명권력 ─ 이 동원될 수 있었다.

행정 영역의 확장은 "탈정치적" 경향이 아니라, 권력의 범위를 확대했으며 특히 생산적인 권력을 대폭 신장했다. 애초부터 행정개혁은 정치적 위기, 즉 정치적 "정의"와 민주체제가 흔들릴 때, 그것을 저지할 목적으로 추진되었으며, 조사원들은 재량권에 따라 "공정한" 조사를 실시하고 "공정한" 증거를 수집했다(그들은 주州정부와 계약한 민간인, 시 당국, 카운티, 주 정부, 연방복지부의 공무원, 지방검사 사무실의 수사관 등 매우 다양했다). 몇 번을 말하지만, 정치적인 것의 경계는 고정되지 않고 유동적이다.

복지사기에 대한 조사와 행정에서 그 테크닉은 사회의 지배와 통제를 위한 합리적 기법이 아니다. 그러한 테크닉은 정확히 사람이 아니라 숫자를 통제하려고 시도했다. 복지사기와 관련된 행정은 일부 시민들의 권리를 박탈하는

Theoretical Connections between Staatsrason and Wohlfahrtstaatsrason," in *The Presence of the Past : Essays on the State and the Construction* (Baltimore : Johns Hopkins University Press, 1989), 160.

반$反$자유적인 전략도 아니고, 냉정한 음모론적 책략도 아니다. 오히려 그러한 행정은 다분히 자유주의적이다. 가난한 여성의 시민성에 대한 규정은 권리와 책임으로 구성된 자유주의적 규범이었고, 그것은 시민과 국가가 맺는 계약과 다르지 않았다.

빈민 여성의 시민권 조항

청구인이 복지급여, 식품구매권$^{food stamps}$, 일반부조30를 신청할 때, 그 서류 뒷면에는 복지 관련 규정이 나열되어 있다. 대체로 사회복지사는 신청자들이 관련 조항을 이해했는지 물어보고 그렇다고 인정하면 사인을 받았다. 이 서류는 신청자가 해당 규정을 읽고 이해했다는 증빙 자료로 쓰였지만, 그 과정에서 수급자는 복지사기에 대한 불이익을 반복적으로 통보받았다.31

---

30. [옮긴이] 일반부조(general assistance)는 노령, 유족, 장애 및 보건보험(OASDHI), 부양아동가족부조(AFDC), 보충적 소득보장(SSI) 등에 적합하지 않은 개인을 대상으로 자산조사를 통한 재정적 및 기타 원조를 제공하는 서비스이다. 일반부조는 주로 각급 지자체가 담당하며 적격성을 결정하고 자금의 분배를 조정한다.]

31. 화이트는 AFDC의 청구인을 대변하면서 다음과 같은 사실을 발견했다. "복지사는 신청서의 매 단계마다 사기 행위를 강조하고 [신청인이] 검토

이들 조항에는 수급자들이 "동의"할 수밖에 없었던 딜레마가 존재했다. 일반적인 관련 조항은 권리, 책임, 이의신청 등과 같은 세 부분으로 구성되었다. 예를 들어, 권리 부분에는 공적 부조를 신청할 권리, 프라이버시의 권리, 신청서에 관해 설명을 받을 권리 등이 있었다.

제출한 서류의 정보가 변경될 경우, 수급자는 사례 담당자에게 통보할 책임이 있었다. "사실과 다른 정보를 제공하거나 변동사항을 보고하지 않았을 경우, 귀하는 사기혐의로 고발당할 수 있습니다. 아울러 관공서는 귀하가 제공하는 모든 정보를 조사할 수 있습니다. 또한 귀하가 서면으로 동의할 경우, 귀하의 케이스 정보는 제3의 출처에서 획득될 수 있습니다. 하지만 귀하가 여기에 동의하지 않거나 사실 증명에 실패할 경우, 귀하의 신청은 반려될 수 있으며 귀하의 보조금 역시 중단될 수 있습니다."[32] 간단히 말해, 사생활 보호권을 행사할 경우, 수급자는 보조금을 받을 권

과정을 승인하도록 교육받았다. 담당 복지사는 사기에 대한 주의를 반복해서 강조했으며, 신청자는 그러한 경고를 이해했다는 동의를 서류로 남겨야 했다. 게다가, 청구인은 신청 과정에서 제출하는 거의 모든 정보를 제3의 기관이 조사할 수 있다는 조건에 동의해야 했다……그 같은 요구는 별다른 근거가 없었다. 수급자에게는 단지 사기를 예방하는 조처라고 통보되었다."(White, "Subordination," 39 n.12)

32. 여기서 내가 인용한 양식은 미네소타주(州) 복지부가 사용하고 있다. 예를 들어, 다음 서류를 참조하라. DHS-1842(3-87) PZ-01842-05.

리를 상실하게 된다.

게다가 매우 다양한 기관이 관련 정보를 공유했다. 여기에는 연방사회보장국, 국세청, 교육훈련부, 양육지원센터, 실업대책기관, 부양아동가족부조, 의료부조, 농무부, 정신건강센터, 주립병원, 양로원, 보험회사, 내무부, 미수금처리 대행회사, 사회복지기관 등이 관여했고, 사실상 각 주ᵂ의 사회부가 위탁한 모든 사람이 관련되었다.[33] 정보 수집의 근거는 "귀하나 귀하의 가족에게 보호서비스가 필요한지"를 결정하기 위해서였다. 그러나 예를 들어 아동보호기관이 소송을 제기할 때, [제3자의] 정보는 청소년법정에서 수급자에게 불이익을 줄 수 있었다. 결과적으로, 수집된 정보는 "보호"를 빙자한 처벌 방식으로 사용되었다.

이러한 모순적 요구에 이어, 보다 심각한 조건이 첨부되었다. 품질관리 차원에서, 조사기관은 아무 케이스나 임의로 선택한 다음, 수급자의 상태와 제3의 기관에서 획득한 정보를 비교 평가할 수 있었다. "귀하가 계약의 체결을 원하지 않고 서면으로 동의하지 않아도, 조사원이 내용을 설명

---

33. 1984년 〈예산감축법안〉(Debt Reduction Act)에 이어, 1987년 6월 미네소타의 복지부는 「소득과 적격 심사 체계에 관한 공고」를 발표했다. 여기에는 위와 같은 기관들이 나열되어 있었다. 마찬가지로 1990년 공보, 「사생활보호권에 관하여」는 다양한 사회복지기관을 제시하고 있다.

할 경우 계약은 유효할 수 있습니다." 달리 말해 협조는 사실상 강요되었다.

이 부분에서 우리는 몇 가지 논점을 얻을 수 있다. 첫째, 공무원은 적격성 판단의 최종 결정권자가 아니었다. 적격 여부의 최종 판단은 계속해서 유예되었고, 일관적이지 않았으며, 대부분의 경우 무작위로 결정되었다. 실제로 명확한 결정 주체는 모호한 상태로 남아 있었다. 규칙이나 그것을 판결하는 최종적인 권위자는 존재하지 않았다.[34] 둘째, 품질관리는 사기조사와 동일한 효과를 가져왔다. 오류는 수급자와 복지사 양쪽에서 발생했지만, 어떤 경우라도 그 대가는 수급자의 몫이었다. 또한 공짜로 이용할 수 있는 고발전화는 무작위 표본추출의 공포를 강화했다. 누구든지 수상한 수급자를 고발할 수 있었고, 일부 주州에서는 무조건적인 조사를 공언했다. 사실 전화를 이용한 많은 사람들이 집배원, 변심한 애인, 헤어진 남편 등이었다. 셋째, 아무리 터무니없는 조건이라도 수급자는 동의하지 않을 수 없었다. AFCD의 자격을 얻으려면 수급자는 심사과

---

34. 미세스(Mrs. G.)의 경우에는 행정판사가 그녀에게 불리한 결정을 내렸다 (White, "Subordination," 32). 그래서 그녀가 이의신청을 제기했고, 곧이어 카운티 복지 담당자가 그녀의 변호사에게 전화를 걸어왔다. "카운티의 환급 요청은 '공정하지' 않았습니다." 그렇지만 왜 그런지에 관해서는 어떠한 해명도 없었다.

정을 얌전히 따라야 했고 사생활 침해를 수용할 수밖에 없었다. 결국은 법률보다 앞서 수급자의 유죄가 전제되었다. 심지어 관련 조항에 동의하지 않아도 수급자는 조사받을 수 있었다.

물론 수급자는 이의신청을 이용할 수 있었다. 그들은 앞서 언급한 조항이나 그에 기초한 적격 판단을 거부할 수 있었다. 하지만 그렇게 할 경우, 수급자는 엄청난 위험을 감수해야 했다. 무엇보다 패소한 사람은 "소송 기간에 수령한 모든 초과분을 환급해야만" 했다. 더욱이 이의신청은 판례로 인정되지 않아서 향후 결정에는 아무런 구속력이 없었다.[35] 예를 들어, 어떤 여성이 소송에서 승리하더라도, 복지 관련 조항은 전혀 변경되지 않았다.

각급 정부는 당근과 채찍을 병행했다. 일단 주 정부와 카운티는 사기조사와 감사監査를 위해 인센티브를 제공했으며, 연방정부는 사고율이 높은 주州에 과징금을 물렸다. 내 경험에 비추어 볼 때, 지역의 미디어는 간혹가다가 사기조사원을 영웅으로 칭송했지만, 주州 의회와 복지부는 대부분 이들을 경멸했다. 또한 수급자들은 동료 수급자를 밀고하라는 공문을 정기적으로 받았다. 이것은 평판이 좋

35. Lipsky, 15.

지 않았던 AFDC를 대중적으로 정당화하고, 수급자의 자발적 복종을 유도하기 위한 시도였다. 그렇지만, 내가 아는 한 밀고 전략은 많은 사람을 유혹하지 못했다. 아무튼 이번 절에서 알 수 있듯이, 권위의 경계는 분명히 구별되지 않았지만 그럼에도 불구하고 권력은 엄연히 작동하고 여성들의 시민성에 영향을 미쳤다. 우리는 이러한 형태의 권력을 어떻게 설명할 수 있는가? 마찬가지로 이번 절에서 알수 있듯이, 개입적인 행동은 수많은 방식으로 가능하다. 우리는 이런 방식의 개입을 어떻게 이해할 수 있는가? 반대로 말해, 우리는 저항을 어떻게 사유할 수 있는가?

저항의 조건

복지의 조항 및 규칙은 전략적 장場을 창출했다. 전략적장은 계산의 공간이자 가능한 행위들로 구성되어 있는데, 복지의 조항은 일종의 전략적 장을 창출하고 그곳에서 행위의 가능성을 활용했다. "전략적 장"이란 국가와 법률 같은 집권적인 권위와 구별되는 것으로, 그것은 잠재적 행위들로 점철된 영역을 가리킨다. 전략적 장은 (공적/사적) 영역도 아니고 (지방, 주州, 연방 같은) 지리적 단위도 아니고 법률에 기초하지도 않는다. 전략적 장은 공간적으로 규정되지 않는 대신에 일련의 가변적인 전략을 통해 출현한다. 예를 들어, 전략적 장은 적격성 조건뿐만 아니라 다양한 훈육적 수단을 통해 등장한다. 훈육적 수단에는 품질관리절차, 컴퓨터 자료통합, 회계 기법, 운영 모델 등이 포함되며, 그것은 법률이 가져올 수 없는 효과를 유발한다.

복지사기와 관련된 행정은 수급자를 "원격에서 개입하는" 장치였다.[36] 복지의 적격성 기준은 고유한 전략적 장을 창출했는데, 그것의 목표는 불량한 데이터의 제거, 예를 들어 복지사기꾼의 색출에 있었고, 그것의 전략은 숫자에 기초한 방식이었다. 이러한 전략은 사람이 아니라 복지 시스템을 통제할 목적으로 도입되었지만, 숫자는 단순한 허구에 그치지 않았다. 그것은 또한 수급자의 삶을 기록하고 그에 개입하는 장치였다. 이를테면 숫자는 "실재하는" 여성이 아니라 추상적인 여성, 즉 "케이스"을 구축했다. 물론 일부 시민들의 삶을 양화한다고 해서, 그것이 그들의 행위를 필연적으로 결정하거나 통제하는 것은 아니다. 그러나 셈해진 것은 결국 개입 가능한 대상으로 전환될 수 있다.

---

36. Bruno Latour, "The Powers of Association," in *Power, Action, and Belief : A New Sociology of Knowledge?* ed. John Law (New York: Routledge, 1986).

복지사기와 관련된 회계에서, 그것의 전략적 장은 권력 작용을 "탈정치화"하지 않고 오히려 권력을 생산했으며 평가와 관련된 전문지식, 규칙, 기준을 권력과 연결했다. 또한 복지 관련 환경은 통합적이고 집권적인 단일한 관점이 주도하지 않았다. 숫자로 운영되는 장場은 다른 전략적 장들과 중첩되고 교차되었다. 예를 들어, 보호감찰관, 부동산 소유자, 의사, 중독 치료사 등은 사기 조사원과 정보를 공유했다.

집 톨치너는 캐나다의 반反사기 캠페인을 보고하고 있는데, 그곳에서 사용된 전술은 미국의 통상적인 전술과 흡사하다. "공적인 청문회도 없이 캠페인은 갑자기 시작되었다. 사기 조사는 행정 개혁을 명분으로 도입되었고, 따라서 법률이나 조례는 건드리지 않았다. 이것은 대의적 절차를 무시하는 처사였다. 조사원들은 적법한 권한이 없는데도 막대한 재량권을 행사했다."[37] 특히 권력의 전략적 장은 숫자를 통한 추적 및 계산 능력을 극도로 확대한다.

결과적으로, 복지국가에서 빈곤 여성의 시민성은 특정한 영토에 적용되는 법률이 아니라, 전략적 장을 구성하는

---

37. Jim Torczyner, "Discretion, Judgement, and Informed Consent: Ethical and Practice Issues in Social Action," *Social Work* 36 (March 1991):124.

복지의 규칙, 즉 지배의 관계에 따라 결정된다. 물론 수급자의 저항 가능성은 복지사기라는 전략적 장 안에서 완전히 제거되지 않았다. 하지만 그만큼이나 장을 형성하는 지배적 관계는 다양하고, 가변적이고, 교활하고, 모순적으로 작동했다. 특히 최악의 이중구속(딜레마)은 턱없이 부족한 지원금 때문에 발생했다. AFDC의 수급액은 정부가 공표한 빈곤선에 턱없이 모자랐는데, 누구나 인정하듯이 그것만 갖고는 도저히 살아갈 수 없었다. 이러한 사실은 공포와 의심을 보편적인 정서로 만들었다. 복지수급자, 보호관찰관, 치료사, 헤어진 남자친구, 사기 조사원 등 모든 사람이 비슷하게 생각했다. 한편으로, 수급자가 일정한 장소에 거주하면서 아이를 제대로 먹이고 입힌다면, 그곳에는 십중팔구 사기행각이 존재할 것이다. 다른 한편으로, 수급자가 집이 없거나 주거조건이 열악하다면, 그리고 아이가 후줄근하고 무단결석이 계속된다면, 이번에는 보호기관이 필요할 것이다. 어느 쪽이든, 결국에 수급자는 복지기관이나 행정기관의 나락으로 떨어졌다.

사실 새로운 저항 양식을 발견할 수 없다면, 복지에 관한 이러한 설명은 전략적으로 쓸모가 없을 것이다. 당연한 말이지만 새로운 저항 방식은 복지의 전략적 장 안에서 발명될 수 있다. 노파심에 분명히 말해두자면, 연구자로서 나는 복지의 전략적 장에서 벗어나 있기 때문에, 그곳에서 무엇을 해야 한다고 감히 말할 처지가 아니다. 내가 할 수 있는 최선은 경종을 울리는 작업이며, 실제로 저항의 전략적 문제는 이론적 과업이 아니라 정치적으로 해결될 뿐이다. 다만 정치 이론은 비판적 공간을 열어젖히는 급진적인$^{nega-tive}$ 과업에 기여하며, 그것을 통해 우리는 정치에 관한 습관적인 관념을 버리고 새로운 경로를 탐색할 수 있다.

행정 개혁과 실천을 비판하는 사람들은 관료제와 행정 실천이 원칙적으로 권력 관계를 "탈정치화"한다고 주장한다. 이러한 논리를 따르면, 어떤 이슈가 국가 외부에 위치할 때, 그것은 더 이상 갈등을 유발하지 않는다. 왜냐하면 권력의 작동이 은폐되기 때문이다. 왜냐하면 그곳에서 권력의 작동은 은폐되기 때문이다. 달리 말해, 관련 이슈는 공중의 의식과 공적인 토론에서 자취를 감춘다. 그렇지만 꾸준히 주장했듯이, 사회생활에 대한 "규제", "전문화", "탈정치화"는 오히려 정치적인 것을 확대하고 권력의 범위를 확장한다.

이번 장에서 검토했듯이, 복지 행정의 영역에서 정치적 문제는 숫자의 문제로 변형된다. 그리고 이러한 변형은 쟁점을 "탈정치화"하는 대신에 그에 대한 정치적, 행정적 개입을 가능하게 만든다. 결과적으로, 숫자를 통한 통치는 권력을 은폐하기보다는 권력의 범위를 확장한다. 사실 이 모두는 우리의 관점 전환에 달려 있다. 우리가 [권력의] 실체를 추구한다면, 예를 들어 인종차별적 정치인이나 권력을 탐하는 복지사를 찾고자 한다면, 그것은 틀림없이 낙담으로 이어질 것이다. 복지의 전략적 장에서 모두가 책임의 주체이지만 아무도 [권력의] 실체는 아니다.

"탈정치화"를 강조하는 비판적 접근은 저항의 새로운 방식을 상상할 때 잠재적으로 한계에 봉착한다. 무엇보다 그러한 관점은 국가 외부의 정치권력을 설명할 수 없기 때문이다.[38] 비판이론가들은 정치 자체에 대한 분석을 혁신하지 않는다. 대신에 그들이 주장하는 정치화는 특정한 쟁점을 가족, 경제, 행정의 "탈정치화된" 영역에서 공적 영역이나 "정치적인 것"으로 옮기는 것이다. 말하자면 그들은 저항의 가능성을 그것이 전개되는 전략적 장 속에서 탐구하지 못한다. 그 결과 비판적인 민주주의 논자들은 민주적인 행동과 저항의 거대한 잠재력을 무시한다.

예를 들어, 낸시 프레이저의 작업을 살펴보자. 그것은 그녀가 복지국가에 대한 정치적 개입과 이론적 비판을 대

---

38. Nikolas Rose and Peter Miller, "Political Power beyond the State: Problematics of Government," *British Journal of Sociology* 43:2 (June 1992) : 173-205.

표하고 있기 때문이다. 프레이저의 작업은 "수급자의 저항" 을 네 가지로 제시한다.[39] 첫 번째는 개인적 저항이다. 이를 테면, 그것의 목적은 수급자의 욕구를 포함하기 위해 특정 기관의 관할권을 확대하는 것이다. 두 번째는 비공식 조직 의 구성이다. 이것은 (캐롤 스택이 보고한) 친족 네트워크 와 "생존 네트워크"를 말한다.[40] 세 번째는 주관적 내러티브 의 강조를 말한다. 수급자들은 전문가들이 주장하는 치료 적 내러티브에 맞서 주관적 이야기를 내세운다. 그러나 프 레이저는 이상과 같은 세 가지 방식의 저항을 "정치적"으로 보지 않고, 오직 네 번째 형태만 정치적으로 간주한다. 그 러니까, "정치적" 저항은 **복지수급자**라는 [정체성에 기반한 집 합적] 조직이다. 그녀에 따르면,

저항은 비공식적, 즉흥적, 전략적으로 조직되고/되거나 문화적 형태를 취할 수 있지만, 마찬가지로 명시적인 정치 적 조직처럼 보다 공식적으로 조직될 수 있다. 복지 프로

---

39. 그렇다고 해서 내가 프레이저의 작업을 전면적으로 부정하는 것은 아니 다. 나는 그녀의 정치 개입적인 비판적 작업을 전반적으로 존중하고 있다. 여기서 나의 부정적인 논조는 다만 정치이론의 잠재적 가능성을 놓고 그 녀의 작업을 가늠하기 때문이다. 이에 대해서는 다음의 글을 참조하라. Fraser, "Struggle over Needs," 213-19.

40. Carol Stack, *All Our Kin : Strategies for Survival in a Black Commu-nity* (New York : Harper & Row, 1974).

그램의 수혜자들은 **수급자로서** 단결할 수 있으며, 자신의 욕구(필요)에 대한 행정적 해석에 도전할 수 있다. 수급권자는 전문가 담론이 주입한 수동적, 규범적, 개인적, 가족적 정체성을 보유하지만, 동시에 그러한 정체성을 정치적인 집합 행동의 토대로 전환시킬 수 있다.[41]

프레이저는 "정치적" 저항을 정체성 층위에 고정시키며, 바로 그곳에서 국가에 대한 저항이 전개된다.[42] 그녀가 설명하듯이, "정치적" 행동은 우리가 복지의 규정을 몸소 체현할 때 비로소 가능하다. 그러나 그녀의 설명은 활동가들이 취하는 다양한 방식의 급진적, 잠재적 저항을 많은 부분 배제한다.

프레이저에 따르면 여성의 정체성은 "수급자"로 고정되며, 그것에 저항하는 행동과 논쟁은 정치적으로 명시적인 것이 아니다. 말하자면 그녀는 복지권단체에서 전형적으로 나타나는 정치적 실천을 배제한다. 내 경험도 그렇지만 복지권단체는 "수급자"의 범주 자체를 문제시한다. 예를

---

41. Fraser, "Struggle over Needs," 219.

42. 웬디 브라운은 정체성의 정치에 비판적이지만, "정치적인 것"의 강조는 동의한다. 대신에 그녀는 저항의 중심지로 국가를 꼽고 있다. 다음을 참조하라. Wendy Brown, *States of Injury : Power and Freedom in Late Modernity* (Princeton : Princeton University Press, 1995).

들어, 미니애폴리스에 위치한 〈여성, 노동과 복지〉에서 회원들은 저항의 단초를 마련하기 위해 치열한 논쟁을 전개하고 헌신적으로 투쟁했다. 수많은 쟁점들이 제기되었지만 언제나 그 초점은 복지에 대한 저항적 주체를 놓고 움직였다. 누가 수급자를 정당하게 대표할 것인가? 누구는 그렇지 않은가? 예를 들어, 그(녀)들/우리는 [서비스의] 수혜자client인가, [복지권의] 수급자인가, 참여자인가, 웰페어맘welfare mom인가, 여왕인가, 싱글맘인가, 푸어맘poor mom인가, 계급이나 인종, 젠더의 구성원인가? 복지권 투쟁의 참여자는 단순한 수급자와 비교할 때 어떻게 다른가? 여성들은 얼마나 오랫동안 보조금을 받아야 수급자나 대변인이 되는가? 정해진 "수급자" 자격을 상실할 경우, 그녀는 얼마나 오랫동안 수급자를 대표할 수 있는가? 어떤 식의 저항이 여성들의 주관적인 인종적, 계급적 위치와 양립할 수 있는가? 여성들은 단순히 수혜자나 엄마로서 저항해야 하는가, 아니면 인종적, 종족적 소속을 동시에 강조해야 하는가? 복지권 활동가는 그들이 관여한 모든 곳에서 위와 같은 질문을 끝없이 제기했다. 그들은 각종 집회는 물론이고 단체 석상과 사교 모임을 가리지 않았다.

저항의 기반과 주체는 지속적인 투쟁을 매개로 가능했으며, 더욱이 그러한 투쟁은 일상적인 저항의 정치에 속했다. 반면 프레이저의 설명에서 명시적인 정치적 정체성은 그것이 복지국가 안에 위치할 때, 즉 대합실에 머물 때 형성된다. "AFDC의 행정이 원자화와 탈정치화를 부추겼지만, 여성들은 복지라는 대합실에서 서로 뭉쳤다. 그들은 수급자로 참여함으로써, 공통된 고충을 확인하고 같이 행동했다. 따라서 동일한 복지 실천이 상반된 결과를 가져왔다. 복지 관행은 불만을 낳기도 했지만 그에 맞서 집합적 행동의 조건을 창출했다."[43] 또한 프레이저는 피번의 설명을 끌어와서 이렇게 주장한다. 복지수급자의 명시적인 정치적 주체성은 권력의 일괴암적 체현으로서, 국가권력 기구의 존재론적이고 조직적인 효과에 불과하다. 프레이저와 피번이 고집하듯이, 명시적인 "정치적" 정체성이 출현하려면 정치적 주체는 집단적 연대를 통해 정체성을 응결시켜야 한다. 여기서 집단적 연대는 국가에 맞서는 공유된 입장과 관심에 따라 결정된다. 복지 기관의 대합실은 집단적 정체성을 공고하게 만들 수 있고 그 결과 정치적 행동이 전개되는 것이다. 이런 식의 비판에서 정치는 국가권력의 행사 이후에 오는 것이며, 저항은 주체성을 고정한 다음에야 비로소 가능하다.

---

43. Fraser, "Struggle over Needs," 219.

우리가 저항의 근거를 복지국가의 조건과 등치시킬 때, 그것은 분명한 한계를 노정한다. 내가 볼 때 민주주의 이론은 복지 조건의 구성적 성격을 포괄할 필요가 있다. 여전히 복지에 관한 비판적 설명은 정치 일반의 관점이 아니라, 국가권력의 측면에서 정치적 정체성을 한정하고 있다. 프레이저 역시 (2장에서 검토했던 민주주의의 이론가들이 그랬듯이) 정치적 저항의 전략과 방법을 언제나 국가로 환원하고 있다. 물론 그녀는 욕구를 둘러싼 담론 투쟁을 "정치적인 것, 경제적인 것, 가족적인 것" 사이에 위치시키고, 욕구의 담론이 발생하고 충돌하는 다양한 장소와 경향을 인정한다. 그렇지만, (내가 전략적 장이라 불렀던 것과 유사한) "고립영토"enclave의 주된 기능은 욕구의 담론을 "탈정치화"하는 것이다.[44] 따라서, 욕구는 그것이 "정치적"이게 되려면, 반드시 "고립영토"에서 벗어나서 "공적으로" 진입해야 한다. 그러나 "공적인 것"은 정확히 어디에 있단 말인가?

매 맞는 여성을 돕는 운동이 잘 보여주듯이, 프레이저는 여성주의 활동가들이 새로운 공중과 제도를 창출한다고 올바르게 표현한다. 그렇지만 그녀는 정치화의 과정이 양자택일로 결판난다고 주장한다. 그러니까 욕구의 충

---

44. 같은 책, 204.

족은 (정치화된) 정치가 아니면 (탈정치화된) 행정으로 귀결된다. 그녀가 볼 때, 권력의 장소는 다양할 수 있지만 그러한 장소는 국가 영역의 지배적 담론과 정치권력으로 통합된다. 반대로 내가 볼 때, 이질적 장소는 "일방적으로 부과된 욕구"와 그 담론이 아니라, 지배의 전략과 관계로 횡단되고 통합된다. 예를 들어, 복지사기 조사는 케이스담당자, 국세청, 아동보호기관, 집주인, 병원, 가족, 사회복지사 등을 상호 연결한다. 따라서 욕구의 "정치화" 과정에서 이런 배치를 [역으로] 횡단하려면, 우리는 가족, 사회, 시장, 기관, 회계 회사 등을 벗어나기보다는 이 모두를 횡단하고 있는 정치 전략을 인식하고 그것에 저항해야 한다. 프레이저는 또한 정치적 저항을 구상하기 위해 주체성과 예속성을 날카롭게 구별한다. 하지만 복지에 대한 민주주의 비판과 여성주의 비판은 그러한 구별을 유지하는 모든 종류의 저항과 비판을 문제시해야 한다. 통치와 지배의 실천은 "정치적인 것"에 머물지 않고, 어느 특정한 영역에 한정되지 않는다. 중요한 것은 누가 어떤 영역을 통치하는가 하는 것이 아니라, 우리는 **어떻게** 통치되는가, 그리고 어떤 실천을 통해서 통치되는가 바로 그것에 있다.

"진정한" 정치적 이슈를 전제할수록, 우리는 무력한 저항 방식을 고집할 수밖에 없었다. 예를 들어, 피번과 클로워드는 "진정한" 정치적 이슈가 존재하지만 이데올로그들이 그러한 문제를 은폐한다고 역설한다.

달리 말해, 복지 프로그램은 문제를 안고 있다. 그러나 "사기와 남용"에 관한 조사는 실업, 식품, 복지의 영역에서 등장하지 않았다. 사기 조사는 방위계약이나 조세제도에서 출발했으며, 그곳에는 사기와 부당이득이 심각한 정도가 아니라 아예 정상적이며 그 금액 또한 상상을 초월한다. 복지영역도 많은 경우 민간으로 넘어갔으며, 예컨대 도급회사들이 메디케어[45], 메디케이드[46], 주택부조를 제공하고 있다. [그래서 만일 사기와 남용이 있다면, 그것은 방위계

---

45. [옮긴이] 메디케어(Medicare)는 65세 이상의 노령자에게 제공되는 공공 의료서비스를 말한다. 현재는 노령자뿐만 아니라 장애인과 만성질환 등도 보조하고 있다. 이 제도는 1965년 7월 존슨 행정부가 사회보장 관련법을 개정하면서 시행되었다. 그러나 메디케어의 실제 운영은 주(州) 정부가 보험회사에게 일정액을 지불하고, 수혜자는 보험회사로부터 서비스를 제공받고 있다.

46. [옮긴이] 메디케이드(Medicaid)는 빈민과 장애인 등 사회적 약자를 대상으로 실시하는 의료부조제도이다. 그 대상자는 일정 소득 이하의 저소득층과 가계자산조사에 따라 결정된다. 다른 자격기준에는 나이, 임신 여부, 장애, 소득, 재산, 시민권 여부, 합법적 이민자 등이 있다. 메디케어와 마찬가지로, 1965년 사회보장법(Social Security Act)에 따라 실시되었고 미국의 전체 주(州)가 이에 참여하고 있지만, 그 운영은 보험회사에 맡겨졌다. 참고로 2008년 정부는 수혜자에게 일정 비용을 청구할 수 있도록 지침을 개정했다.

약처럼 민간의 업자들 사이에서 일어날 것이다.] 레이건 정권의 입장에서 **진정한 이슈**는 사기와 남용이 아니며, 예산 삭감은 그런 문제를 겨냥하지도 않는다. 오히려 예산 감축의 [진정한] 표적은 복지국가의 혜택을 받는 수급자들이다.[47]

복지권 활동가 역시 "복지의 여왕"을 이데올로기 책략으로 간주했다. 복지의 여왕은 전제적인 통치의 "진정한" 권력 남용을 은폐한다는 것이다. 복지권의 옹호자와 단체들이 감행한 반격은 "진정한" 사기꾼의 실체를 폭로하는 방식이다. 그들은 복지를 공격하는 정치인의 비합리성을 만천하에 공개하려고 한다. 이를테면, 정치인들은 단순히 자신의 보신 때문에 복지를 비난하는 것이다. 실제로, 이러한 전략은 1960~70년대 조지 와일리가 이끌었던 〈전국복지권기구〉의 투쟁으로 소급할 수 있다. 〈전국복지권기구〉의 목표는 "진정한" 복지의 위기와 "진정한" 사기꾼에 대한 폭로에 있었다.[48] 말하자면, 참된 정치는 어떤 이슈를 "공적"이고 "정치적"으로 만드는 전략에 있다. 그러나 진실을 폭로하

47. Francis Fox Piven and Richard A. Cloward, *The New Class War: Reagan's Attack on the Welfare State and Its Consequences* (New York: Pantheon, 1982), 6. 강조는 저자.

48. Milwaukee County Welfare Rights Organization, *Welfare Mothers Speak Out*.

고, 진정한 "현실"을 밝혀내고, 다수에게 진실을 알린다고 해서, 그러한 전략이 효과적인 것은 아니다.

사실 사람들은 복지의 규정을 완전히 거부할 수 없는데, 그러한 조건을 따라야만 주택과 음식, 소득이 생기기 때문이다.[49] 복지의 규칙이 사람들을 규정하는 한에서, 우리는 [진실의 폭로가 아니라] 전혀 색다른 전략이 필요하다. 그것은 복지의 구성적 조건 자체를 겨냥하는 전략이다. 그것은 수급자답게 행동하길 거부하는 저항이다. 우리는 국가와의 관계에서 형성되는 [배타적인] 정체성을 거부해야 한다. 푸코가 제안했듯이, "어쩌면 오늘날 목표는 우리가 무엇인지를 발견하는 게 아니라 우리가 무엇인지를 거부하는 데 있다. 근대의 권력 구조는 일종의 정치적 '이중구속', 즉 개별화하는 동시에 전체화한다. 우리는 이러한 이중구속을 제거할 수 있는 무언가를 상상하고 구축해야 한다."[50] 복지의 여왕에서 알 수 있듯이 사람들은 사회적으로 구성된다. 즉 모든 시민은 예속된 주체인 것이다. 생산적 권력과

---

49. 재클린 울라(Jacqueline Urla)는 숫자 자체가 저항의 도구로 활용될 수 있다고 제안하고 있다. 다음을 참조하라. Jacqueline Urla, "Cultural Politics in an Age of Statistics:Numbers, Nations, and the Making of Basque Identity," *American Ethonologist* 20, no.4(1993):818-43.

50. Michel Foucault, "The Subject and Power," in *Michel Foucault Beyond Structuralism and Hermeneutics*, 2d ed., ed. Herbert L. Dreyfus and Paul Rabinow (Chicago:University of Chicago Press, 1983), 216.

자유주의 통치술에 정치적 책임을 묻기 위해서, 우리가 필요한 것은 무엇인가? 우리는 무엇을 고민하고 발명해야 하는가? 그것은 시민성의 사회적 구성을 정치적으로 다루는 방법일 것이다.

반복

곳곳에서 반복적인 목소리가 들려온다. '시민은 정치적 참여에 냉소적이다.' '그들은 정치적 참여에 무관심하다.' '그들의 참여는 너무 이기적이다.' 토크빌의 표현대로, 이러한 주장은 분발을 촉구하는 것이지만 그만큼이나 지루하게 반복된다. 반복적 목소리는 입만 열면 튀어나와서 도대체 끝나지도 않는다. 이 책에서 나는 그러한 목소리가 반복되는 까닭을 추적했다. 상투적 목소리는 임파워 의지 때문에 가능하다. '주체가 무관심하다.' '주체가 무기력하다.' '시민성이 해결책이다.' 이런 말을 들을 때마다, 우리는 임파워 의지라는 메아리를 듣고 있는 것이다. 메아리는 이렇게 속삭인다. '무언가 결핍된 것이 정치, 권력, 민주주의에 관한 사유를 좀 먹고 있다.'

이 글을 쓰고 있는 순간에도, 정치학자들은 워링 대령을 모방하고 있다. 앞에서 살펴봤듯이, 워링 대령은 쓰레기에서 정치적 자본의 새로운 공장과 원천을 찾았다. 마찬가지로 로버트 퍼트넘은 "사회적 자본"의 상실을 한탄한다. 그는 미국에서 신뢰와 예의civility, "시민적 참여"가 시들고 있다고 주장한다.[1] 미국 사람들은 시민 단체나 볼링 리그,

---

1. Nikolas Rose, "Between Authority and Liberty : Governing Virtue in a Free Society," *Janus : The Journal of the Finnish Society for Social Policy* (forthcoming). 또한 앞에서 인용한 미셸 샤피로(Michael Shapiro)

브리지 클럽에 참가하지 않는다. 우리는 이웃들과 어울려 골목 어귀에서 잡담을 나누지 않는다. 우리는 집회에 참여하거나 연설을 듣지 않고, 대신에 수표를 끊어 기부할 뿐이다. 퍼트넘이 가리키는 "사회적 자본"은 "네트워크와 신뢰, 규범 같은 사회생활의 심급을 말한다. 그것이 있기 때문에 참여자들은 하나로 뭉칠 수 있고 공통의 목표를 효과적으로 추구할 수 있다."[2] 오늘날 중앙정부는 복지행정을 주 정부와 지방으로 이전하고 있지만, 복지 운영의 핵심으로서 "사회적 자본"은 이미 바닥까지 떨어져 있다. 상황을 이렇게 만든 원흉은 어디에 있는가? 퍼트넘에 따르면, 그것은 텔레비전이다. TV는 반反사회적이다. 우리는 TV를 너무 많이 보는 바람에 단체 활동을 하지 않는다. 아이들은 TV와 상호작용하면서 학습하고 사회화된다. 그러니까 우리가 편안한 소파를 박차고 시민으로 행동하지 않기 때문에, "사회적 자본"은 위기에 빠진 것이다. 이와 같이 임파워에 대한 의지는 끝없이 반복되고 있다.

여느 담론과 마찬가지로, 사뮤엘 딜레이니가 주장하듯

와 니콜라스 로즈의 글을 참조하라.

2. Robert D. Putman, "Turning In, Turning Out : The Strange Disappearance of Social Capital in America," *PS : Political Science & Politics*, December 1995, 664-65.

이, 임파워먼트 담론은 학습되고, 습관화되고, 물질화된다.[3] 사실 정치적 문제의 원인을 탐색하고 그 해법을 제시하는 것은 매우 자연스런 활동이다. 다만 내 바람은 독자들이 이 책을 읽고 정치적 문제의 원인을 시민성의 결핍으로 한정하지 않는 것이다. 우리는 시민성의 부족을 놓고 고심하는 대신에, 우리를 다양한 종류의 시민으로 구성하는 임파워 의지, 시민성 테크놀로지, 통치술을 탐구해야 한다.

오늘날 문제는 시민들이 너무 없다거나 시민성에 대한 관심이 너무 적은 것이 아니다. 오히려 심각한 문제는 다양한 종류의 시민을 결핍된 무엇으로 판별하면서 생긴다. 중요한 것은 그들이 무엇을 행하고 있는지, 그리고 무엇으로 형성되는지 하는 것이다. 내가 주장했듯이, 임파워 의지는 통치의 전략이다. 그것은 시민-주체의 일상생활을 통치함으로써, 정치적 문제를 해결하려는 전략이다. 또한 내가 주장했듯이, 무관심과 무기력은 정치적 문제의 원인도 아니고 결과도 아니다. 민주주의 통치가 작동하려면, 시민은 반드시 구성되어야 한다. 그것은 시민을 재구성할 수 있다는 뜻이며, 또한 시민성의 사회적 구성이 임파워 의지를 보장

---

3. Samuel Delaney, "The Rhetoric of Sex and the Discourse of Desire," in *Heterotopia : Postmodern Utopia and the Body Politics*, ed. Tobin Sebers (Ann Arbor : Michigan University Press, 1994), 229-72.

하는 만큼 제약한다는 뜻이다.

시민-주체의 형태는 한 가지 이상이 존재한다. 노파심에 말하지만, 내 주장은 시민과 주체 사이에는 차이가 없다는 게 아니다. 오히려, 양자의 차이는 시민의 형성이 얼마나 다양한지 가늠하게 해준다. 시민이 민주주의 정치를 가능하게 하는 조건이라면, 그것은 시민이 민주주의의 토대라는 것이 아니라 시민의 형성이 민주주의의 영원한 정치적 기획이란 뜻이다. 우리는 새로운 유형의 시민을 창출할 수 있는가? 두말할 필요도 없이 그것은 가능하다. 내가 주장했듯이, 시민들은 언제나 새롭게 형성된다. 하지만 사회적 구성이 결핍을 바탕으로 진행될 경우, 시민들은 민주적인 기대에 영원히 부응하지 못하고 뭔가 결핍된 상태로 머물 것이다.

이 책의 목표는 임파워 의지의 정치적 효과를 탐색하는 것이다. 그러한 효과는 이중적인 것으로 첫째, 시민-주체는 사회적으로 구성된다. 달리 말해, 시민들은 권력 관계를 언제나 체화한다. 권력은 시민의 속성이며, 시민들이 자율적으로 통치할 때조차 어떤 의미에서 그들은 언제나 종속된다. 정치권력은 사소한 것의 층위에서 시민-주체를 겨냥해 행사되지만, 그만큼이나 시민-주체를 통해서 발휘된다. 사소한 것이란 우리가 시민성을 체득하는 물질적이고 습관적인 학습된 방식을 말한다. 우리는 그러한 권력을 시민성 테크놀로지와 자유주의 통치술 속에서 언제나 발견할 수 있다. 이것은 직접적으로 대면할 수 없는 권력이 책임이 없다는 뜻이 아니라, 민주주의를 판별할 때 권력의 책임이 아니라 다른 기준이 필요하다는 뜻이다. 대면할 수 없는 권력은 권력이 무시무시하다는 것이 아니라, 말 그대로 실체가 없다는 뜻이다.

둘째, 임파워 의지는 정치적인 것 자체를 구성하는 정치적 효과를 발휘한다. 내가 주장했듯이 민주주의 정치는 멀리 떨어진 곳, 즉 공적 영역이나 특정한 장소에 존재하지 않는다. 민주주의 정치는 매우 가까운 곳, 이른바 주체성의 내면 자체에 현재한다. 게다가, 정치는 저 아래, 사소한 것의 전략적 장 안에서 출현한다. 따라서 민주주의 이론이 정치적인 것과 시민사회의 자율성을 주장하는 것은, 또다시 부재하는 무엇으로 시야를 가리는 몸짓에 불과하다.

여기서 나는 다양한 용어를 동원해 민주주의 이론과 통치 양식을 비판했다. 그러나 분명히 밝혀두지만, 이 책은 반反민주주의를 위해 기획되지 않았다. 나는 민주주의를 논파할 생각도 없고, 민주주의에 대한 새로운 사유를 거부하지도 않는다. 내가 볼 때, 민주주의에서 최대 장점은 그것의 효과가 영속적이지 않고 우발적이라는 사실이다. 민주주의는 새로운 개입에 대해 결코 폐쇄적이지 않는 전략적 장이다. 이 책에서 내가 시도한 개입은 민주주의를 박살내는 것이 아니라, 포스트구조주의적 통찰을 통해 전략적 발판을 개척하는 것이다.

세간에서는 미셸 푸코에 대해 그가 민주주의의 전망을 폐기한다고 간주하지만, 비단 나뿐만 아니라 많은 사람들이 그의 작업에서 민주주의의 급진적 비전을 찾고 있다. 그렇지만 대부분의 사람들은 푸코를 의심의 눈초리로 살펴본다. 그들이 보기에 푸코의 이론과 그 응용은 근대적인 형태의 정치적 행동을 촉구하지 못한다. 또한 푸코와 그 노선은 권력을 정당하고 평등하게 재편하는 행위자 모델을 제공하지 않는다. 하지만 권력과 주체성에 관한 포스트구조주의 분석은 근대 민주주의 이론과 시민권의 토대를 순전히 해체하지 않는다. 이 책 곳곳에서 내가 주장했듯이, 우리는 시민들이 자아의 통치 역량을 어떻게 형성하는지를 심문할 필요가 있다. 그렇게 할 때, 우리는 어떻게 시민들이 보다 민주적으로 생산되는지, 또는 모종의 다른 형태로 구성되는지 이해할 수 있을 것이다.

이 책에서 나의 주장은 임파워 의지를 지닌 사람들, 예컨대 활동가, 조직가, 교육자, 사회복지 전문가, 사회과학자 등을 암묵적으로 전제하고 있다. 거듭해서 말하지만, 이곳에서 제기된 주장은 수년간 나 자신에게 스스로 던져 왔던 질문이다. 이 책이 임파워 의지를 집요하게 공격한 것은 그것을 분쇄하거나 무시하는 게 아니라, 그러한 의지의 전망과 위험을 동시에 드러내기 위해서이다.

중요한 것은
발견하는 것이 아니라
발명하는 것이다.

　한국 사회가 많이 아프다. 질병이 걸린 상태가 아니라
고통의 상태 말이다. 누가 말했던가, 고통의 윤리가 있기
에 비판이 비로소 가능하다고. 피로사회, 과로사회, 허기사
회, 하류사회, 단속사회, 투명사회, 팔꿈치사회…… 얼핏 둘
러봐도 뭔가 단단히 고장 났다. 또한 많은 사람들이 고통
받고 있다. 주위를 둘러보면 실업자와 비정규직은 물론이
고 실업자, 해고자, 노숙인, 빚쟁이, 신용불량자, 파산신청
자 등이 넘쳐나고 조금 형편이 좋더라도 워킹푸어, 하우스
푸어, 렌탈푸어를 벗어나기 어렵다. 또한 자살과 과로, 질병
으로 인해 많은 사람들이 세상을 떠나고 있다. 그런데 우
리는 고통의 윤리에서 비판으로 도약하고 있는가? 그런데
어쩐 일인지 고통의 묘사 수준에서 아픔을 확인하고 대안
을 ─ 대안 없음을 ─ 조급하게 선언하는 정도이다. 누군가는

창조경제를 말하고, 누군가는 복지국가를 말하고, 누군가는 동네를 만들고, 누군가는 민주주의를 말하고, 누군가는 미디어를 비판하고…… 여기에는 몇 가지 이유가 있겠지만, 우리에게 부족한 것은 아마도 사유의 발명에 필요한 도구가 아닐까? 사유의 도구, 그것을 우리는 보통 이론이라고 부른다. 많은 사람들이 이론의 시대가 이미 지났다고 주장하지만, 아쉽게도 그 지나간 이론들도 우리에게 도착하지 않은 것들이 아직 많은 것 같다.

최근 몇 년 동안, 한국사회 일각에서 후기 푸코에 대한 관심이 증가하고 있으며, 품행에 대한 지도, 즉 통치성과 생명정치, 생명권력 같은 표현이 유통되고 있다. 글을 좀 읽었다는 사람들은 통치성 연구라는 표현을 어디선가 들어봤을 것이다. 영어권만 해도 다소 과장을 하자면 폭발적인 관심이 나타나고 있으며, 후기 푸코의 작업은 철학뿐만 아니라 광범위한 사회과학 영역에 영향을 미치고 있다. 그러나 국내의 높은 관심도에 비해서 통치성 연구는 제대로 소개되고 있지 않다. 앞서 언급한 개념들이 단편적으로 유령처럼 떠돌고 있다. 지금 우리가 활용할 수 있는 1차 자료는 지난 세기에 번역된 푸코의 몇 가지 문헌과 최근에 번역된 푸코의 강연록 정도이다. 2차 자료는 사카이 다카시의 글이나 몇몇 단편적인 논문, 서동진을 비롯한 국내 연구자의 저작과 몇몇 단편적인 에세이뿐이다. 이러한 상황에서 통치성 연구는 제대로 소개되어 소화되지 못한 채 과도한 기대를 한 몸에 받고 있다. 게다가, 일부 저작들은 후기 푸코의 개념을 지나치게 일반화시켜 무소불위로 이곳저곳에 적용하고 있다. 간단히 말해, 현재 국내에서 후기 푸코에 대한 이해와 응용은 먹을 것도 없으면서 이미 소화불량에 빠져 있는 실정이다.

대략 이런 것이 여러모로 부족한 역자가 이 책을 소개한 배경이다. 한 가지 덧붙이면, 국내의 이론 수용에 관해서 언급할 필요가 있다. 최근 세계적인 푸코 붐이나 통치성 연구는 분명 다양한 사회과학 영역에서 주도했지만, 기묘하게도 국내에서는 인문학적으로 전유되고 있다. 이것은 인문학적 수용이 나쁘다는 게 아니라, 한국 사회에서 지나친 이론주의가 작동하고 있다는 뜻이다. 실제로 통치성 연구를 주도하는 학자들 가운데 인문학자보다는 사회학자, 범죄학자, 교육학자, 인류학자, 여성학자, 생명공학자, 정치학자, 역사학자, 법학자 등이 훨씬 많다. 통치성 연구는 단순한 이론적 기획이 아니라 구체적인 경험연구에서 영향력을 확장해 왔다. 이러한 측면에서, 역자는 한국의 이론 편향적인 수용과 해석을 경계할 필요가 있었고, 이 책의 번역이 부족하나마 하나의 방편이 될 수 있다고 생각했다. 이런 목적에서 내가 볼 때 이 책은 매우 적합해 보였다. 무엇보다도 이 책은 짧은 분량에 개념적 소개, 이론적 논쟁, 경험적 분석을 골고루 갖추고 있다. 따라서 독자들은 통치성 연구의 개요를 빠르게 파악하고, 각자의 분야에서 일종의 모델처럼 활용할 수 있을 것이다. 그리고 이 책은 복지와 빈곤, 민주주의, 신자유주의같이 우리 사회의 모순과 공명하는 주제를 많이 다루고 있으며, 이러한 측면에서 독자들은 응용 지점을 확인할 수 있을 것이다.

이 책은 매우 다양한 영역과 시기를 다루고 있다. 첫째, 이론적인 영역은 대략 정치이론, 특히 민주주의 이론과 권력논쟁, 빈곤과 복지연구, 여성주의 등이다. 독자들은 토크빌부터 아렌트를 거쳐 셸든 월린, 로버트 달을 만나고 미셸 푸코와 웬디 브라운, 낸시 프레이저, 주디스 버틀러를 곳곳에서 만날 수 있다. 그리고 좌파와 중도뿐만 아니라 우파의 인사들도 얼굴을 비치고 있다. 둘째, 경험적 연구 대상은 이론적 주제와 관련하여 17세기 이후 등장한 각종 사회 프로그램을 다루고 있다. 예를 들어, 19세기 초반 미국의 쓰레기 개혁, 19세기 후반 영국의 자조운동, 20세기 중반 미국의 복지국가, 20세기 후반 복지국가의 해체, 최근의 자부심 증진운동과 신자유주의, 신보수주의 등이다. 저자는 각종 사례를 통해서 민주사회가 내포한 딜레마를 추출하고 그것을 기존 이론을 통해 심문하고, 또한 반대로 경험적 사례를 통해 각종 이론을 그 모순 지점까지 탐색하고 있다. 이러한 작업 방식은 저자의 독특한 이력에서 비롯한다. 스스로 밝히고 있듯이 저자는 학자의 길을 걷기 전에 여성주의자로서, 그리고 복지활동가로서 빈민과 여성, 노숙인을 대상으로 신사회운동에 투신했다. 이 책의 많은 부분은 저자 본인이 현장에서 경험한 모순을 고민하는 과정에서 탄생했다. 문제는 그러한 모순이 해결되지 않고 오히려 반복되는 상황에서 당시 유행하던 이론들이 별다른 설명력이 없었다는 것이다. 서론에서 밝히고 있듯이 저자는 이론의 한계가 통상적인 권력 개념과 그에 근거한 실천에 있다고 생각했으며, 급진 민주주의 전통에서 포스트구조주의, 특히 미셸 푸코의 생산적 권력에서 돌파구를 찾고 있다. 요컨대 이 책은 푸코의 권력관을 잣대로 기존의 이론과 사례를 재해석하는 작업이며, 특히 빈곤과 복지의 영역에서 좌우파의 통념적 이론과 실천 — 특히 실체론적 권력 개념 — 을 비판하기 위해 매우 복잡한 논쟁을 전개하고 있다. 왜냐하면, 실체론적 권력관과 억압적 가설 — 권력자와 피권력자, 통치자와 피통치자를 명확히 구분하는 관념과 실천 — 이 우리의 일상과 이론에서 워낙 뿌리 깊기 때문이다.

그러나 미로와 같은 복잡한 논의 방식, 화려해 보이는

주제와 논의, 개념에도 불구하고, 저자의 논지는 매우 간단하다. 독자들은 몇 가지만 기억하면 이 책을 비교적 쉽게 따라갈 수 있다. 첫째, 이 책의 연구대상은 기본적으로 근대의 '자유민주주의', 그것의 통치문제와 통치방식이다. 통치문제는 개인의 자유와 평등이 확장될수록 민주체제가 불안정해지고 사회 전체가 퇴보한다는 주장이다. 통치방식은 개인의 자유를 침해하지 않고 체제의 안정과 사회의 진보를 어떻게 확보하느냐 하는 것이다. 둘째, 여기서 대두한 해결책이 민주시민의 형성이다. 이것을 저자는 시민과 주체subject의 개념적 논쟁에서 추적하고 있다. 흔히 민주주의는 노예subject가 아니라 시민이 스스로 통치하는 것으로 이해되지만, 시민은 형성되는 것이므로 노예와 완전히 구별될 수 없다. 다만 시민은 자신의 이해관심을 전체 사회의 그것과 '자발적으로' 일치시킬 뿐이다. 간단히 말해, 민주주의 사회에서 시민은 만들어져야 하지만 동시에 시민이 스스로 시민이 되어야 한다. 이것을 우리는 시민되기-만들기, 혹은 시민-주체라고 표현할 수 있다. 그러나 무엇보다 중요한 것은 민주적인 시민을 형성하는 방법에 있다. 그래서 셋째, 개인이 시민이 되기 위해서는 특별한 테크닉이 필요하며, 저자는 그것을 시민성 테크놀로지라고 부른다. 간단히 말해, 시민성 테크놀로지는 개인을 시민으로 만드는 각종 프로그램과 그것의 실천

및 담론을 말한다. 예를 들어, 과거의 새마을운동이나 최근의 마을만들기 같은 사업들이 전형적인 시민되기-만들기 기술이다. 넷째, 시민성 테크놀로지의 핵심적인 논리, 지렛대가 바로 임파워먼트이다. 이 책의 원래 제목은 『임파워의 의지 : 민주주의 시민과 그것의 타자, 주체』이다. 여기서 알 수 있듯이 저자는 니체의 유명한 표현, 권력power을 임파워로 바꿨을 뿐이지만, 그 반향은 만만치 않다. 임파워는 문자 그대로 권력power의 분산em, 즉 분권을 말하며, 시민되기-만들기는 스스로 자신의 내면에서 힘을 얻은 것이다. 다섯째, 이러한 시민되기-만들기는 이른바 좁은 의미의 정치적 영역에서 형성되지 않는다. 시민되기-만들기는 정치적 영역 외부에서, 특히 사회적인 영역-일상적인 영역에서 미시적으로 진행된다. 다섯 가지 말고도 이 책에는 많은 개념들이 등장하고 있지만, 독자들은 최소한 이 정도만 알고 들어가도 샛길에서 헤매지 않을 것이다.

　민주주의는 고전적인 의미에서 민중demos의 지배를 뜻한다. 이 책에서 등장하는 근대적 용어, '셀프 가브먼트'self-government는 자율적 지배, 즉 자치를 뜻하지만 동시에 자기self의 지배, 자아의 통치를 뜻하고 근대 자유주의는 자아의 지배를 자유의 근거로 삼았다. 그런데 전통적인 의미의 민주주의, 즉 민중의 지배는 자유주의 아래 반反민주주의적 경향을 띠게 된다. 정치체와 사회체의 재생산을 위해서, 그리고 진보를 위해서 자아의 통치는 민중이라는 단순한 노예를 시민으로 고양할 필요가 있었고, 그것도 민중 스스로 자발적으로 시민이 되어야 한다. 저자는 민주주의를 표방한 이러한 반민주적 경향을 문제 삼고 있으며, 나아가 자유주의뿐만 아니라 좌우파의 많은 노선이 비슷한 문제설정을 공유하고 있다고 강조한다. 그렇다면 민중, 혹은 '대중'을 부정하지 않고 어떤 통치방식을 발명할 것인가? 저자가 강조하듯이, 그것은 아직 발명되지 않았지만, 이른바 반反자유주의적 민주주의 기획이라고 할 수 있을 것이다.

또한 이 책이 강조하듯이, 자유주의 아래 자아의 지배는 정치적 영역보다는 사회적 영역 속에서 자활self-help이라는 기획을 통해서 작동한다. 간단히 말해 자활은 자기 지배의 대쌍이고 총아라고 할 수 있다. 19세기 후반에 개발된 이 테크닉은 오늘날 번성하고 있으며, 과장을 보태자면 신자유주의 시대는 '자활사회'로 전환하고 있다. 우리 사회도 그리 다르지 않은데, 자활은 좁은 의미의 복지 영역을 넘어 각종 '푸어'에 대한 대책이나 노숙인, 실업자, 파산자에 대한 프로그램까지 확산되고 있다. 자활은 정상적인 위계에서 약간씩 비정상으로 이동하면서 강조되며, 특히 피대상자의 심리 자체를 변화시킨다. 예를 들어, 실업자의 직업훈련은 단순히 직무훈련에 그치지 않고, 오랫동안 멀쩡하게 노동해 왔던 사람에게 상담기법을 적용하고, 인생스토리를 고백하게 만들고, 저축과 자산형성을 가르치고, 훌륭한 가장이 되는 기법을 강조한다. 알다시피 이러한 기법은 뭔가 문제가 있는 비정상에게 규범을 강제하는 방식이고, 특히 뭔가 결핍된 존재에게 적용되는 방법이다. 오늘날 많은 사람들이 사실상 비정상-비정규의 일자리에 종사한다고 본다면, 그리고 한순간에 우리도 실업자가 될 수 있기 때문에, 반대로 말해 우리 모두는 비정상이고 극단적으로 자활사회 속에서 살아가고 있다. 이러한 측면에서, 이 책은 자활에 대한 비판적 시각을 제시하고 궁극적으로 새로운 윤리성civility를 창출하자고 주장한다. 그리고 그것은 대의적 정치 속에서 갑자기 나타나는 것이 아니라, 사회적 영역이나 일상의 영역에서 실험되고 발명된다. 달리 말해, 우리는 자그마한 일상의 전선에서 현재 상태를 끊임없이 의심하고 철저히 인식하고 새롭게 실천해야 한다.

글을 마무리하는 시점에서 재미있는 이야기가 떠오른다. 평소 알고 지내던 선배의 어머니는 지난 대선 때 현재의 대통령을 지지하지 않았고 투표도 그렇게 했다. 그 이유는 상당히 논리적이었다고 한다. 결혼을 해서 분가한 선배는 몇 달 후에 본가를 갔더니, 놀라운 사실을 발견했다.

선배의 어머니가 보수신문에서 오려낸 대통령의 인물 사진을 벽에 붙여 뒀다고 한다. 그 이유가 궁금했던 선배가 물어봤더니, 선배의 어머니는 '그냥, 고와서……'라고 웃으면서 답했단다. 권력과 저항의 작동이란 이런 것이다. 어디에서 권력이 끝나고 어디에서 저항이 시작되는지 그것은 매우 불명확하다. 저자가 주장하듯이, 권력(자)-피권력(자)은 실체-무엇^{what}이 아니라 효과-어떻게^{how}처럼 작동한다. 우리에게 필요한 것은 '어떻게'를 파악하고 재구성하는 새로운 방법을 발명하는 것이다.

이 책의 번역 작업에서 많은 분들이 직간접적으로 도움을 주었다. 일일이 언급하지 못한 점 미리 양해를 바란다. 무엇보다, 여러 출판사가 거절하는데도 선뜻 출판을 결심한 갈무리 출판사와 노동자들에게 우정을 보낸다. 미리 원고를 읽고 건설적인 조언을 해주며 '자유노동'을 아끼지 않은 프리뷰어들에게 감사를 전한다. 마지막으로, 매끄럽지 못한 번역과 장문의 각주에도 불구하고 이 책을 집어들 독자들에게 감사하고 싶다. 모든 것이 실패할 수 있다. 나쁜 것은 실패가 아니라, 실패에서 아무것도 배우지 못하고 실패를 똑같이 반복하는 것이다.

2014년 3월

심성보

:: 인명 찾아보기

:: 본문 내에 사용된 이미지의 출처

3쪽 : https://www.flickr.com/photos/jef_safi/5842431222/
차례 : https://www.flickr.com/photos/designandtechnologydepartment/4156051013/
서론 : https://www.flickr.com/photos/carladi/4164416520/
1장 : https://www.flickr.com/photos/daquellamanera/4608390903/
2장 : http://upload.wikimedia.org/wikipedia/commons/7/7b/Commune_de_Paris_barricade_
Place_Blanche.jpg
3장 : https://www.flickr.com/photos/pagedooley/4662732899/
4장 : https://www.flickr.com/photos/nexus_icon/5247023923
5장 : https://www.flickr.com/photos/rbowen/4136648237/
결론 : https://www.flickr.com/photos/vinothchandar/5329633030/